财政部亚太中心

2015中国财政年記

周强武 主编

中国财政经济出版社

图书在版编目（CIP）数据

中国财政年记．2015／周强武主编．—北京：中国财政经济出版社，2016.3
ISBN 978－7－5095－6660－2

Ⅰ.①中… Ⅱ.①周… Ⅲ.①财政－概况－中国－2015 Ⅳ.①F812

中国版本图书馆 CIP 数据核字（2016）第 049978 号

责任编辑：郭爱春　　　　责任校对：张　凡
封面设计：汪俊宇　　　　版式设计：录文通

中国财政经济出版社 出版

URL：http：//www. cfeph. cn
E－mail：cfeph @ cfeph. cn

社址：北京市海淀区阜成路甲 28 号　邮政编码：100142
营销中心电话：88190406　北京财经书店电话：64033436　84041336
北京财经印刷厂印刷　各地新华书店经销
787×1092 毫米　16 开　16.5 印张　310 000 字
2016 年 3 月第 1 版　2016 年 3 月北京第 1 次印刷
定价：34.00 元
ISBN 978－7－5095－6660－2/F・5357
（图书出现印装问题，本社负责调换）
本社质量投诉电话：010－88190744
打击盗版举报热线：010－88190492、QQ：634579818

序言

党的十八届三中全会通过了《中共中央关于全面深化改革若干重大问题的决定》，指出“财政是国家治理的基础和重要支柱，科学的财税体制是优化资源配置、维护市场统一、促进社会公平、实现国家长治久安的制度保障”。党的十八届五中全会指出，“坚持创新发展，必须把创新摆在国家发展全局的核心位置，不断推进理论创新、制度创新、科技创新、文化创新等各方面创新”，同时还指出“建立健全现代财政制度、税收制度”，指明了“十三五”时期深化财税体制改革的指导思想。

2015 年，世界经济在深度调整中曲折复苏，全球治理体系深刻变革，国际力量对比逐渐趋向平衡。面对国内外经济形势的新变化、新发展和新趋势，中国实施积极的财政政策，推进财税体制改革，财政工作取得了新的成绩，在经济社会发展中发挥了重要作用。“十三五”时期，我国发展仍处于可以大有作为的重要战略机遇期，也面临诸多矛盾叠加、风险隐患增多的严峻挑战。我们要准确把握战略机遇期内涵的深刻变化，牢固树立和自觉践行“创新、协调、绿色、开放、共享”的五大发展理念，努力推动供给侧结构改革，继续深化财税体制改革。

过去一年，作为财政部国际财经智库型机构，财政部亚太中心收集了 2015 年发布的中国重要财税改革政策和宏观经济数据，记录了地方财政厅局有关深化财税体制改革的政策创新和实践，还跟踪了财政部领导及国内重量级财经专家有关财税改革的理论探索以及具有全球影响力的外国知名智库和主流媒体对中国经济、财税改革等的相关评论。

现将相关资料整理成册，希望能为广大财经工作者和关注中国财税改革的同仁们提供有益启发和帮助。

本书编辑过程中难免有疏漏和不妥之处，敬请广大读者提出宝贵意见。

编　者

2016 年 1 月

目 录

第 1 期 （2014 年 12 月 27 日—2015 年 1 月 3 日）

一、政策发布

1. 财政部提高石油特别收益金起征点

2014 年 12 月 27 日，财政部发布《关于提高石油特别收益金起征点的通知》，规定从 2015 年 1 月 1 日起，将石油特别收益金起征点提高至 65 美元/桶。起征点提高后，石油特别收益金征收仍实行 5 级超额累进从价定率计征。

2. 财政部与发改委进一步取消、停征和免征一批行政事业性收费

2014 年 12 月 29 日，财政部和发改委联合发布《关于取消、停征和免征一批行政事业性收费的通知》，规定自 2015 年 1 月 1 日起，取消或暂停征收 12 项中央级设立的行政事业性收费；对小微企业（含个体工商户）免征 42 项中央级设立的行政事业性收费。各省（区、市）要全面清理省级设立的行政事业性收费项目，取消重复设置、收费养人以及违背市场经济基本原则的不合理收费。取消、停征和免征上述行政事业性收费后，有关部门和单位依法履行职能所需经费，由同级财政预算予以统筹安排。

3. 财政部要求各级财政部门贯彻实施好新预算法

2014 年 12 月 30 日，财政部发布《关于贯彻实施修改后的预算法的通知》，要求各级财政部门严格按照新预算法的规定：一是在预算编制过程中要将政府的所有收入和支出全部纳入预算，保证预算编制的完整性。二是严格按照新预算法有关预算公开主体、时限和内容等方面的要求，完善预算公开工作机制，规范预算公开工作流程。三是加强预算执行管理，硬化支出预算约束。四是要严格规范国库资金管理，对政府全部收入和支出实行国库集中收付管理。五是加快建立健全预算绩效管理机制，全面推进预算绩效管理工作。六是加强与同级人大有关专门委员会或者常委会有关工作机构的沟通，高度重视人大方面的审查意见。

4. 国务院通过政府采购法实施条例（草案）

2014 年 12 月 31 日，国务院总理李克强主持召开国务院常务会议，审议通过《中华人民共和国政府采购法实施条例（草案）》，草案对政府采购法的规定作了细化。一是强化政府采购的政策功能，要求突出节能环保、扶持不发达地区和少数民族地区、促进小微企业发展等取向。二是强化政府采购的源头和结果管理，明确了从提出需求、确定标准到招标采购、履约验收的全过程管理措施，要求公平、公正、科学地遴选和组成评审委员会。三是强化信息公开，提高透明度。政府采购合同应当在指定媒体上公告，中标、成交结果必须公开。四是强化对政府采购行为的监管和社会监督，加大问责处罚力度，严防暗箱操作、寻租腐败，遏制“天价采购”、“黑心采购”、“虚假采购”等违法违规现象。让阳光、高效的政府采购助力经济发展和民生改善。

5. 财政部、国家税务总局调整部分产品的出口退税率

2014 年 12 月 31 日，财政部和国家税务总局联合发布《关于调整部分产品出口退税率的通知》，规定自 2015 年 1 月 1 日起，提高部分高附加值产品、玉米加工产品、纺织品服装的出口退税率；取消含硼钢的出口退税；自 2015 年 4 月 1 日起，降低档发的出口退税率。提高玉米加工产品出口退税率的政策执行至 2015 年 12 月 31 日。

6. 国务院批转财政部权责发生制政府综合财务报告制度改革方案

国务院批转财政部《权责发生制政府综合财务报告制度改革方案》，明确了权责发生制政府综合财务报告制度改革的总体目标、主要内容以及时间表、路线图等。改革的任务主要包括四个方面：一是建立健全政府会计核算体系。二是建立健全政府财务报告体系。三是建立健全政府财务报告审计和公开机制。四是建立健全政府财务报告分析应用体系。2014—2015 年，重点是建立健全政府会计准则体系和财务报告制度框架体系，清查核实政府资产负债信息，开展政府综合财务报告信息系统建设，为编制政府综合财务报告奠定制度、信息和技术基础。2016—2017 年，在前期准备的基础上，开展政府综合财务报告编制试点。2018—2020 年，在试点工作基础上，全面开展政府综合财务报告编制工作，建立健全政府财务报告分析应用体系，制定发布政府财务报告审计制度、公开制度等。

二、数据盘点

1. 1—11 月全国规模以上工业企业利润总额同比增长 5.3%

2014 年 12 月 27 日，国家统计局发布数据显示，2014 年 1—11 月，全国规模以上工业企业实现利润总额56208亿元，同比增长5.3%，增速比2014年1—10月份回落1.4个百分点；实现主营活动利润52944.5亿元，同比增长4.7%，增速比2014年1—10月份回落1.3个百分点。其中，国有及国有控股企业实现利润总额13096.7亿元，同比下降3.5%；集体企业实现利润总额469.6亿元，增长2.3%；股份制企业实现利润总额37179.1亿元，增长3.8%；外商及港澳台商投资企业实现利润总额13732.3亿元，增长10.3%；私营企业实现利润总额19065.1亿元，增长7.2%。2014年11月份，规模以上工业企业实现利润总额6761.2亿元，同比下降4.2%，降幅比2014年10月份扩大2.1个百分点。2014年1—11月，规模以上工业企业主营业务收入利润率为5.69%，每百元主营业务收入中的成本为85.91元，每百元资产实现的主营业务收入为123.5元，产成品存货周转天数为13.6天。

2. 2014年中央财政安排农村综合改革转移支付资金331亿元

2014年12月30日，财政部发布数据显示，2014年，中央财政安排农村综合改革转移支付资金331亿元，为改革顺利推进提供了财力保障。其中，一是安排257.5亿元支持一事一议财政奖补和美丽乡村建设试点统筹推进。二是安排30亿元支持河北、浙江等17个省份开展农村综合改革示范试点工作。三是安排15亿元支持河北、山西等17个省份开展国有农场办社会职能改革试点。四是安排奖补资金19亿元支持建制镇示范试点工作适时启动。五是下达农村综合改革转移支付资金9亿元支持传统村落保护工作稳步推进。

3. 中国2014年12月份非制造业商务活动指数为54.1%

2015年1月1日，国家统计局发布数据显示，中国2014年12月份非制造业商务活动指数为54.1%，环比上升0.2个百分点，连续2个月小幅回升，表明非制造业总体保持稳中有升的发展态势。分行业看，服务业商务活动指数为53.3%，环比上升0.7个百分点；建筑业商务活动指数为57.1%，环比下降1.8个百分点；新订单指数为50.5%，环比上升0.4个百分点；投入品价格指数为50.1%，环比下降0.5个百分点；销售价格指数为47.3%，环比下降0.4个百分点，从业人员指数为49.1%，环比下降0.4个百分点，业务活动预期指数为59.5%，环比下降0.2个百分点。

4. 2014年12月中国制造业采购经理指数为50.1%

2015年1月1日，国家统计局发布数据显示，中国2014年12月份PMI为50.1%，环比下降0.2个百分点，微高于荣枯线，表明我国制造业保持稳定运行的基本态势，但增长动力仍显不足。分企业规模看，大型企业PMI为51.4%，环比下降0.2个百分点；中型企业PMI为48.7%，环比上升0.3个百分点；小型企业

PMI 为 45.5%，环比下降 2.1 个百分点；生产指数为 52.2%，环比下降 0.3 个百分点；新订单指数为 50.4%，环比下降 0.5 个百分点；从业人员指数为 48.1%，环比下降 0.1 个百分点；原材料库存指数为 47.5%，环比下降 0.2 个百分点；供应商配送时间指数为 49.9%，环比下降 0.4 个百分点。

三、地方财政

1. 湖南省调整煤炭资源税适用税率至 2.5%

2014 年 12 月 29 日，财政部、国家税务总局正式批复湖南省煤炭资源税适用税率为 2.5%，拉开了地方税体系建设的序幕。国家在煤炭行业处于步履艰难之际，为帮助煤炭企业脱困、促进行业健康发展，推出了煤炭资源税从价计征改革，并要求清费立税并行。湖南省现有矿井 800 多处，80% 以上为私营企业和股份制企业，改革前，煤炭资源税实行从量计征，省税额标准为 2.5 元/吨。2013 年全省资源税入库约 10 亿元，占税收收入的比重为 0.39%，煤炭资源税收入为全省资源税收入的 1/10。湖南省严格按照国务院不增加煤炭企业总体税费负担的改革要求，全面清理涉煤收费基金，各市县自行设立的涉煤收费基金项目全部取消。省财政厅通过广泛听取有关部门和企业代表的意见，认真测算分析，拟定煤炭资源税 2.5% 的低税率，经省政府第 38 次常务会议审议同意，财政部、国家税务总局批准执行。煤炭资源税改革实施，煤炭相关收费基金清理到位，煤炭企业总体税费负担将有明显下降，有助于煤炭企业摆脱困境，促进企业整合、行业健康发展。

2. 广东财政未来 4 年每年 5 亿元支持中小微企业科技创新

广东省财政厅发布消息显示，广东省产业技术创新与科技金融结合专项资金正式设立，2014—2018 年将每年安排 5 亿元，支持中小微企业科技创新等。根据最新出台的《广东省深化财税体制改革率先基本建立现代财政制度总体方案》，广东省将探索推进财政投融资改革，创新财政资金分配、使用方式，发挥财政资金的引导放大作用。广东省还积极发挥财政资金的引导作用，提高中小微企业科技创新水平，提升市场拓展能力。从 2003 年起设立中小企业发展专项资金。2014 年安排资金 2.5 亿元，支持中小企业技术改造和技术创新，推进中小企业服务体系和担保体系建设，引导和鼓励中小企业加大技术改造和研究开发投入。同时设立前沿与关键技术创新专项资金，2014—2018 年每年安排 7 亿元围绕全省重点领域、重点产业的重大科技需求支持研发创新项目，促进创新链与产业链相结合。

3. 山东财政筹集资金 56 亿元全力推动全省大气环境质量改善

山东省财政厅发布消息显示，山东省财政全年累计筹集资金 56.32 亿元（同比增长3.34亿元）大力推动大气污染防治，空气质量得到了切实改善。2014年以来，山东省财政立足专项资金“增、合、调、争”，持续加大大气污染防治投入。“增”就是增加专项资金规模，2014年省级整合设立环保和大气污染防治资金11.85亿元，比2013年增加7亿元。“合”就是整合相关专项，集中整合产业技术研发、新兴产业和重点行业发展资金3.9亿元以及原有淘汰落后产能资金1亿元，全部用于支持实施煤改气、节能技术改造、化解产能过剩和淘汰落后产能。“调”就是统筹其他专项，调整支出结构。2014年从区域战略推进专项资金中安排8.7亿元，专项用于燃煤电厂、石化等重点行业脱硫脱硝除尘改造，以及热电厂煤改气、湿地净化工程等生态环境保护项目。“争”就是抢抓国家政策机遇，以国家开展节能减排财政政策综合示范城市试点为契机，成功争取聊城市入围试点城市，省级已拨付首批配套资金3000万元，预计未来3年国家将安排综合奖励资金12亿元，推进聊城市绿色低碳循环发展。

四、财政时论

楼继伟：2015年财政工作的九个重点

2014年12月29日，财政部部长楼继伟在全国财政部工作会议上表示，做好2015年财政工作，要重点把握好以下几个方面：一是认真落实积极财政政策各项措施。要切实把工作着力点放到转方式调结构上来，加强政策预调微调，促进“三驾马车”更均衡地拉动增长。二是确保完成各项改革任务。继续推进简政放权，进一步清理非行政许可审批事项。深化预算管理制度改革，推进中期财政规划管理。进一步加强地方政府性债务管理。加快推进营改增、消费税、资源税、个人所得税等税制改革。扎实做好推进政府购买服务、推广运用PPP模式、支持国企国资改革等其他重要改革工作。三是促进经济结构调整和发展方式转变。落实创新驱动发展战略，促进生态环境保护和节能减排，进一步完善森林生态效益补偿制度。四是推进新型城镇化建设和农业现代化发展。实施以人为本的新型城镇化，建立健全转移支付同农业转移人口市民化挂钩机制和以居住证为载体的基本公共服务提供机制。五是支持社会事业发展。落实就业优先战略，进一步完善政府促进就业创业的财税政策。加快推进养老保险制度改革，推进城乡居民养老保险制度一体化建设。六是加强财经对外交流合作。深入参与G20、10+3、金砖国家等多边合作机制。推进WTO环境产品协定以及中日韩自贸区等对外关税谈判工作。结合实施“一带一路”战略规划，加快推进基础设施互联互通。完成亚投行、金砖开发银行、中亚区域经济合作学院等筹建工作。七是加快内部控制建设。增强财政部门落实党委政府决策部署的执行力，确保财政干部廉洁和财政资金安全。八是进一步严肃财经纪律。结合推进预算管理和转移支付制度改革，加强民生资金整合和统筹使用。九是落实好党风廉政建设主体责任。持续深入加强作风建设，巩固和扩大教育实践活动成果，进一步完善相关制度体系，抓好制度规定的执行。

五、国外视角

1. 美智库：中美启动双边自贸协定谈判刻不容缓

2014 年 12 月 18 日，彼得森国际经济研究所（PIIE）发布消息称，美国史带集团董事长兼首席执行官莫里斯·格林伯格与 PIIE 名誉所长伯格斯坦联合撰文指出，近年来中国努力拓展与国际伙伴的外交和贸易关系，而作为全球最重要的两大经济体，中美双方在贸易、投资、区域合作等重要领域却各自为政。2014 年 11 月在北京举办的 APEC 会议上，中美双方领导人在气候变化、IT 产品关税、军事合作等领域达成新协议，传达出积极信号。美国应尝试同中国开展双边自由贸易协定谈判。PIIE 近期一项名为《连接太平洋两岸》研究显示，若双方能签订自由贸易协定，五年内美国对华 FDI 或达 1600 亿美元，中国对美 FDI 则可达 1220 亿美元，这也将使美国这一全球第一大对外投资国受益于全球第二大经济体未来的增长。中美两国达成双边自由贸易协定或需 10 年时间，而目前许多跨亚太经济体，包括澳大利亚、日本、新西兰、韩国及东盟成员国，均已发起或正在开展与中国的自由贸易协定谈判，因而中美间启动贸易谈判刻不容缓。谈判过程势必艰难，但将使中美共同受益。谈判有助于双方表达立场并解决争端，深化两国互信；同时也有利于两国就部分分歧较小的贸易问题达成协议，如结合现有成果达成双边投资协定。

2. 英智库：2025 年中国将成为第一大经济体

2014 年 12 月 26 日，英智库经济与商业研究中心（CEBR）发布 2015 最新世界经济排名（WELT），其中全球前几大经济体排名有所变化。该排名不仅涉及全球各经济体当前规模比较，还对未来排名变化进行了预测。2014 年，为更加准确地衡量服务业产值，中国对其 GDP 数据进行了修订，调增幅度相当于马来西亚一国 GDP 总量。修订后的数据表明，2025 年中国将超过美国成为全球第一大经济体，而非一年前预测的 2028 年。预计至 2024 年，快速发展的新兴经济体将开始占据排名前列位置，中国仍将是全球第二大经济体，但将逐渐超越美国成为第一；印度将占据第四的强势地位，巴西位居第六，德国和英国分列前后。随着 2030 年全球化进入成熟阶段，世界经济排名将有所调整，但趋于稳定，其中中国位列第一，印度排名第三。因人口不断下降，欧元疲软，多次位列全球第三的德国将自 1954 年以来首次被英国超越，排名降至第七；而持续增长将使韩国成为经济强国，由 2013 年排名十五上升至 2030 年排名第八。

第 2 期 （2015 年 1 月 3 日—2015 年 1 月 9 日）

一、政策发布

1. 财政部和国家税务总局延续并完善支持农村金融发展有关税收政策

2015 年 1 月 7 日，财政部和国家税务总局联合发布《关于延续并完善支持农村金融发展有关税收政策的通知》，自 2014 年 1 月 1 日至 2016 年 12 月 31 日，对金融机构农户小额贷款的利息收入，免征营业税；自 2014 年 1 月 1 日至 2016 年 12 月 31 日，对金融机构农户小额贷款的利息收入，在计算应纳税所得额时，按 90% 计入收入总额；自 2014 年 1 月 1 日至 2016 年 12 月 31 日，对保险公司为种植业、养殖业提供保险业务取得的保费收入，在计算应纳税所得额时，按 90% 计入收入总额。

2. 国务院确定规范和改进行政审批的措施

2015 年 1 月 7 日，国务院总理李克强主持召开国务院常务会议，确定规范和改进行政审批的措施。会议确定，一是推行“一口受理”。承担行政审批职能的部门全面实行“一个窗口”对外统一受理，申请量大的要安排专门场所，对每一个审批事项都要编制服务指南，列明申请条件、基本流程、示范文本等。二是实行“限时办理”。建立受理单制度和办理时限承诺制，各部门受理申请要出具受理单，依法依规明确办结时限。探索对多部门审批事项实行一个部门牵头、其他部门协同的“一条龙”审批或并联审批，让审批提速。三是严格“规范办理”。各部门要对承担的每项审批事项制定工作细则，明确审查内容、要点和标准等。四是坚持“透明办理”。除涉及国家秘密、商业秘密或个人隐私外，所有审批的受理、进展、结果等信息都要公开。五是推进“网上办理”。各部门要积极推行网上预受理、预审查，加强国务院部门间、中央和地方间信息资源共享，尽可能让地方、企业减少为审批奔波，切实方便群众。

3. 财政部和国家税务总局明确非货币性资产投资企业所得税

2015 年 1 月 8 日，财政部和国家税务总局联合发布《关于非货币性资产投资企业所得税政策问题的通知》，规定：一是居民企业以非货币性资产对外投资确认的非货币性资产转让所得，可在不超过 5 年期限内，分期均匀计入相应年度的应纳税所得额，按规定计算缴纳企业所得税。二是企业以非货币性资产对外投资，应对非货币性资产进行评估并按评估后的公允价值扣除计税基础后的余额，计算确认非货币性资产转让所得。三是企业以非货币性资产对外投资而取得被投资企业的股权，应以非货币性资产的原计税成本为计税基础，加上每年确认的非货币性资产转让所得，逐年进行调整。四是企业在对外投资 5 年内转让上述股权或投资收回的，应停止执行递延纳税政策，并就递延期内尚未确认的非货币性资产转让所得，在转让股权或投资收回当年的企业所得税年度汇算清缴时，一次性计算缴纳企业所得税。企业在对外投资 5 年内注销的，应停止执行递延纳税政策，并就递延期内尚未确认的非货币性资产转让所得，在注销当年的企业所得税年度汇算清缴时，一次性计算缴纳企业所得税。

4. 财政部、国家税务总局出台税收优惠政策支持企业兼并重组

2015 年 1 月 8 日，财政部和国家税务总局联合发布《关于促进企业重组有关企业所得税处理问题的通知》，规定自 2014 年 1 月 1 日起，股权收购中收购企业购买的股权不低于被收购企业全部股权的 50%；资产收购中受让企业收购的资产不低于转让企业全部资产的 50%。对 100% 直接控制的居民企业之间按账面净值划转股权或资产，凡具有合理商业目的、不以减少、免除或者推迟缴纳税款为主要目的，股权或资产划转后连续 12 个月内不改变被划转股权或资产原来实质性经营活动，且划出方企业和划入方企业均未在会计上确认损益的，可以选择按以下规定进行特殊性税务处理：划出方企业和划入方企业均不确认所得；划入方企业取得被划转股权或资产的计税基础，以被划转股权或资产的原账面净值确定；划入方企业取得的被划转资产，应按其原账面净值计算折旧扣除。

二、数据盘点

1. 中央财政 2014 年革命老区、民族地区和边境地区转移支付情况

2015 年 1 月 5 日，财政部发布数据显示，2014 年中央对地方革命老区转移支付规模达到 57 亿元，比 2013 年增长 10.8%。资金主要用于革命遗址保护、烈士陵园维护和改造等老区专门事务，以及教育、文化、卫生、乡村道路、饮水安全等老区民生事务；中央对地方民族地区转移支付规模达到 520 亿元，环比增长 12.1%；中央对地方边境地区转移支付规模达到 120 亿元，环比增长 11.1%。补助内容包括陆地边境事务补助、海洋管理事务补助等方面。

2. 中央财政紧急拨付第一批冬春生活救助资金56.8亿元

2015年1月6日，财政部发布数据显示，中央财政共安排2014—2015年冬春生活救助资金71亿元，第一批资金56.8亿元已经拨付，剩余资金将于2015年年初拨付。上述资金主要用于冬春期间受灾群众口粮、衣被取暖等支出。

3. 2014年12月份居民消费价格变动情况

2015年1月9日，国家统计局发布数据显示，2014年12月份，全国居民消费价格总水平同比上涨1.5%。其中，城市上涨1.6%，农村上涨1.3%；食品价格上涨2.9%，非食品价格上涨0.8%；消费品价格上涨1.4%，服务价格上涨1.8%。2014年，全国居民消费价格总水平环比上涨2.0%。2014年12月份，全国居民消费价格总水平环比上涨0.3%。其中，城市上涨0.3%，农村上涨0.3%；食品价格上涨1.2%，非食品价格下降0.1%；消费品价格上涨0.5%，服务价格持平。

4. 2014年12月份工业生产者价格变动情况

2015年1月9日，国家统计局发布数据显示，2014年12月份，全国工业生产者出厂价格同比下降3.3%，环比下降0.6%。工业生产者购进价格同比下降4.0%，环比下降0.8%。2014年，工业生产者出厂价格同比下降1.9%，工业生产者购进价格同比下降2.2%。工业生产者出厂价格中，生产资料价格同比下降4.3%。其中，采掘工业价格下降13.2%，原材料工业价格下降6.4%，加工工业价格下降2.5%。生活资料价格同比下降0.2%。其中，食品价格下降0.3%，衣着价格上涨0.6%，一般日用品价格持平，耐用消费品价格下降0.6%。工业生产者出厂价格中，生产资料价格环比下降0.8%，影响全国工业生产者出厂价格总水平下降约0.6个百分点。其中，采掘工业价格下降2.8%，原材料工业价格下降1.5%，加工工业价格下降0.3%。生活资料价格环比持平。其中，食品价格下降0.1%，衣着价格上涨0.1%，一般日用品价格下降0.1%，耐用消费品价格持平。

三、地方财政

1. 安徽省创新福彩公益金管理

2015年1月6日，安徽省财政厅发布消息显示，2013年以来，安徽省财政厅按照公共财政管理的要求，大力推进福彩公益金与公共预算资金的整合。一是推进科学合理分配资金。将公共预算资金和公益金统筹整合，在分配中注重与民政年度重点工作和总体目标要求相结合，注重业务指导和资金分配、补助标准的确定，注重突出资金的投入重点和使用的绩效评价。二是积极组织福彩金绩效评价。2014 年 2 月份与民政部门启动省级福彩公益金绩效评价，共同发文明确评价范围、内容和方式，要求在县自评的基础上，进行市级考评并形成报告。三是着力制度机制保障。强化福彩公益金预算管理，致力机制创新，在统筹整合公共预算资金和公益金管理方面务求实效。核准收入预算。创新支出方式。出台政府购买养老服务实施意见，充分发挥福彩公益金引导作用。

2. 山西省财政三举措建立多层次的政策性农业保险体系

2015 年 1 月 6 日，山西省财政厅发布消息显示，山西省财政三举措建立多层次的政策性农业保险体系，一是结合山西省的财力和农业生产实际，通过开展政策性农业保险保费补贴的手段，建立中央和省政策性农业保险险种与市县特色政策性农业保险险种相结合的多层次、多领域的保险体系。二是建立和扩大省级政策性农业保险保费补贴险种。将关系国计民生、符合国家战略的大宗农畜品作为覆盖全省的政策性农业保险补贴险种，由省统一确定保险险种、保险责任、保障金额、保险费率、保费补贴比例等，争取向财政部申请符合山西省实际的中央财政补贴险种。三是鼓励市县开展地方特色农业保险保费补贴险种。鼓励各市、县（市、区）因地制宜，根据当地农业发展特点、风险需求等情况，对产业化程度较高，影响农村经济较大的项目，结合特色农业产业基地建设和财力状况，由市、县（市、区）政府给予一定比例的保险保费补贴。

3. 河北水权确权登记开全国先河

河北省出台了《河北省水权确权登记办法》。在《办法》指导下，河北省地下水超采综合治理试点区各县（市、区）共 53 个水权确权单位，已全面启动水资源使用权分配方案编制工作，2015 年年初，将全部完成水资源使用权确权发证，在全国范围首开水资源使用权确权登记工作的先河。《办法》按照政府主导、公平公开，可以持续、留有余量，生活优先、注重生态的原则，科学合理地将县域内可以持续使用的水量分配给取用水单位和个人，对水资源使用权（水权）进行确权登记。生活、非农生产、生态环境用水以取水许可的形式确定各取用水户的水权。农业（农林牧渔）用水按耕地面积确定各用水户的水权，即按地定水，水随地走，分水到户。农业用水户水权确权先公示后发证，水权证由县级人民政府登记发放，有效期截止到 2017 年 12 月 31 日。农业用水户在水权额度内用水按平价水收费，超用部分按高价水收费，具体办法由各地根据实际情况另行规定。

四、财政时论

刘昆：扎实推进专员办工作全面嵌入财政主体业务

财政部副部长刘昆在全国专员办工作会议上明确了2015年专员办工作的总体要求，要做到“五个进一步”：一是进一步突出工作重点，加强财政预算监管。要明确监管单位和资金范围，各专员办属地内所有的各级中央预算单位和各项中央财政资金，都要纳入专员办财政预算监管范围。要做到依法依规开展监管工作，按照《预算法》和财政预算管理的政策规定，开展各项监管工作。二是进一步健全工作规程，保障运作顺畅规范。要定好规则，财政部相关司局要结合加强专员办监管工作需要，加快对业务的梳理，尽快研究制定细化的工作规程，明确专员办和部内相关司局的职责和权限，理顺专员办与中央各部门和地方财政部门的权责划分。三是进一步优化方式方法，做好监督检查工作。专员办的检查工作一直着重于事后，下一步要退出事后检查，在新的要求下开展检查工作，进行一系列的整合、探索，逐步形成符合实际的制度、办法。同时，要做好会计和金融监督工作，优化调整专员办对大型事务所的点对点监管体制，进一步提升信息化水平，依托业务报备系统全面建立年报分析制度。四是进一步加强自身建设，满足工作转型需求。要抓紧建立内控制度，建立有效的专员办内部制约机制。要加强干部队伍建设，继续深化专员办干部人事制度改革，加强专员办领导干部选拔配备，提升专员办干部的综合素质和履职能力。五是进一步抓好党风廉政，确保干部廉洁自律。各专员办党组要履行好主体责任，抓好党风廉政建设工作，自觉承担组织实施、宣传发动、监督检查的职责。

五、国外视角

美智库：人民币国际化虽未达预期效果，但已取得进步

美智库布鲁金斯学会（BROOKINGS）发表文章称，中国正稳步推进人民币国际化进程，逐步开放资本账户，提高境外人民币流动性并建立更多的人民币交易中心。而要成为储备货币，人民币应不再盯住美元，而让市场估值。2014年3月16日，中国在人民币自由化进程中更进一步，将人民币兑美元汇率的双向日浮动区间从1%扩大到2%。按理说，浮动区间放宽将加速人民币升值并提高其汇率波动性，而事实恰恰相反。由于担心市场预期可能导致对人民币的单向押注，从而使得人民币升值快于原设定水平，央行收紧政策。2014年3—4月，中国迅速增持650亿美元的外汇储备，使得外汇储备总额达到近4万亿美元，人民币兑美元汇率贬值约2%。虽然人民币兑美元汇率在2014年9月中旬达到6个月以来最高点，但

随着中国经济可能失去增长势头，人民币升值压力也可能会缓和。境外无本金交割远期汇率（NDF）表明，市场预期未来12个月人民币兑美元将略微贬值。然而，美元兑其他主要货币的强势也带动人民币升值：2014年4月以来，人民币兑欧元和日元的汇率大幅升值（名义增幅分别达9%和6%）。尽管如此，以贸易加权多边汇率来看，2014年年初以来人民币兑主要贸易伙伴货币依旧贬值，名义贬值幅度达2%，剔除通胀因素后达4%。实际上，简单波动性指标表明，在上调人民币浮动区间后，人民币兑美元价值日波动幅度相对一年前的高水平有所下降。虽然2015年1月略有上升，自2014年3月以来，总体上波动幅度一直保持低位，2014年9月略有上升。这与三大货币（美元、欧元、日元）2014年夏平稳、而后波动加剧的情况基本一致。文章表示，虽然上调人民币浮动区间可能未达到市场预期效果，但通过央行放松对汇率管制，引入双向波动机制并消除了市场对人民币兑美元单边升值的预期，中国在人民币自由化的进程中已然取得进步。

第 3 期 （2015 年 1 月 10 日—2015 年 1 月 16 日）

一、政策发布

1. 国务院决定设立国家新兴产业创业投资引导基金

2015 年 1 月 14 日，国务院总理李克强主持召开国务院常务会议，决定设立国家新兴产业创业投资引导基金。会议确定，一是将中央财政战略性新兴产业发展专项资金、中央基建投资资金等合并使用，盘活存量，发挥政府资金杠杆作用，吸引有实力的企业、大型金融机构等社会、民间资本参与，形成总规模 400 亿元的新兴产业创投引导基金。二是基金实行市场化运作、专业化管理，公开招标择优选定若干家基金管理公司负责运营、自主投资决策。三是为突出投资重点，新兴产业创投基金可以参股方式与地方或行业龙头企业相关基金合作，主要投向新兴产业早中期、初创期创新型企业。四是新兴产业创投基金收益分配实行先回本后分红，社会出资人可优先分红。国家出资收益可适当让利，收回资金优先用于基金滚存使用。

2. 中央财政支持地下综合管廊试点工作

2015 年 1 月 15 日，财政部和住建部联合发布《关于开展中央财政支持地下综合管廊试点工作的通知》，决定开展中央财政支持地下综合管廊试点工作：第一，中央财政对地下综合管廊试点城市给予专项资金补助，一定三年，具体补助数额按城市规模分档确定，直辖市每年 5 亿元，省会城市每年 4 亿元，其他城市每年 3 亿元。对采用 PPP 模式达到一定比例的，将按上述补助基数奖励 10%。第二，试点城市由省级财政、住建部门联合申报。试点城市应在城市重点区域建设地下综合管廊，统筹考虑新区建设和旧城区改造，建设里程应达到规划开发、改造片区道路的一定比例，至少 3 类管线入廊。试点城市按三年滚动预算要求编制实施方案。

3. 中央财政支持海绵城市建设试点工作

2015 年 1 月 15 日，财政部、住建部和水利部联合发布《关于开展中央财政支持海绵城市建设试点工作的通知》，决定开展中央财政支持海绵城市建设试点工作。中央财政对海绵城市建设试点给予专项资金补助，一定三年，具体补助数额按城市规模分档确定，直辖市每年 6 亿元，省会城市每年 5 亿元，其他城市每年 4 亿元。对采用 PPP 模式达到一定比例的，将按上述补助基数奖励 10%。试点城市由省级财政、住房城乡建设、水利部门联合申报。试点城市应将城市建设成具有吸水、蓄水、净水和释水功能的海绵体，提高城市防洪排涝减灾能力。试点城市按三年滚动预算要求编制实施方案。

4. 财政部和国家税务总局出台支持文化服务出口等营业税政策

财政部和国家税务总局联合发布了《关于支持文化服务出口等营业税政策的通知》，规定自 2015 年 1 月 1 日起，对纳税人为境外单位或个人在境外提供文物、遗址等的修复保护服务及纳入国家级非物质文化遗产名录的传统医药诊疗保健服务免征营业税；对现行养老机构提供的养老服务免征营业税政策；对中国金融期货交易所代收的期货市场监管费准许从其营业税计税营业额中扣除。

5. 成品油消费税进一步提高、推动发展方式转变

财政部和国家税务总局联合发布通知，规定自 2015 年 1 月 13 日起，将汽油、石脑油、溶剂油和润滑油的消费税在现行单位税额基础上提高 0. 12 元/升。将柴油、航空煤油和燃料油的消费税在现行单位税额基础上提高 0. 1 元/升。航空煤油继续暂缓征收。这次提高成品油消费税继续采取“提税与降价同步实施”的调整方式，兼顾了居民和下游企业等承受能力。提高成品油消费税的新增收入，将继续统筹用于治理环境污染、应对气候变化、促进节约能源、鼓励新能源发展等方面。

6. 国务院决定改革机关事业单位工作人员养老保险制度

国务院发布了《关于机关事业单位工作人员养老保险制度改革的决定》，规定自 2014 年 10 月 1 日起，实行社会统筹与个人账户相结合的基本养老保险制度。基本养老保险费由单位和个人共同负担。单位缴纳基本养老保险费的比例为本单位工资总额的 20%，个人缴纳基本养老保险费的比例为本人缴费工资的 8%，由单位代扣。按本人缴费工资 8% 的数额建立基本养老保险个人账户，全部由个人缴费形成。机关事业单位在参加基本养老保险的基础上，应当为其工作人员建立职业年金。单位按本单位工资总额的 8% 缴费，个人按本人缴费工资的 4% 缴费。工作人员退休后，按月领取职业年金待遇。提高机关事业单位社会保险社会化管理服务水平，普遍发放全国统一的社会保障卡，实行基本养老金社会化发放。

二、数据盘点

1. 2014年金融统计数据报告

2015年1月15日，中国央行发布数据显示，2014年12月末，广义货币（M2）余额122.84万亿元，同比增长12.2%，狭义货币（M1）余额34.81万亿元，同比增长3.2%，流通中货币（M0）余额6.03万亿元，同比增长2.9%。人民币存款增加9.48万亿元，同比少增3.08万亿元。本外币存款余额117.37万亿元，同比增长9.6%。月末外币存款余额5735亿美元，同比增长30.8%，全年外币存款增加1084亿美元。月末外币贷款余额8351亿美元，同比增长7.5%，全年外币贷款增加582亿美元。2014年净投放现金1688亿元，国家外汇储备余额为3.84万亿美元，人民币汇率为1美元兑6.1190元人民币，人民币贷款增加9.78万亿元，同比多增8900亿元。

2. 2014年中国进出口总值26.43万亿元

2015年1月13日，海关总署发布数据显示，2014年，中国进出口总值26.43万亿元人民币，同比增长2.3%。其中，出口14.39万亿元，增长4.9%；进口12.04万亿元，下降0.6%；贸易顺差2.35万亿元，扩大45.9%。按美元计价，2014年，中国进出口、出口和进口分别增长3.4%、6.1%和0.4%。此外，中国对欧盟、美国的双边贸易额分别为3.78万亿元、3.41万亿元，分别增长8.9%、5.4%；对香港、日本的双边贸易额分别为2.31万亿元、1.92万亿元，分别下降7.2%、1%。同期，中国对东盟、非洲、俄罗斯、印度等新兴市场双边贸易额分别为2.95万亿元、1.36万亿元、5851.9亿元、4335.5亿元，分别增长7.1%、4.3%、5.6%、6.8%。

三、地方财政

1. 山东财政积极推进基本公共卫生服务项目实施

2015年1月15日，山东省财政厅发布消息显示，山东财政不断完善经费保障机制，规范补助资金管理，创新绩效考核制度，积极支持免费向城乡居民提供高质高效、方便可及的基本公共卫生服务，取得显著成效。一是建立稳定长效的投入保障机制。逐步提高人均基本公共卫生服务经费标准，从2009年人均15元提高到2013年人均30元。二是建立完善规范的绩效考核机制，将政府购买服务运用到绩效考核中。三是建立资金拨付与绩效考核联动挂钩机制。强化绩效考核结果在资金管理中的应用，将绩效考核结果作为财政补助资金拨付、结算以及下一年度预算安排的重要依据，促使基层医疗卫生机构规范项目开展。

2. 江西省：加强政府性债务管理、防范财政金融风险

2012 年底，江西省总债务率为 68.05%，低于国际控制标准 90%—150% 的下限，比全国总债务率 113.41% 低 45 个百分点。江西省财政厅加强政府性债务管理的主要做法：一是以健全制度为抓手，构建债务管理体系。进一步规范市县土地储备融资额度审批程序，严格控制融资规模，对债务风险较高的地方相应核减融资规模。二是化解存量，2011 年以来先后制定了政法机关基础设施建设、基层医疗卫生机构、乡村垫交农业两税等债务化解方案。三是以动态监测为基础，防控财政金融风险。2011 年起，充分利用“金财工程”，搭建了纵贯省、市、县三级，横向与部门之间联通的政府债务数据网络。四是以自发自还为契机，增强债务主体意识。作为中部唯一试点省份，江西积极开展 2014 年地方政府债券自发自还改革试点，节约政府融资成本 3.4 亿元。五是以机构建设为保障，强化政府债务监管，在全国省级财政部门中率先增设了政府债务管理专门机构。

3. 湖南省率先推行社会保险基金票据电子化改革

2015 年 1 月 1 日，湖南省启用社会保险基金电子收款收据，首开全国财政电子票据先河。该收据主要特点是仅设一联电子版收据联，采用电子信息防伪，以电子形态存储保存，可用白纸打印。电子收据号码由省财政厅根据省人力资源和社会保障厅发送的信息进行自动分配。该收据无须财政部门进行核销和年检。收据生成后，税务、审计等有关部门可登录“湖南非税收入网”或“湖南人力资源社会保障公共服务网”查验收据相关信息。参保单位可在“湖南人力资源社会保障公共服务网”打印社保基金电子收据，其与社会保险缴费通知单及银行缴款回单三者一并作为报账依据。社保基金电子收据的启用，突破了传统收缴方式在空间和时间上的限制，优化了工作流程，提高了收缴效率，从而有效地降低了收缴成本和社会成本；增加了收缴透明度，强化了监督管理，进一步提高了财政票据监管水平和工作效率，也为全国财政票据电子化改革积累了经验。

四、财政时论

于国安：支出改革突出“压、保、调、改”

山东省财政厅厅长于国安表示，在推进预算管理改革、税收制度改革、财政体制改革的基础上，山东省把支出管理改革单列出来，作为新一轮财税体制改革的重要内容作出部署。在改革内容上，突出做好“压、保、调、改”四篇文章：

“压”，就是清理压减不合理财政支出。一是压减投向竞争性领域的资金，逐步减少生产性、经营性支出，对产业的扶持尽量通过税收手段调节，不再设立专项资金。二是压减结余结转资金，大力盘活存量资金，提高资金使用效率。三是压减一般性支出，严控“三公”经费，努力降低行政成本。“保”，就是完善重点支出保障机制。着力强化“三个保障”：完善基本公共服务保障机制；完善民生保障机制；完善改革成本支付机制。“调”，就是调整财政转移支付结构。大力减少财政专项资金，努力增加一般性转移支付规模。同时，严控新增专项转移支付项目和资金规模，市场竞争机制能够有效调节的事项不再设立专项转移支付。“改”，就是改进财政支持经济社会发展方式。积极探索通过市场化的项目发现机制、竞争性的资金分配机制、股权化的财政投资机制、杠杆化的调控引导机制，带动社会资金加大投入。明确规定今后财政支持产业发展的资金，主要采取基金等市场化模式运作。设立了省级股权投资引导基金，未来 3 年全省将筹集 300 亿元以上，力争带动社会投资 3000 亿元。

五、国外视角

1. 欧智库：中国全球经济影响力将逐步扩大

2015 年 1 月 9 日，欧智库布鲁盖尔研究所（Bruegel）经济学家、“金砖之父”吉姆·奥尼尔撰文表示，中国经济再平衡的十年进程已过半，中国已做好进一步大幅扩大其全球影响力的准备。到 2016 年担任二十国集团轮值主席国时，中国将全面参与全球经济事务。

对比其在 2010 年所做的金砖四国十年经济增长预期，奥尼尔认为，五年来四国中只有中国达到或可能略超预期水平。若中国即将公布的第四季度国内生产总值（GDP）为 7.3% 或接近该水平，则 2011—2014 年间，中国年平均实际 GDP 增速将接近 8%。若中国在未来五年保持 7% 的增速，则有望在 2010—2020 年这整十年中实现年均增速 7.5% 的目标。若如此，届时以当前名义美元计价的中国经济总量将达 10 万亿美元，超过美国经济总量的一半，是日本的两倍，大于德国、法国、意大利三国之和，并接近其他三个金砖国家总和的 1.5 倍。当前，仍有许多国际评论家不看好中国，认为其实际 GDP 增长将大幅下滑至 7% 以下，理由不外乎过度负债、低效信贷、出口市场疲软，以及消费者未能在经济中发挥更大作用。虽然这些问题都很重要，但它们都是中国政策制定者熟悉且正致力解决的内容。

奥尼尔看好中国经济的主要原因包括：第一，原油价格暴跌将提高消费者实际收入，有助于中国消费者在经济中发挥更大作用。第二，尽管近期房价停滞并开始回落，但由于之前中国决策者为避免市场崩盘已严控房价，因此中国仍有极大可能避免严重信贷紧缩。第三，中国通胀较为温和，为实施更多宽松货币政策提供空间。总而言之，以上因素使中国通过提高工资水平、允许城市外来务工人员购买房产以及改革养老金制度来实现经济再平衡变得更为容易。

2. 美智库：中国汇率与资本账户改革 2015 年将继续深化

2015 年 1 月 9 日，美知名智库彼得森国际经济研究所（PIIE）发表文章称，2015 年中国将继续深化汇率改革与资本账户开放，尤其是上海自贸区将进一步明确全部或部分人民币自由兑换时间表，这将为其他三个自贸区进一步自由化提供方向。2015 年初，随着人民币兑美元波幅接近 2% 上限及美元不断走强，中国央行可尝试以下三种方法：一是通过卖出美元强化人民币。二是降低固定利率。三是扩大交易区间。或在一定程度上将三种方法相结合。但若当前市场情绪持续，交易区间近期很可能再次扩大。中国仍需进一步明确人民币合格境内机构投资者（RQDII）和第二批合格境内机构投资者（QDII2）的规模和时间表，从而允许更多对外投资。允许更多个人直接通过 QDII2 或间接通过 R/QDII 机制以多种方式投资海外资产，可帮助遏制当下盛行的不正当投资。

第 4 期　（2015 年 1 月 17 日—2015 年 1 月 23 日）

一、政策发布

1. 境外旅客购物离境退税政策全面实施

2015 年 1 月 16 日，经商海关总署、国家税务总局，财政部发布《关于实施境外旅客购物离境退税政策的公告》，主要内容包括：离境退税政策的定义、境外旅客申请退税的条件、退税率、应退税额计算公式、离境退税流程、退税币种、退税方式、退税代理机构、退税商店、离境退税备案制度、退税款分担机制等。下一步，国家税务总局和海关总署还将分别就退税管理办法、海关监管办法等印发具体的操作文件。与海南试点政策相比，此次将在全国符合条件的地区实施离境退税政策，主要有三个方面的调整：一是扩大了离境口岸范围，在航空口岸的基础上，新增了水运口岸和陆地口岸。二是扩大了退税物品范围，将海南试点时的正面列举方式调整为以负面清单方式，退税物品范围由 21 类物品扩大到除禁止、限制出境和增值税免税物品外的所有物品。三是降低了起退点，由 800 元下调至 500 元。

2. 财政、海关、国家税务总局三部门调整进口天然气税收优惠政策

2015 年 1 月 19 日，财政部、海关总署和国家税务总局联合发布通知对《财政部　海关总署　国家税务总局关于对 2011—2020 年期间进口天然气及 2010 年底前“中亚气”项目进口天然气按比例返还进口环节增值税有关问题的通知》和《财政部　海关总署　国家税务总局关于调整进口天然气税收优惠政策有关问题的通知》有关事项进行调整，规定自 2014 年 10 月 1 日起，将液化天然气销售定价调整为 38. 82 元/GJ，将管道天然气销售定价调整为 1. 37 元/立方米；2014 年 7—9 月期间，液化天然气销售定价适用 35. 14 元/GJ，管道天然气销售定价适用 1. 24 元/立方米；自 2014 年 7 月 1 日起，《财政部　海关总署　国家税务总局关于调整进口天然气税收优惠政策有关问题的通知》第一条停止执行。

3. 财政部规范政府和社会资本合作合同管理工作

2015年1月19日，财政部发布《关于规范政府和社会资本合作合同管理工作的通知》，要求各级财政部门在推进PPP工作中，要切实遵循依法治理、平等合作、维护公益、诚实守信、公平效率、兼顾灵活等原则，有效推进PPP合同管理工作。一要加强组织协调，保障合同效力。二要加强能力建设，防控项目风险。三要总结项目经验，规范合同条款。各级财政部门要会同行业主管部门结合PPP项目试点工作，逐步形成一批科学合理、全面规范、切实可行的合同文本，以供参考示范。财政部将在总结各地实践的基础上，逐步出台主要行业领域和主要运作方式的PPP项目合同标准示范文本。

4. 财政部规范政府采购竞争性磋商采购方式及PPP项目政府采购

2015年1月21日，财政部发布《政府采购竞争性磋商采购方式管理暂行办法》和《政府和社会资本合作项目政府采购管理办法》指出：一方面，本届政府提出了推进政府购买服务、推广PPP模式等重要改革任务。与此相关的采购活动，在采购需求、采购方式、合同管理、履约验收、绩效评价等方面存在一定特殊性，需要在政府采购现行法律框架下，作出创新和针对性的制度安排，对具体工作进行指引和规范，以确保采购工作顺畅、高效开展。另一方面，政府购买服务、推广PPP模式等工作，具有较强的公共性和公益性，其采购活动应当充分发挥支持产业发展、鼓励科技创新、节约资源、保护环境等政府采购政策功能，以促进经济和社会政策目标的实现。因此，需要明确相关采购活动的法律适用和操作规则。

5. 国务院要求进一步做好盘活财政存量资金工作

2015年1月21日，国务院发布《关于进一步做好盘活财政存量资金工作的通知》要求：一要清理一般公共预算结转结余资金。二要清理政府性基金预算结转资金。三要加强转移支付结转结余资金管理。四要加强部门预算结转结余资金管理。五要规范权责发生制核算。从2014年起，地方各级政府除国库集中支付年终结余外，一律不得按权责发生制列支，严禁违规采取权责发生制方式虚列支出。六要严格规范财政专户管理。全面清理存量财政专户，除经财政部审核并报国务院批准保留的财政专户外，其余财政专户在2年内逐步撤销。严格执行财政专户开立核准程序，各地一律不得新设专项支出财政专户。七要加强收入缴库管理。地方各级政府所有非税收入执收单位要严格执行非税收入国库集中收缴有关规定，取消收入过渡性账户，确保非税收入及时足额上缴财政。八要加强预算周转金、预算稳定调节基金和偿债准备金管理。从2015年1月1日起，地方各级政府不得新设各种形式的偿债准备金，确需偿债的，一律编制三年滚动预算并分年度纳入预算安排。九要编制三年滚动预算。从 2015 年起，在财政部编制全国三年财政规划、地方财政部门编制本地区三年财政规划的同时，对目标比较明确的项目，各部门必须编制三年滚动预算。十要加大督查和问责力度。

6. 国务院促进服务外包产业加快发展

国务院发布了《关于促进服务外包产业加快发展的意见》，并对财政部门提出两点要求：一是加大财政支持力度。完善现有财政资金政策，优化资金安排和使用方向，改进支持方式，加大对国际服务外包业务的支持。充分发挥财政资金的杠杆引导作用，通过设立国际服务外包产业引导基金等市场化支持方式，引导社会资金加大对承接国际服务外包业务企业的投入，促进扩大服务出口。二是完善税收政策。从区域和领域上扩大对技术先进型服务企业减按 15% 税率缴纳企业所得税和职工教育经费不超过工资薪金总额 8% 部分税前扣除的税收优惠政策实施范围。根据服务外包产业集聚区布局，统筹考虑东、中、西部城市，将中国服务外包示范城市数量从 21 个有序增加到 31 个。实行国际服务外包增值税零税率和免税政策。

二、数据盘点

1. 2014 年国内生产总值初步核算结果

2015 年 1 月 20 日，国家统计局发布数据显示，经初步核算，2014 年国内生产总值 636463 亿元，按可比价格计算，同比增长 7.4%。分季度看，2014 年一季度同比增长 7.4%，二季度增长 7.5%，三季度增长 7.3%，四季度增长 7.3%。分产业看，第一产业增加值 58332 亿元，同比增长 4.1%；第二产业增加值 271392 亿元，同比增长 7.3%；第三产业增加值 306739 亿元，同比增长 8.1%。环比看，2014 年四季度国内生产总值增长 1.5%。

2. 2014 年 12 月份全国彩票销售情况

2015 年 1 月 20 日，财政部发布数据显示，2014 年 12 月份，全国共销售彩票 361.53 亿元，同比增加 58.81 亿元，增长 19.4%。其中，福利彩票机构销售 195.61 亿元，同比增加 19.27 亿元，增长 10.9%；体育彩票机构销售 165.92 亿元，同比增加 39.54 亿元，增长 31.3%。2014 年 1—12 月，全国累计销售彩票 3823.78 亿元，同比增加 730.53 亿元，增长 23.6%。其中，福利彩票机构销售 2059.68 亿元，同比增加 294.4 亿元，增长 16.7%；体育彩票机构销售 1764.10 亿元，同比增加 436.13 亿元，增长 32.8%。

3. 新疆强农惠农富农政策落实情况

2015 年 1 月 20 日，财政部发布数据显示，2014 年中央、自治区各类惠农富民政策性补贴补助资金近 432. 17 亿元，比 2013 年的 340. 53 亿元增加了 91. 64 亿元，增长 27%。按全区 1100 万农村人口测算，2014 年新疆维吾尔自治区农民人均享受各类政策性补贴补助资金 3928. 82 元，比 2013 年增加 833 元。其中，农牧民生产生活资料补贴类资金投入 184. 96 亿元，增长 90. 09%，村干部报酬及其他人员补助、补贴 10. 57 亿元，增长 40. 37%。增幅主要来自于政策的引导和变化，2014 年新启动的棉花目标价格补贴，安排试点资金 70 亿元；全区高效节水补助和肉牛肉羊生产发展补助增长分别 8. 52 亿元和 4. 51 亿元；按照提高基层干部待遇的要求，村干部报酬增长 3. 04 亿元；扶贫资金 16. 5 亿元，增长 18. 71%。

4. 2014 年 1—12 月全国国有及国有控股企业经济运行情况

2015 年 1 月 22 日，财政部发布数据显示，2014 年 1—12 月，纳入本月报统计范围的全国国有及国有控股企业（以下简称国有企业）利润总额和应交税金同比增幅均放缓。汽车、医药等行业利润增幅较高，煤炭、化工等行业利润降幅较大，有色行业处于亏损状态。其中，2014 年 1—12 月国有企业营业总收入 480636. 4 亿元，同比增长 4%；营业总成本 466605. 4 亿元，同比增长 4. 5%；利润总额 24765. 4 亿元，同比增长 3. 4%；应交税金 37860. 8 亿元，同比增长 5. 7%；资产总额 1021187. 8 亿元，同比增长 12. 1%；负债总额 665558. 4 亿元，同比增长 12. 2%；所有者权益合计 355629. 4 亿元，同比增长 11. 8%。

三、地方财政

1. 山东省多措并举调整优化收入分配结构

2015 年 1 月 21 日，山东省财政厅发布消息显示，山东深入推进收入分配改革，加大财政再分配调节力度。一是大幅增加民生领域投入。调整优化财政支出结构，加快财政资金退出一般竞争性领域步伐，集中财力保障基本公共服务和民生支出。二是着力提高城乡居民收入水平。重点加大对“老小孤残”等弱势群体倾斜力度，上调城乡居民基础养老金、失业金及残疾人、农村五保对象等补助标准。三是加大区域分配调节力度。区分不同层次、不同特点，完善财政分配政策。健全生态功能区转移支付制度，落实资金 5. 34 亿元，落实转移支付 11. 1 亿元，落实革命老区转移支付 10. 33 亿元，促进老区加快发展。落实资金 58 亿元，集中支持实施“两区一圈一带”战略，进一步完善了区域发展财政扶持政策体系。四是积极规范收入分配秩序。健全日常公用经费定额标准体系，规范会议费、培训费及奖励经费管理，理顺机关幼儿园等后勤单位管理体制和经费渠道，提高财政分配的科学性、准确性。支持落实带薪休假制度，保障劳动者基本权益。

2. 内蒙古自治区煤炭资源税改革正式实施

内蒙古自治区财政厅、地税局印发《内蒙古自治区煤炭资源税从价计征实施办法》，规定自 2014 年 12 月 1 日起，全区煤炭资源税适用税率确定为 9%，煤炭资源税从价计征改革正式实施。从 2014 年 12 月 1 日起，内蒙古自治区已将煤炭矿产资源补偿费费率降为零，停止征收煤炭价格调节基金。在清费基础上，内蒙古自治区煤炭资源税适用税率在国家规定的 2%—10% 范围内确定为 9%，与改革前煤炭企业资源税、煤炭价格调节基金及矿产资源补偿费（简称一税两费）负担水平相比持平，确保不增加煤炭企业总体负担。考虑到未来洗选煤折算率对煤炭资源税实际税负的影响，改革后区内煤炭企业“一税两费”负担是降低的；与改革前相比，全区煤炭企业实际税费平均负担降低了 6 个百分点以上。经测算，2015 年预计全区煤炭企业减负达 103 亿元以上。

3. 陕西省 2015 年起省级财政推行零基预算

陕西省财政厅发布消息显示，从 2015 年起，陕西省省级财政推行零基预算。目前，陕西省财政支出管理中普遍实行基数加增长的预算分配方式，资金一旦分配，就固化到了部门，难以统筹使用，影响了财政调控能力。在收入增速下降，新增财力减少，支出需求不断增加的情况下，新增财力难以维持新增民生支出需要，财政收支矛盾越发突出。为此，陕西省省委、省政府决定推行零基预算。对个人和公用支出精准测算、据实安排，财政资金首先确保民生支出需要，保障重点支出需要。对其他一般性专项资金，打破基数，根据项目申报情况，结合财力，按项目轻重缓急，统筹安排，有保有压，有增有减，一年一安排。2015 年为零基预算的第一年，也是“过渡期”，从 2016 年起，要在省级部门全面实行零基预算。零基预算的核心是项目，项目申报工作不仅是专项资金改革的主要内容，而且是实施零基预算的基础。

四、财政时论

宋义武：服务改革发展大局、大力推广运用 PPP 模式

江苏省财政厅副厅长宋义武指出进一步推广运用 PPP 模式的几项重点工作：一是要尽快落实 PPP 管理机制。财政部门内部要结合职能整合，成立由金融、预算、经建、采购、绩效等业务口组成的 PPP 中心，负责 PPP 的日常管理。二是要积极组织筛选 PPP 项目，扩大试点范围。各地财政部门应会同相关职能部门，在政府融资平台存量项目和新建、改建项目中筛选适宜 PPP 模式的项目。优先选择定价调价机制透明灵活、市场化程度相对较高、有一定现金流的项目，为后续推广工作积累实践经验。三是要规范进行项目采购。各地财政部门应会同项目主管部门严格遵照《政府采购法》及其他相关规定，公开、公平、规范地进行 PPP 项目采购，采取公开招标、竞争性谈判、磋商等采购方式。四是要完善财政资金管理。各地财政部门应强化对 PPP 项目中政府资本金、PPP 引导基金及后期运营补贴的管理，评估并控制 PPP 项目中的财政承诺。财政补贴要以项目运营绩效评价结果为依据，建立动态补贴机制，并分类纳入同级政府预算，并在中长期财政规划中统筹考虑，确保政府履约。五是要统筹安排监管评价。

五、国外视角

美智库：中拉关系潜力巨大

2015 年 1 月 11 日，智利驻华大使贺乔治在美国智库威尔逊中心发表《进一步推动中拉关系发展》文章称，未来中拉将深化政治互信、扩大互利合作、密切国际协作、构建合作网络。2000—2010 年间，亚太地区和拉共体之间的年贸易增长率为 20.5%。2011 年，双边贸易额达 4420 亿美元，其中中国占了一半。截至目前，亚洲占拉共体对外贸易额的 21%，仅次于美国的 34%。拉共体与中国的贸易呈爆炸式增长，从 2000 年的 100 亿美元增长至 2013 年的 2570 亿美元，涨幅高达 2500%。截至 2011 年，中国成为巴西、智利和秘鲁的全球最大出口市场，是阿根廷、委内瑞拉、古巴和乌拉圭的第二大出口市场。世界银行 2011 年调查显示，随着拉共体加深同中国的联系，拉共体对外贸易将强劲增长。中国对初级商品、食品的巨大需求将直接推动拉共体经济的快速发展，中国商品价格上涨也对拉共体产生间接影响。2014 年国际原油价格大幅下跌严重影响到一些拉共体经济大国。但中拉关系的基本面在一定程度上形成互补机制，且保持稳定。中国人口约占世界人口总量的 20%，淡水仅占世界总量的 7%，中国粮食和其他自然资源将越来越依赖进口，尤其是拉丁美洲和加勒比地区。此次中拉论坛部长级会议的目标是深化政治互信、扩大互利合作、加强人文交流、密切国际协作、构建合作网络。拉美及加勒比国家共同体（CELAC）成立于 2010 年，人均收入高于中国，但面临的最大挑战是提高生产力。其中障碍之一就是基础设施不完善。南美洲内部应建立联系，且大西洋和太平洋沿岸应互联互通。正如中国沿海经济发达，而西部发展落后，中国在铁路、建筑、电信和能源领域仍然有很大发展空间。在过去的十年，中国广袤的国土与庞大的人口通过通讯和交通的发展而逐渐实现一体化。同样地，南美国家和该地区其他国家之间的基础设施有待升级以推动该地区经济发展。大宗商品价格超级周期的结束为中拉关系的发展带来新的机会，双边贸易和其他领域的合作将成为亚太地区经济发展的主要驱动力。

第 5 期（2015 年 1 月 24 日—2015 年 1 月 30 日）

一、政策发布

1. 财政部、发改委部署深入推进节能减排财政政策综合示范工作

2015 年 1 月 27—28 日，财政部、发展改革委在湖南召开全国节能减排财政政策综合示范工作会议，会议强调，在当前形势下，各示范城市要主动适应经济发展新常态，准确把握综合示范政策宗旨和要义，牢牢抓住整体推进的政策核心，加大资金整合力度和政策集成力度，要结合实际推进体制机制建设，强化绩效考核约束力度，加快建立以市场为主体的节能减排长效机制。会议还要求各示范城市要大胆开拓工作思路，在实践中不断完善政策措施，在创新中深入推进综合示范工作，扩大示范效应，形成可推广、可复制的经验模式。两部委将适当扩大示范范围，研究启动省级综合示范工作。

2. 提取住房公积金支付房租条件放宽

2015 年 1 月 19 日，财政部、住建部和央行联合发布《关于放宽提取住房公积金支付房租条件的通知》，一是明确租房提取条件。职工连续足额缴存住房公积金满 3 个月，本人及配偶在缴存城市无自有住房且租赁住房的，可提取夫妻双方住房公积金支付房租。二是规范租房提取额度。职工租住公共租赁住房的，按照实际房租支出全额提取；租住商品住房的，各地住房公积金管理委员会根据当地市场租金水平和租住住房面积，确定租房提取额度。三是简化租房提取要件。四是提高提取审核效率。五是防范骗提套取行为。

3. 进入中哈霍尔果斯国际边境合作中心的货物适用增值税退（免）税政策

2015 年 1 月 26 日，财政部和国家税务总局联合发布《关于进入中哈霍尔果斯国际边境合作中心的货物适用增值税退（免）税政策的通知》，规定即日起在中心封关验收后，对由中方境内进入中心的基础设施（公共基础设施除外）建设物资

和中心内设施自用设备，视同出口货物，实行增值税退（免）税政策。企业申请增值税退（免）税时，需要提供货物进入中心的出口货物报关单（出口退税专用）。

4. 财政部规范金融企业涉农贷款和中小企业贷款损失准备金的企业所得税税前扣除政策

2015 年 1 月 27 日，财政部发布《关于金融企业涉农贷款和中小企业贷款损失准备金税前扣除有关问题的通知》，规定自 2014 年 1 月 1 日起至 2018 年 12 月 31 日，根据《贷款风险分类指导原则》对金融企业涉农贷款和中小企业贷款进行风险分类后，按照以下比例计提的贷款损失准备金，准予在计算应纳税所得额时扣除：关注类贷款，计提比例为 2%；次级类贷款，计提比例为 25%；可疑类贷款，计提比例为 50%；损失类贷款，计提比例为 100%。

5. 财政部规范金融企业贷款损失准备金企业所得税税前扣除有关政策

2015 年 1 月 27 日，财政部发布《关于金融企业贷款损失准备金企业所得税税前扣除有关政策的通知》，规定自 2014 年 1 月 1 日起至 2018 年 12 月 31 日，金融企业准予当年税前扣除的贷款损失准备金计算公式为：准予当年税前扣除的贷款损失准备金 = 本年末准予提取贷款损失准备金的贷款资产余额 ×1% – 截至上年末已在税前扣除的贷款损失准备金的余额。金融企业按上述公式计算的数额如为负数，应当相应调增当年应纳税所得额。金融企业的委托贷款、代理贷款、国债投资、应收股利、上交央行准备金以及金融企业剥离的债权和股权、应收财政贴息、央行款项等不承担风险和损失的资产，不得提取贷款损失准备金在税前扣除。

6. 国务院关于实行中期财政规划管理的意见

国务院发布《关于实行中期财政规划管理的意见》，要求财政部牵头编制全国中期财政规划。全国中期财政规划对中央年度预算编制起约束作用，对地方中期财政规划和年度预算编制起指导作用。财政部要在下一年度预算编制启动之前，提前编制中期财政规划草案。草案应征求相关部门和社会有关方面的意见，报国务院批准后实施。各部门应结合国民经济和社会发展五年规划纲要及相关专项规划、区域规划的实施，按照部门职责分工，研究未来三年涉及财政收支的重大改革和政策事项，并测算收支数额，及时提交财政部汇总平衡。同时，各部门还要编制部门三年滚动财政规划，按照部门预算管理有关规定执行。各省、自治区、直辖市及计划单列市财政部门要比照中央做法，编制地方中期财政规划，经同级人民政府批准后，报财政部备案。省级各部门、省级以下地方财政部门也可分别编制省级部门三年滚动财政规划和当地中期财政规划。

二、数据盘点

1. 中央财政再次下拨14.2亿元中央冬春救灾资金

2015年1月27日，财政部发布数据显示，中央财政下拨2014—2015年度第二笔中央冬春救灾资金14.2亿元，进一步帮助各地妥善解决好受灾群众口粮、衣被、取暖等基本生活面临的困难，确保安全过冬、温暖过节。2014年年底，财政部、民政部商定安排2014—2015年度中央冬春救灾资金71亿元，并于2014年12月29日下拨第一笔资金56.8亿元。至此，2014—2015年度中央冬春救灾资金71亿元已全部下拨。

2. 2014年全国规模以上工业企业利润总额比2013年增长3.3%

2015年1月27日，国家统计局发布数据显示，2014年全国规模以上工业企业实现利润总额64715.3亿元，比2013年增长3.3%；实现主营活动利润60471.7亿元，比2013年增长1.6%。2014年，在规模以上工业企业中，国有及国有控股企业实现利润总额14006.7亿元，比2013年下降5.7%；集体企业实现利润总额538亿元，增长0.4%；股份制企业实现利润总额42962.8亿元，增长1.6%；外商及港澳台商投资企业实现利润总额15971.8亿元，增长9.5%；私营企业实现利润总额22322.6亿元，增长4.9%。

3. 2014年财政部共计减免下级债务单位亚行、世行贷款利费3081.40万美元

2015年1月28日，财政部发布数据显示，2013/2014财年财政部作为第一债务人按时对亚行、世行偿还全部到期债务，分别获得亚行贷款利差减免1879.21万美元和世行贷款利费减免1845.79万美元，共计折合人民币约2.3亿元。为鼓励下级债务单位对财政部及时还款，财政部根据下级债务单位对财政部偿还亚行、世行贷款债务情况，相应给予亚行贷款利差减免1559.83万美元和世行贷款利费减免1521.57万美元，共计折合人民币约1.9亿元，分别占亚行、世行对财政部减免总额的83%和82.43%。

三、地方财政

1. 甘肃省将申报建设中国（兰州）自由贸易园区

2015年1月27日，甘肃省财政厅发布消息显示，甘肃省将进一步扩大向西开放，努力把甘肃省建设成为国家向西开放的重要门户和次区域合作战略基地。积极申报建设中国（兰州）自由贸易园区，利用先行先试的功能和政策组合效应创

新开放合作模式。推进兰州新区综合保税区建设，发挥武威保税物流中心作用，扩大贸易规模。提升兰州中川机场国际航空口岸综合服务能力，开通国际货运业务，争取敦煌机场国际口岸早日对外开放，争取将嘉峪关机场列入《国家“十三五”口岸发展规划》。在丝绸之路经济带沿线国家进行园区建设，构建跨境产业链，使合作区成为当地工业化、农业现代化的“孵化器”，成为省内过剩产能向外转移和现代农业、畜牧业等优势产业扩张发展的重要载体。

2. 广东省实施财政专项资金实时在线联网监督管理

广东省财政厅印发《省级财政专项资金实时在线联网监督管理办法》，利用现有的实时在线财政预算监督系统与省级财政专项资金管理平台的数据资源，建立省级财政专项资金实时在线联网监督系统，实现财政、审计、监察部门和资金使用单位互联互通、共同监督，加强财政专项资金实时在线联网监督管理。《办法》要求，资金使用单位、业务主管部门和财政部门按照《广东省省级财政专项资金管理办法》规定，及时报送专项资金各环节有关信息，并将相关专项资金拨付数据信息及时推送至省级财政专项资金实时在线联网监督系统。同时，逐步统一省市县三级相关数据标准，将省级下达至市县的省级财政专项资金拨付数据信息实时推送至省级财政专项资金管理平台，实现对省级财政专项资金拨付从省级部门到市县使用单位全过程跟踪、全环节监管。

3. 江苏省兑现金融奖励资金、直接债务融资跃居全国第一

日前，根据江苏省财政厅会同人行南京分行、省金融办对各金融机构兑现直接债务融资引导奖励资金 4078 万元，鼓励和引导金融机构持续加大对我省企业发行债务融资工具的支持力度，扩大直接债务融资规模。在各有关单位的共同努力下，江苏省直接债务融资规模迅速扩大，2013 年全年发行额 1824 亿元，年末存续余额 2766 亿元；2014 年全年发行额 3159 亿元，比 2013 年多发 1335 亿元，年末存续余额 4530 亿元，增长 1764 亿元。通过发挥财政对金融资源的撬动作用，实现了全省债务融资工具（扣除央企后）发行支数、企业家数、发行金额等多项指标均居全国第一，有力助推了江苏实体经济发展和转型升级。

四、财政时论

大连专员办：甄别偿还地方债务当注意四种风险

财政部驻大连专员办撰文指出，当前我国存量债务存在四种突出风险，应当在甄别、偿还过程中加以防范。一是行政级别自下而上，债务存量倒金字塔。从债务归属的行政层级来看，省—市—县级政府债务层层累加、逐级放大，省级机关债务最轻，县级机关债务最重。二是发达程度由贫到富，偿债意愿倒金字塔。从债务归属的地区来看，越是富裕地区，存量债务越少，偿债意愿越强；越是贫困地区，债务规模越大，偿债意愿越弱。三是偿债义务由低到高，风险系数倒金字塔。从债务分类来看，从一类债务到三类债务，政府偿债规模越大，风险系数越小。一类债务是地方存量债务的主体，三类债务规模相比较小，但风险却很高。从形式上来看，融资平台、财政补助事业单位多是三类债务的举借主体，偿还多以一定的收费权力或经营收入为担保，用于公益或非公益项目。三类债务由于其隐蔽性和不可控性，很可能由财政资金兜底。四是机构规模由大到小，融资金额倒金字塔。从债务资金的债权人性质来看，主要有地方商业银行、区域性金融机构和五大国有银行的三种，地方性的城市银行和区域性金融机构原本规模相对较小，其主要的放款对象主要是地方政府，并通过金融衍生和次级债务，将同行业的其他银行也捆绑在一起。如果地方政府不能偿还债务，就会加剧城市商业银行和区域性金融机构的风险，更可能引起一系列的连锁反应，可能会形成银行业和金融机构的骨牌效应。

五、国外视角

美智库：21 世纪中期中国将成为全球第一大经济体

美知名智库布鲁金斯学会发表文章称，自 20 世纪 80 年代以来，中国庞大的人口数量优势和迅猛的经济增速或使中国在 21 世纪中期超越美国。21 世纪前 10 年，中国经济总量与美国之比从 1/8 增长到逾 1/2，增速高达 10%，目前已明显有所放缓。2015 年中国经济增速预计设定为 7%。但即便如此，中国仍将在约 10 年内超越美国成为全球第一大经济体，并在 21 世纪中期前达到美国经济总量的两倍。当然，中国经济发展也可能遭遇困境。多年来中国经济增长始终依赖出口和投资，因此中国也试图通过一系列艰难的结构改革，更多地依靠消费来拉动需求，并依靠创新提高生产力。此外，中国还需应对环境退化及高昂的治理成本等挑战。同时，中国将面临严峻的人口挑战。联合国预测，2030 年中国人口数量将达到峰值，并在随后 70 年内下降 40%。因为在人口萎缩和劳动力数量下降的情况下，实现经济良好增长将十分困难，而劳动力增长更利于各国进行必要调整。美国 21 世纪因移民涌入，预计人口数量会有所增长。截至 21 世纪末，中美人口数量比例将由目前逾 4:1 下降到约 2:1。因此，中国未来不久即可能超越美国成为全球最大的经济体，但随后美国将再度崛起重新居首。

第 6 期 （2015 年 1 月 31 日—2015 年 2 月 6 日）

一、政策发布

1. 财政部和国家税务总局对电池、涂料征收进口环节消费税

2015 年 2 月 2 日，财政部和国家税务总局联合发布《关于对电池、涂料征收进口环节消费税的通知》，规定自 2015 年 2 月 1 日起对电池（铅蓄电池除外）、涂料征收进口环节消费税，适用税率均为 4%。对无汞原电池、金属氢化物镍蓄电池、锂原电池、锂离子蓄电池、太阳能电池、燃料电池、全钒液流电池以及施工状态下挥发性有机物含量低于 420 克/升（含）的涂料免征进口环节消费税。自 2016 年 1 月 1 日起对铅蓄电池征收进口环节消费税，适用税率为 4%。

2. 财政部发布 2015 年度财政预算监管工作要点

2015 年 2 月 3 日，财政部发布了 2015 年度财政预算监管工作要点。原则上按照属地各级中央预算单位和各项中央财政资金全覆盖、预算管理流程全覆盖的要求开展。在此基础上，对部分单位和事项开展重点监管。在部门预算监管方面，要求属地全部中央预算单位逐级汇总报送本单位 2014 年部门决算草案、主管部门批复的 2015 年本单位部门预算以及 2016 年本单位"一上"预算备查。在中央对地方转移支付资金监管方面，2015 年中央对地方转移支付资金预算执行监督、2016 年中央对地方转移支付资金预算编制审核工作，专员办应按照有关专项资金管理办法及部内相关司局的要求开展。在其他新增重点监管事项方面，按照党中央、国务院有关要求及财政部有关规定，2015 年增加了部分涉及财税体制和预算管理制度改革的重点监管事项。

3. 关于创新药后续免费使用有关增值税政策的通知

2015 年 2 月 5 日，为鼓励创新药的研发和使用，财政部和国家税务总局联合发布《关于创新药后续免费使用有关增值税政策的通知》，规定自 2015 年 1 月 1 日

起，药品生产企业销售自产创新药的销售额，为向购买方收取的全部价款和价外费用，其提供给患者后续免费使用的相同创新药，不属于增值税视同销售范围。本通知所称创新药，是指经国家食品药品监督管理部门批准注册、获批前未曾在中国境内外上市销售，通过合成或者半合成方法制得的原料药及其制剂。

4. 财政部发布《商业银行审计指引》

财政部中注协发布了《商业银行审计指引》，对注册会计师从事商业银行的审计工作作出指导。与一般企业审计相比，由于商业银行经营活动特殊，具有网点分布广、业务创新多、信息系统依赖程度高、监管要求严、与公众利益密切相关等特点，其审计工作的组织难度大、风险评估困难多、对内部控制测试依赖高。《商业银行审计指引》按照风险导向审计理念，根据对财务报表和内部控制进行整合审计的要求，针对商业银行在审计计划的编制、审计方向的确定、审计资源的调配、风险的评估与应对、内部控制的了解与测试、重点业务流程的进一步审计程序、审计报告等方面的特殊性，对审计工作的各个重要环节作出了全面细致的指导。

5. 国务院关于改革和完善中央对地方转移支付制度的意见

国务院发布了《关于改革和完善中央对地方转移支付制度的意见》，规定：一要优化转移支付结构，形成以均衡地区间基本财力、由地方政府统筹安排使用的一般性转移支付为主体，一般性转移支付和专项转移支付相结合的转移支付制度。二要完善一般性转移支付制度，建立一般性转移支付稳定增长机制，增加一般性转移支付规模和比例，逐步将一般性转移支付占比提高到 60% 以上，加强一般性转移支付管理。三要从严控制专项转移支付，清理整合专项转移支付，逐步改变以收定支专项管理办法，严格控制新设专项，规范专项资金管理办法。四要规范专项转移支付分配和使用，取消地方资金配套要求，严格资金使用。五要逐步取消竞争性领域专项转移支付，研究用税收优惠政策替代部分竞争性领域专项，探索实行基金管理等市场化运作模式。六要强化转移支付预算管理，加强政府性基金预算和一般公共预算的统筹力度，将一般性转移支付纳入重点支出统计范围。七要调整优化中央基建投资专项。八要完善省以下转移支付制度。九要加快转移支付立法和制度建设。

二、数据盘点

1. 2014 年财政收支情况

2015 年 1 月 30 日，财政部发布数据显示，2014 年全国一般公共财政收入

140350 亿元，同比增加 11140 亿元，增长 8.6%。其中，中央一般公共财政收入 64490 亿元，同比增加 4292 亿元，增长 7.1%；地方一般公共财政收入 75860 亿元，同比增加 6849 亿元，增长 9.9%。一般公共财政收入中的税收收入 119158 亿元，同比增长 7.8%。全国一般公共财政支出 151662 亿元，同比增加 11449 亿元，增长 8.2%。其中，中央本级支出 22570 亿元，同比增加 2098 亿元，增长 10.2%；地方财政支出 129092 亿元，同比增加 9351 亿元，增长 7.8%。

2. 2015 年 1 月份中国制造业采购经理指数为 49.8%

2015 年 2 月 1 日，国家统计局发布数据显示，中国 2015 年 1 月份 PMI 为 49.8%，环比下降 0.3 个百分点。分企业规模看，大型企业 PMI 为 50.3%，环比下降 1.1 个百分点，仍位于临界点以上，保持扩张态势；中、小型企业 PMI 分别为 49.9% 和 46.4%，比 2014 年 12 月回升 1.2 和 0.9 个百分点，收缩幅度均有不同程度收窄。从分类指数看，生产指数 51.7%，环比下降 0.5 个百分点；新订单指数 50.2%，环比下降 0.2 个百分点。从业人员指数 47.9%，环比下降 0.2 个百分点。原材料库存指数 47.3%，环比下降 0.2 个百分点。供应商配送时间指数 50.2%，环比上升 0.3 个百分点。

3. 2015 年 1 月份中国非制造业商务活动指数为 53.7%

2015 年 2 月 1 日，国家统计局发布数据显示，中国 2015 年 1 月份非制造业商务活动指数为 53.7%，环比下降 0.4 个百分点，表明我国非制造业仍保持平稳发展势头。分行业看，服务业商务活动指数 52.9%，环比下降 0.4 个百分点。建筑业商务活动指数 56.9%，环比下降 0.2 个百分点。新订单指数 50.2%，环比下降 0.3 个百分点。分行业看，服务业新订单指数 50.2%，环比上升 0.6 个百分点。建筑业新订单指数 50.4%，环比下降 3.6 个百分点。此外，投入品价格指数 47.6%，环比下降 2.5 个百分点。销售价格指数 46.9%，环比下降 0.4 个百分点。从业人员指数 50.3%，环比上升 1.2 个百分点。业务活动预期指数 59.6%，环比上升 0.1 个百分点。

4. 2014 年中央国有资本经营预算收支情况

2015 年 2 月 5 日，财政部发布数据显示，2014 年中央国有资本经营预算收入 1410.91 亿元，完成预算的 98.9%，增长 33.3%。其中：利润收入 1378.57 亿元，股利、股息收入 9.81 亿元，产权转让收入 22.53 亿元。加上 2013 年结转收入 152.19 亿元，收入总量为 1563.1 亿元。2014 年，中央国有资本经营预算支出 1419.12 亿元，完成预算的 89.9%，增长 45.1%。其中：国有经济结构调整支出 557.68 亿元，重点项目支出 332.9 亿元，产业升级与发展支出 137.9 亿元，境外投资及对外经济技术合作支出181亿元，困难企业职工补助支出3.86亿元，调入公共财政预算用于社保等民生支出184亿元，国有股减持收入补充社保基金支出21.58亿元，其他支出0.2亿元。

三、地方财政

1. 江苏财政加大对实体经济发展的支持力度

2015年2月3日，江苏省财政厅发布信息显示，2015年江苏省财政安排省级工业和信息产业转型升级专项资金18.7亿元，进一步聚焦重点领域，着力支持实体经济发展。一是支持中小企业公共服务平台、信用系统建设等。二是支持企业应用自动化、智能化装备进行技术改造，培育生产性服务业、经济新增长点等。三是支持信息产业升级与新一代信息技术推广应用、物联网产业、集成电路产业发展、工业化和信息化深度融合，支持基于互联网开展市场开拓、供应链管理及创新服务的企业实施转型升级。四是支持企业开展节能与工业清洁生产、循环经济改造，资源综合利用等，确保完成国家下达的化解过剩产能计划任务。同时，省财政厅继续推进财政资金使用创新，加大专项资金无偿支持改有偿使用的规模。

2. 浙江省加强科研项目和资金管理

浙江省财政厅出台了《关于改进加强省级财政科研项目和资金管理的若干意见》，一要优化整合省级科技计划（专项、基金），对面向社会、企业、高等院校和科研院所的探索性科技计划（专项、基金），一般采用竞争性分配方式；对面向市县的科技计划（专项、基金）以及定项、定额类营造环境为主的科技计划（专项、基金），原则上按因素法分配。二要实行科研项目分类管理，公益性科研项目聚焦重大需求，市场导向类项目突出企业主体，重大项目突出战略导向。改进科研项目资金管理。三要改进科研项目资金管理。创新支持市县科技专项资金管理。通过专项性一般转移支付形式下达科技专项资金，给予市、县（市、区）在项目立项等方面更大的自主权，同时承担项目管理和资金及绩效管理的责任。

四、财政时论

贾康：以有效供给管理对接“新常态”

中国财政学会副会长、研究员贾康撰文指出，在2015年、“十三五”期间及更长的历史时期，我国积极考虑适当加大基于质量和效益的结构导向选择性“聪明投资”，作为进入“新常态”、对接一个尽可能长的中高速增长平台的重要宏观政策方略和理性“供给管理”的有效选项。一是简政放权、放松管制。二是消除过度垄断，实现竞争性市场准入。三是继续推进以“营改增”为切入点的财税配套改革，实现中央与地方财权与事权的合理调整及降低企业成本、促进企业设备更新改造、鼓励企业科技创新等目标。四是加快以“推进普惠制金融发展、扩大金融业开放”为目标的金融多样化改革，其中政策性、开发性金融的健康发展及商业性、政策性金融与 PPP（公私合作伙伴关系，亦称政府与社会资本合作或政府与企业合作机制）的良性互动和结合，应当纳入通盘战略性考量。五是加快以“反映市场供求关系”理顺比价关系和价格形成机制为目标的资源、能源产品价格改革。六是深化以“落实微观主体投资自主权”和发展混合所有制经济为核心的投融资体制改革。七是以打造高标准法治化营商环境、“实现投资自由化、贸易便利化和金融国际化”为目标的对外开放制度安排的改革。

五、国外视角

1. 美智库：2015 中美关系展望

美智库彼得森国际经济研究所发表文章称，2015 年，中美预计将进一步加强经济合作。在俄罗斯面临危机，中东形势动荡，欧洲、日本和拉美经济停滞的背景下，中美实现和平相处、共同繁荣，将为世界各国创造稳定的发展空间。2014 年 11 月，在北京举行 APEC 峰会期间，中美达成多项经济协议。中国同意扩围《信息技术协定》（ITA2），使约 200 项产品享受免关税待遇。在经过 6 年的艰难谈判后，2015 年中美双边投资协定（BIT）谈判将完成。除负面清单列明的少量禁止投资的领域外，美国公司可在中国任何领域投资，并在投资期间享受国民待遇。此外，2015 年中美双方还将达成其他经济协定，如 WTO 主导的环保商品协定（EGS）和服务贸易协定（TISA）。一旦消除了高水平监管壁垒，未来两国在服务贸易和投资领域发展前景将十分广阔。同时，包括高等教育、医疗咨询及银行服务等在内的各类商品都将最终实现网上交易，而美国服务类公司在中国设立机构也将更加容易。

2. 美智库：美日学者就中国经济问题发表看法

来自日本和美国的中国问题专家在美智库布鲁金斯学会东亚政策研究中心（CEAP）举行对话，就中国经济形势展开讨论。美日两国专家在中国经济问题上的看法基本一致，并达成普遍共识，即中国经济崛起有利于美国、日本及其他经济体发展。日本学者看法略有不同。一方面，许多政界和商界领袖认同中国经济增长有利于日本经济发展，另一方面，日本民众将中国经济崛起与外交专断、军事扩张相联系，因此心怀恐惧；同时，中国超过日本成为全球第二大经济体，也使其产生了嫉妒心理。为此，日本民众普遍唱衰中国经济未来形势。与会专家一致认为，中国依靠出口带动增长的模式已达到极限，需代之以新增长方式，即依靠国内需求和创新，推动金融自由化，增加汇率弹性，放松人员流动限制，并开放服务业。中国领导层显然也已经意识到政策改革的必要性，对相关领域进行了重点关注，并做好迎接新模式下增长放缓的准备。此外，与会专家还表示，中国改革进程十分艰难，并面临三大重要挑战：第一，克服来自国企的阻力，因维持现状对其有利。第二，改变单一追求经济增长的地方官员考核机制。第三，加强法治，确保市场发挥核心作用。就国企在中国经济中的地位和作用问题，与会专家存在一定争论。常规观点认为，国企在中国享有特权地位。美智库彼得森国际经济研究所发表文章，通过收集大量证据，以期证明私人部门已经并将继续成为中国经济增长的动力。有学者怀疑，即使国企对中国经济增长的贡献小于私企，其仍会从国家获得优先扶持，从而形成扭曲效应。

第 7 期 （2015 年 2 月 7 日—2015 年 2 月 13 日）

一、政策发布

1. 国务院常务会议部署改革政府投资管理方式和转变职能等事项

2015 年 2 月 6 日，国务院总理李克强主持召开国务院常务会议，部署改革政府投资管理方式和转变职能，便利投资创业、规范市场秩序。会议确定，运用互联网和大数据技术，加快建设投资项目在线审批监管平台，横向联通发展改革、城乡规划、国土资源、环境保护等部门，纵向贯通各级政府，推进网上受理、办理、监管“一条龙”服务，做到全透明、可核查，让信息多跑路、群众少跑腿。为此，一要合理划分权限。在取消或下放审批核准事项的同时，尽快下放规划、用地、环评等审批权限。二要重点围绕开工建设和竣工投产环节，依据法律法规和发展规划、产业政策、技术和准入标准等开展全过程监管。三要加强在线监测、项目稽查等监督执法和信息公开，设立“异常信用记录”和“黑名单”，为守信者开设服务快速通道，对失信者采取联合惩戒措施。

2. 国务院廉政工作会议要求政府收支一律纳入预算并公开

2015 年 2 月 9 日，国务院召开第三次廉政工作会议，国务院总理李克强发表讲话，要求严管公帑，确保资金安全运行。政府收支一律纳入预算并公开，向老百姓交出一本能看得懂的“明白账”。所有公共资金一律接受审计监督，牢牢守住资金安全的“底线”和防腐败的“红线”。长期趴窝的沉淀资金一律调整回收，尽快把沉淀的资金调整用到保民生、补短板、增后劲的“刀刃”上。加强对国有资产和国有企业的监管，决不能让全民资产变成少数腐败分子的“私人钱袋”。

3. 财政部发布支持和促进重点群体创业就业税收政策有关问题的补充通知

2015 年 2 月 9 日，财政部发布《财政部　国家税务总局　人力资源社会保障部关于继续实施支持和促进重点群体创业就业有关税收政策的通知》补充通知如下：一是将《就业失业登记证》更名为《就业创业证》，已发放的《就业失业登记证》继续有效，不再统一更换。二是取消《高校毕业生自主创业证》，毕业年度内高校毕业生从事个体经营的，持《就业创业证》享受税收优惠政策。三是毕业年度内高校毕业生在校期间凭学生证向公共就业服务机构按规定申领《就业创业证》，或委托所在高校就业指导中心向公共就业服务机构按规定代为其申领《就业创业证》；毕业年度内高校毕业生离校后直接向公共就业服务机构按规定申领《就业创业证》。

4. 2015年农机补贴政策迎来大调整

2015年2月9日，财政部发布消息称，《2015—2017年农业机械购置补贴实施指导意见》近日公布，与往年相比，今后三年我国农机补贴政策在补贴对象、范围和流程等方面作了一些调整和创新。其中，最大的变化是对补贴对象进行了修改，将补贴对象从“农牧渔民、农场（林场）职工、农民合作社和从事农机作业的农业生产经营组织”改为“直接从事农业生产的个人和农业生产经营组织”。其中，个人既包括农牧渔民、农场（林场）职工，也包括直接从事农业生产的其他居民；农业生产经营组织的界定可与农业法衔接，既包括农民合作社、家庭农场，也包括直接从事农业生产的农业企业等。

5. 财政部公布《财政部关于废止部分规章和规范性文件的决定》

2015年2月11日，财政部公布《财政部关于废止部分规章和规范性文件的决定》，对以下规章和规范性文件予以废止：第一，政府采购代理机构资格认定办法（财政部令第61号）。第二，国债承销团成员资格审批办法（财政部　中国人民银行　中国证券监督管理委员会令第39号）。第三，财政部、国家税务总局关于对1994年1月1日前签订开发及转让合同的房地产征免土地增值税的通知（财法字〔1995〕7号）。第四，以折股方式缴纳探矿权采矿权价款管理办法（试行）（财政部　国土资源部财建〔2006〕695号）。第五，中央地勘基金持有探矿权采矿权价款折股股权管理暂行办法（财政部　国土资源部财建〔2009〕623号）。第六，外商投资企业财政登记管理办法（财政部财工字〔1996〕126号）。第七，财政部办公厅关于进一步加强外商投资企业财政登记管理工作有关问题的通知（财办企〔2002〕166号）。

二、数据盘点

1. 2014年中央1600亿元投向义务教育均衡发展

2015年2月9日，财政部发布数据显示，2014年，中央财政进一步完善农村义务教育经费保障机制，将农村中小学生均公用经费基准定额提高 40 元，中西部地区达到年生均小学 600 元、初中 800 元；东部地区达到年生均小学 650 元、初中 850 元。同时，大幅度提高生均公用经费补助标准，达到年生均 4000 元，所需资金由中央和地方按公用经费分担比例分担。中央财政还继续落实好“两免一补”、北方地区取暖费补助和不足 100 人学校按 100 人核定公用经费、乡村教师生活补助奖补政策等政策。2014 年，中央财政安排农村义务教育经费保障机制资金 878.97 亿元，在学生人数减少的情况下，该项投入同比仍增长 6.1%。2014 年，全国约 1.1 亿名农村义务教育阶段学生全部享受免杂费和免费教科书政策，小学一年级新生免费获得正版学生字典，中西部地区约 1240 万名家庭经济困难寄宿生继续获得生活费补助。

2. 中央财政 2014 年安排资金 208 亿元支持构建现代公共文化服务体系

2015 年 2 月 10 日，财政部发布数据显示，2014 年一般公共预算安排公共文化服务体系相关资金 208.07 亿元，比 2013 年增加 26.39 亿元，增长 14.53%。其中，一是安排资金 51.57 亿元深入推进公益性文化设施。二是安排资金 45 亿元，重点用于支持加强农村文化建设。三是安排资金 54.48 亿元，支持中央广播电视节目无线覆盖并加快推进地面数字覆盖。四是安排资金 26 亿元，支持县级以上（含县级）提升基层公共文化机构基础条件和服务水平。五是安排资金 6.22 亿元加强数字文化资源库建设，推进公共文化数字化。六是安排资金 3.12 亿元，加快推进边远贫困地区、边疆民族地区和革命老区文化人才队伍建设。七是安排资金 21.68 亿元促进基本公共文化服务均等化，保障少数民族群众基本文化权益。

3. 2015 年 1 月份居民消费价格变动情况

2015 年 2 月 10 日，国家统计局发布数据显示，2015 年 1 月份全国居民消费价格总水平同比上涨 0.8%。其中，城市上涨 0.8%，农村上涨 0.6%；食品价格上涨 1.1%，非食品价格上涨 0.6%；消费品价格上涨 0.5%，服务价格上涨 1.3%。2015 年 1 月份，全国居民消费价格总水平环比上涨 0.3%。其中，城市上涨 0.3%，农村上涨 0.2%；食品价格上涨 0.7%，非食品价格持平；消费品价格上涨 0.2%，服务价格上涨 0.3%。

4. 2015 年 1 月份工业生产者价格变动情况

2015 年 2 月 10 日，国家统计局发布数据显示，2015 年 1 月份，全国工业生产者出厂价格同比下降 4.3%，工业生产者购进价格同比下降 5.2%。工业生产者出厂价格中，生产资料价格同比下降 5.6%。其中，采掘工业价格下降 17.5%，原材料工业价格下降 8.6%，加工工业价格下降 3.1%。生活资料价格同比下降 0.2%。

其中，食品价格下降0.3%，衣着价格上涨0.8%，一般日用品价格下降0.1%，耐用消费品价格下降0.7%。工业生产者购进价格中，燃料动力类价格同比下降9.9%，黑色金属材料类价格下降9.6%，化工原料类价格下降5.5%，有色金属材料及电线类价格下降4.8%。

三、地方财政

1. 新疆财政推进预算公开改革，打造“阳光财政”

2015年2月9日，新疆维吾尔自治区财政厅发布消息显示，新疆维吾尔自治区出台了《区本级部门预决算信息公开办法》。该办法对公开的主体、范围、内容、要求、方式、步骤、时间和工作要求予以明确：一是推进“全口径”公开。所有使用财政拨款的自治区本级部门和单位都要“全口径”公开本部门的预决算，包括一般公共预算、政府性基金预算、国有资本经营预算安排的各项支出。二是推进“链条式”公开。对项目支出预算要公开专项资金名称、设立的政策依据、预算安排规模、项目承担单位、资金分配情况、资金执行时间、专项支出执行情况和绩效评价情况。三是推进“原生态”公开。各部门必须按照规定的内容和格式，真实、准确地公开本部门预决算信息，所有公开信息不得人为加工，原原本本向社会公开。四是缩短公开时限。各部门在预决算批复后20日内，必须公开本部门预决算信息。五是强调监督责任。为确保部门预决算信息工作按期完成，在强调主管部门监督责任的同时，还明确了财政厅的监督责任，在预决算批复后，按时通报公开情况。

2. 厦门财政：运用金融思维强化财政职能

2015年2月10日，厦门市财政局发布消息称，2014年以来，厦门财政积极运用金融工具与金融思维以强化财政职能，目前已在创新扶持方式引导产业转型升级、吸引社会力量参与城市建设、激活存量资产提升综合效益等方面进行了初步尝试。相比传统的财政资金扶持方式，今后财政资金将逐步减少直接面对“企业”和“项目”的无偿资助方式，更多地引入市场机制、金融工具。一方面，加快公共财政预算执行进度，清理、压缩财政结余结转资金，清理整合各类专项资金，主动盘活存量资金。另一方面，借鉴国内外国有资本管理、资产证券化运作的先进经验，探索依托国有企业打造城市基础设施、市政公用事业和社会事业领域的投资运营公司，以此整合盘活存量国有资产，实施路桥隧收益权、水电煤收益权、停车场收益权等方面的资产证券化改革，引进社会资本与市场化管理。

四、财政时论

朱光耀：世界经济面临重大挑战

财政部副部长朱光耀表示，2015 年世界经济形势错综复杂，隐忧犹存，面临重大挑战。他呼吁各国加强合作，共同努力，积极应对。朱光耀在伊斯坦布尔出席国际金融协会和土耳其政府共同举办的国际经济研讨会时说，日前国际货币基金组织（IMF）将 2015 年世界经济增长预期从 2014 年 10 月预测的 3.8% 下调到 3.5%，这表明世界经济面临严峻挑战，二十国集团（G20）成员应加强协调，共同推动世界经济稳定复苏。朱光耀提出了世界经济发展面临的 5 个主要挑战，呼吁各国采取适当的宏观经济政策积极应对。第一，主要发达国家货币政策趋于分化。美联储已结束资产购买计划，预计将于 2015 年年中启动加息进程。欧洲央行和日本央行则正致力于扩大资产负债表。主要发达国家货币政策分化导致国际资本流动和国际汇率市场波动加大。第二，国际油价大幅下跌，下一步走向尚难预料。世界银行预测 2015 年石油价格平均每桶 53 美元，2016 年为 57 美元。石油和大宗商品价格持续下跌，将加大世界经济面临的复杂性和不确定性。第三，欧洲经济举步维艰，尤其是希腊金融动荡给欧元区经济和整个世界经济造成新的冲击。同时，欧元区通缩压力加大。第四，乌克兰地缘政治危机对欧洲经济和世界经济造成冲击。油价大幅下跌、西方国家对俄罗斯的制裁以及俄罗斯自身结构性问题的叠加影响，导致俄罗斯经济陷入困境。第五，新兴市场经济体增速放缓。尤其是俄罗斯经济陷入衰退。

五、国外视角

美智库：中国 2014 年经常账户盈余 GDP 占比稳定在 2%左右

2015 年 2 月 8 日，美智库彼得森国际经济研究所（PIIE）发布报告显示，中国 2014 年经常账户盈余 GDP 占比微超 2%。尽管 2014 年中国服务贸易呈现赤字，但由于商品贸易大幅盈余，因此中国整体贸易盈余 GDP 占比微升至 2.7%。报告分析称，由于净收益和净转移分别出现约 300 亿美元的赤字，导致经常账户盈余降至 2130 亿美元。如果中国对外国直接投资（FDI）规模相较外国对华 FDI 规模有所上升，净收益赤字将减少，再加上中国跨国企业在海外的收益计入中国经常账户贷方，这将进一步推高整体经常账户盈余。报告指出，中国商品贸易盈余高达 4710 亿美元，比 2013 年增加 1000 亿美元。其中，商品出口额为 2.35 万亿美元，较 2013 年增长 6%；进口额为 1.88 万亿美元，较 2013 年增长 1.2%。当然，导致进口规模较小的一个重要原因在于进出口交换比率，但同时，由于中国倾向于更多地进口某些特定产品，如石油和铁矿石，这些产品价格大幅下跌直接造成进口规模下降。此外，国内对外国产品的需求疲软也是原因之一。考虑到这些因素，可以预计中国 2015 年贸易盈余将进一步扩大。另外，2014 年中国服务贸易赤字大幅增加也值得注意，较 2013 年，增加 2000 亿美元，涨幅达 60%，使中国累计贸易顺差减少至 2730 亿美元。由于国内服务行业发展不力，为满足其不断扩大的经济规模需要，中国要进口比以往更多服务以帮助提高生产力。因此，预计中国服务贸易赤字将进一步扩大。中国商品贸易盈余很大一部分来自与美国的双边贸易。根据美国经济分析局分析，2014 年美国对华双边贸易赤字达 3430 亿美元，超过 2013 年的 3180 亿美元，占美国 7360 亿美元整体商品贸易赤字的 47%。美国试图通过提高服务贸易出口缓解这种情况，但在同中国双边贸易中，服务贸易盈余只占非常小的一部分，2013 年仅有 230 亿美元，2014 年前三个季度仅有 200 亿美元。尽管，2014 年中国资本和金融账户赤字达 960 亿美元，但真正关键的还在于人民币走势。由于 GDP 增长放缓，房地产市场和重工业仍陷低迷，中国需寻找新的经济刺激点，因此中国央行 2015 年 2 月 4 日宣布降低存款准备金率。由于人民币对中国其他新兴经济体贸易伙伴货币已经升值，因此如果出口开始减少，市场将认为人民币对美元会进一步贬值。再加上存款准备金率降低将导致利率降低，同样会给人民币汇率带来下行压力。人民币贬值将有利于增加出口，减少进口，从而增加贸易盈余，可以预计中国经常账户盈余 GDP 占比将升高至 3%。

第 8 期 （2015 年 2 月 14 日—2015 年 2 月 27 日双周刊）*

一、政策发布

1. 财政部公布 2015 年政府采购工作要点

2015 年 2 月 15 日，财政部公布《2015 年政府采购工作要点》，要求各级单位：一要完善政府采购法规制度体系。制定和完善相关制度办法，着力解决现行法规制度不明确、不细化和操作性不强的问题。二要推进政府购买服务等各项改革工作。推进各地有序开展政府与社会资本合作（PPP）项目政府采购活动。三要进一步发挥政府采购政策功能。完善政府绿色采购政策，优化节能环保清单调整机制。四要强化政府采购监督管理。推动建立跨部门的政府采购协作监管机制，加强对政府采购活动的全过程全方位监管。五要加强信息化和标准化建设。大力发展电子交易，推进中央政府采购电子卖场建设。六要提高政府采购透明度。完善政府采购信息公开的配套制度和细化规定，建立覆盖全过程的政府采购信息公开机制。七要做好政府采购宣传和研究工作。八要积极稳妥开展《政府采购协定》（GPA）谈判和其他相关谈判。继续做好政府采购国际交流工作，加强与相关国家和国际组织的沟通与合作。

2. 财政部进一步调整海南离岛旅客免税购物政策

2015 年 2 月 16 日，财政部发布了《关于进一步调整海南离岛旅客免税购物政策的公告》，对离岛免税政策部分内容作出调整：自 2015 年 3 月 20 日起，增加免税品种类，将零售包装的婴儿配方奶粉、咖啡、保健食品、家用空气净化器、家用医疗器械等 17 种消费品纳入离岛免税商品范围，放宽香水、化妆品、手表、服装服饰、小皮件等 10 种热销商品的单次购物数量限制。同时，离岛免税商品须符合检验检疫、中文标签、产品认证、卫生许可、质量安全等相关规定。

* 春节期间。

3. 国务院确定进一步减税降费措施支持小微企业发展和创业创新等

2015年2月25日，国务院总理李克强主持召开国务院常务会议，确定在前期国家已出台一系列优惠政策基础上，继续加大对小微企业和创业创新的减税降费力度。一是从2015年1月1日至2017年12月31日，将享受减半征收企业所得税优惠政策的小微企业范围，由年应纳税所得额10万元以内（含10万元）扩大到20万元以内（含20万元），并按20%的税率缴纳企业所得税，助力小微企业尽快成长。二是从2015年4月1日起，将已经试点的个人以股权、不动产、技术发明成果等非货币性资产进行投资的实际收益，由一次性纳税改为分期纳税的优惠政策推广到全国，以激发民间个人投资活力。三是将失业保险费率由现行条例规定的3%统一降至2%，单位和个人缴费具体比例由各地在充分考虑提高失业保险待遇、促进失业人员再就业、落实失业保险稳岗补贴政策等因素的基础上确定。初步测算，仅这一减费措施每年将减轻企业和员工负担400多亿元。

4. 财政部推进地方盘活财政存量资金

2015年2月27日，财政部发布《关于推进地方盘活财政存量资金有关事项的通知》，规定一要明确结转结余资金的范围及清理措施。一般公共预算结转结余资金（含从2015年起由政府性基金预算转列一般公共预算的结转结余资金），除权责发生制核算事项外，结转两年以上的资金，应当作为结余资金管理，全部补充预算稳定调节基金。政府性基金预算结转资金规模较大的，应调入一般公共预算统筹使用，调入的基金应补充预算稳定调节基金。二要规范结转结余资金收回程序。各省级财政部门应根据规定，尽快组织对本省（区、市）截至2014年年底的财政存量资金进行清理统计，于2015年3月15日前报送财政部，并抄送财政部驻当地财政监察专员办事处。三要建立财政存量资金定期报告制度。各省级财政部门要跟踪监控本省（区、市）财政存量资金情况，于每季度结束后15日内报送财政部，并抄财政部驻当地专员办。四要完善相关保障措施、健全制度办法，加强预算管理，发挥资金效益，强化检查督促。

5. 国务院公布《中华人民共和国政府采购法实施条例》

2015年2月27日，国务院公布《中华人民共和国政府采购法实施条例》，自2015年3月1日起施行。《条例》强化了政府采购的源头管理和结果管理。规定采购人应当厉行节约，科学合理确定采购需求，必要时应当就确定采购需求征求相关供应商、专家的意见。采购标准应当依据经费预算标准、资产配置标准和技术、服务标准确定。采购合同履约验收应当严格把关。《条例》着力提高政府采购透明度，强化社会监督，将公开透明原则贯穿采购活动全过程，对发布政府采购项目信息，公开采购项目预算金额，公告中标成交结果、采购合同、投诉处理结果等各个关键环节，均作了具体规定。

二、数据盘点

1. 社保基金会公布 2014 年度基金投资收益情况

2015 年 2 月 14 日，财政部发布数据显示，截至 2014 年年末，全国社保基金会管理的基金资产总额 15290 亿元；基金权益总额 14510 亿元，负债 780 亿元。在基金权益总额中：全国社保基金权益 12350 亿元，受托管理 9 省市做实个人账户中央补助资金及广东省部分养老保险基金结余资金权益合计 2160 亿元。2014 年，基金权益投资收益额 1392 亿元，投资收益率 11.43%，超过同期通货膨胀率 9.43 个百分点。自社保基金会成立至 2014 年年末，基金累计投资收益额 5580 亿元，年均投资收益率 8.36%，超过同期年均通货膨胀率 5.94 个百分点。

2. 小微企业 2013 年减税 612 亿元

2015 年 2 月 22 日，国家税务总局发布数据显示，国家一系列税收优惠政策的出台，给小微企业发展带来了实惠。2014 年，享受企业所得税优惠的小微企业户数达到 246 万户，共计减免税额 101 亿元，优惠政策受益面达 90%；享受小微企业减免增值税、营业税优惠的有约 2200 万户纳税人，共计减免税款 511 亿元，其中减免增值税 307 亿元、营业税 204 亿元。三个税种合计，2014 年小微企业共减免税款 612 亿元。

3. 全国 36 个大中城市食用农产品市场价格和流通环节生产资料价格均小幅上涨

2015 年 2 月 17 日，商务部发布数据显示，2015 年 2 月 9—15 日，18 种蔬菜平均价格比前一周上涨 6.3%；水产品价格比前一周上涨 0.6%；大米价格与前一周持平，面粉价格比前一周上涨 0.3%；猪肉价格比前一周下降 0.9%，牛肉、羊肉价格环比分别上涨 0.4% 和 0.2%；豆油、菜籽油价格比前一周分别下降 0.5% 和 0.2%，花生油价格环比上涨 0.2%；橡胶价格比前一周上涨 0.7%；化肥价格上涨 0.1%；基础化学原料价格上涨 0.1%；煤炭价格下降 0.2%；有色金属价格下降 0.5%；钢材价格下降 0.6%。

4. 2014 年“长三角”核心区 GDP 破 10 万亿元

2015 年 2 月 27 日，财政部发布数据显示，2014 年长三角核心区 16 个城市 GDP 总量突破 10 万亿元，增速均值为 9.0%，实现规模以上工业总产值突破 19 万亿元，完成固定资产投资突破 5 万亿元，实现社会消费品零售总额 3.95 万亿元，实现进出口总额 1.29 万亿美元。2014 年长三角核心区全年实现出口总额 7422 亿美元，增长 4.8%；全年完成固定资产投资 5.35 万亿元，增长 13.4%；实现社会消费品零售总额 3.95 万亿元，增长 11.3%。

5. 2014 年全国财政评审资金近 4.7 万亿

2015 年 2 月 28 日，财政部发布数据显示，2014 年，全国财政评审资金总额达 46969 亿元，同比增长 31%。其中，2014 年全国各级财政评审机构预算（含概算）评审资金总计 24388 亿元，同比增长 5.52%，审减不合理资金 3134 亿元，审减率达 12.85%，预算评审业务占总业务比重为 52%。全年专项核查资金量 11392 亿元，同比增长 132%。2014 年全国各级财政评审机构决算（含结算）审核资金总计达 6095 亿元，同比增长 5%，审减不合理资金 754 亿元，综合审减率 12.37%。2014 年全国各级财政评审机构绩效评价业务涉及财政资金达 4346 亿元，同比增长 228%。

三、地方财政

1. 甘肃财政引导社会资本投入改善民生促发展

2015 年 2 月 25 日，甘肃省财政厅发布消息显示，2014 年，甘肃省充分发挥财政资金的杠杆撬动作用，通过贷款贴息、股权投资、财政奖补等方式，引导金融机构和社会资本加大投入力度，全力支持“1236”扶贫攻坚行动、“双联”行动和战略性新兴产业发展，支持贫困农户、下岗失业人员、农村妇女发展生产，脱贫致富，以创业带动就业。同时，甘肃省采取多种手段，引导社会资本加快工业结构转型。利用创投基金和战略性新兴产业专项资金以股权投资的形式为 33 家企业投资 5.5 亿元，吸引社会投资和银行贷款 16 亿元。

2. 山东省财政积极创新政府采购制度成效显著

2015 年 2 月 26 日，山东省财政厅发布信息显示，近年来，山东省财政积极更新监管理念，在全国率先建立了“预采购”制度，不仅实现了预算正式下达前的提前采购，也为跨年度预算的一次采购和分市下达预算的全省统一采购提供了解决途径；在全国政府采购领域第一个取消了涉及多部门、多环节的 20 多道计划审核程序，以政府采购预算代替计划审批，实现了政府采购审批的“直通车”；针对部分政府采购产品价格高一直备受争议等问题，省财政通过试行批量集中采购，用规模谈价格，用公开促监督，实现了采购价格大幅低于同期市场价格。2014 年，全省政府采购完成 1209.94 亿元，节约资金 168.12 亿元，节约率 12.2%，较 2013 年提升 0.7 个百分点。其中，省级完成 132.1 亿元，比 2013 年增加 13.53 亿元，增长 11.4%。

四、财政时论

楼继伟：确保中央财政科技计划管理改革顺利推进

财政部部长楼继伟在财政部党组“总结深化中央财政科技计划管理改革工作经验，深入推进财税体制改革”中心组学习（扩大）会议上强调，要确保中央财政科技计划（专项、基金等）管理改革顺利推进。中央财政科技计划（专项、基金等）管理改革是对现行科技计划体系进行的一次“大手术”，是贯彻党的十八届三中全会精神的重要举措，是一场重大的改革，这项改革解决了议论多年而没有解决的问题，提高了财政资金配置和使用效益。在这场改革中，财政作为国家治理的基础和重要支柱，发挥出了对改革的推力、助力作用。下一步要狠抓财政科技计划（专项、基金等）改革方案的落实，确保改革顺利推进。2015 年是全面深化改革的关键之年，要按照中央部署，在规定时限内高质量地完成财政部所承担的改革任务，必须强化担当意识，坚持问题导向，加强调查研究，注重系统设计，积极探索试点，守住底线，防范风险，切实发挥好财政职能作用。

五、国外视角

欧智库：中国针对货币政策实施“事后指引”

欧智库布鲁盖尔研究所客座研究员、前国际清算银行亚太代表处高级经济学家马国南发表文章称，中国释放宽松货币政策调整信号有助于稳定预期，减少国债收益率波动，而无须采用过度货币刺激政策。自 2014 年初，中国人民银行即采用多种政策工具放松货币政策，包括降低银行基准利率，放松抵押贷款条件，修改存贷比规定，实施定向降准，并通过多种新工具向银行系统注入流动性。在上述工具作用下，2014 年多数时间，10 年期国债收益率与短期银行间拆借利率均保持在低位。然而，继 2014 年 11 月利率下调之后，中国 10 年期国债收益率却由 3.6% 暂时上升到 3.8%，银行间拆借利率也保持波动状态。更令人费解的是，中国人民银行在其网站上发表声明，否认中国货币政策立场的转变。如今，许多发达经济体中央银行通过向公众发布“前瞻性指引”，强化货币政策对市场收益率曲线的影响。而与此相反，中国人民银行似乎正通过“事后指引”，力图淡化政策影响，防止市场将利率下调视为放松银根。如果中国希望在缓解经济增长下行风险的同时保持金融平衡，则应适时适度地放松银根，通过影响收益率曲线长端，最终影响消费和投资决策。然而，中国人民银行通过“事后指引”，阻止了宽松货币政策预期的形成，潜在推高了收益率曲线，并因此造成中国金融形势收紧。人民银行此举的动机有三个：一是意在向外界表明，即使人行实行货币刺激，但规模会很小，时间也较短，因而不必担心利率下调还未使实体经济受益便已导致资产价格泡沫破裂。二是中央政府已对地方政府采取了更为严格的预算约束，这意味着财政会大规模收缩，因此需要适当放松货币政策，以部分抵消地方政府借款减少对经济可能产生的抑制作用。三是在新货币政策框架和利率自由化程度更高的环境中，人民银行正在调整策略，以便向市场传达正确的政策立场。在此关键时刻，人民银行应当自信地实施合理宽松的货币政策，使国内利率水平进一步下降且趋于平稳，并减少对汇率的控制。部分主要国家中央银行在接近零利率下限时会实施“前瞻性指引”，有利于其进一步压低国债收益率曲线。同样，人民银行清晰明确的政策信号也有利于中国国债收益率曲线趋于平滑、稳定，为经济增长提供缓冲，防范通缩风险，促进结构调整，并支持金融自由化。至少，人民银行不应有意淡化其新政策动向的信号作用。

第 9 期 （2015 年 2 月 28 日—2015 年 3 月 6 日）

一、政策发布

1. 财政部发布关于进一步加强行政事业性收费和政府性基金管理的通知

2015 年 3 月 2 日，财政部发布关于进一步加强行政事业性收费和政府性基金（以下简称收费基金）管理的通知：一是依法从严设立收费基金项目新设立涉企收费基金项目。二是严格规范减免、缓征、停征和取消收费基金管理。三是按照国务院统一部署清理规范收费基金。四是进一步提高收费基金政策的透明度，建立和完善收费基金目录清单制度。五是加快推进收费基金立法。六是认真履行收费基金管理职责。

2. 中央财政安排专项资金支持新闻出版项目

2015 年 3 月 3 日，财政部发布消息称，近年来，中央文化产业发展专项资金累计支持近千个新闻出版项目，资助金额逾 76 亿元人民币。仅 2014 年，新闻出版项目就获得 21 亿元支持。其中，新闻出版数字化转型升级、绿色印刷、实体书店被列为中央文化产业发展专项资金重点支持方向。这些重大项目的实施，在推动新闻出版业提升内容生产和传播能力、提高公共服务水平、实现转型升级、壮大自身实力等方面取得了显著效果。

3. 财政部关于规范全国性社会组织年度财务审计工作的通知

2015 年 3 月 3 日，财政部发布关于规范全国性社会组织年度财务审计工作的通知：一是按照登记管理机关的要求报送会计师事务所出具的年度审计报告。二是除基金会、境外基金会代表机构和其他具有公益性的社会团体外，其他社会组织可以自主选聘经财政部门批准设立的会计师事务所对本单位的年度财务工作进行审计。三是各社会组织应当积极配合会计师事务所的审计工作。四是承接社会组织审计业务的会计师事务所应当按照法律法规和委托方要求，对审计报告的真实性和合法性负责。五是社会组织年度审计报告应当符合中国注册会计师执业准则和登记管理机关的相关规定。六是社会组织审计业务收费实行市场调节价。七是登记管理机关为履行监管职责对社会组织进行年度财务抽审时，应当根据政府采购制度有关规定选聘会计师事务所。八是对在财务审计中发现的社会组织违法违规行为，由登记管理机关和相关部门依法予以查处。

4. 国务院印发《关于完善出口退税负担机制有关问题的通知》

2015 年 3 月 4 日，财政部发布消息称，国务院日前印发《关于完善出口退税负担机制有关问题的通知》（以下简称《通知》）。《通知》明确：从 2015 年起，出口退税（包括出口货物退增值税和营业税改征增值税出口退税）全部由中央财政负担，地方 2014 年原负担的出口退税基数，定额上解中央。同时，中央对地方消费税不再实行增量返还，改为以 2014 年消费税返还数为基数，实行定额返还。《通知》要求，财政部具体负责核定地方出口退税上解基数和中央对地方消费税返还基数等工作。

5. 财政部、工信部与保监会联合部署首台（套）重大技术装备保险补偿机制试点工作

2015 年 3 月 5 日，财政部、工信部与保监会联合部署首台（套）保险补偿机制政策，部署试点工作。日前，三部门印发《关于开展首台（套）重大技术装备保险补偿机制试点工作的通知》，确定从 2015 年起开展首台（套）重大技术装备保险补偿机制试点工作。《通知》指出，重大技术装备是国家核心竞争力的重要标志。《通知》强调，首台（套）重大技术装备保险补偿机制坚持“政府引导、市场化运作”原则。《通知》明确，试点期间，主要对列入《首台（套）重大技术装备推广应用指导目录》的装备产品进行保险补偿。《通知》指出，鼓励保险公司组成共保体按照示范条款开展首台（套）重大技术装备保险业务，分担风险、分享收益。《通知》要求，参与试点工作的各保险公司要深入制造企业提供保险服务，建立理赔快速通道，积累保险数据，加强基础研究和分析，不断优化保险方案和服务。

二、数据盘点

1. 2015 年 2 月份中国制造业 PMI 为 49.9%

2015 年 3 月 1 日，国家统计局发布数据显示，中国 2015 年 2 月份制造业 PMI 为 49.9%，环比微升 0.1 个百分点。分企业规模看，大型企业 PMI 为 50.4%，环比上升 0.1 个百分点；中型企业 PMI 为 49.4%，环比下降 0.5 个百分点；小型企业 PMI 为 48.1%，比 2015 年 1 月回升 1.7 个百分点。生产指数为 51.4%，环比下降 0.3 个百分点。新订单指数为 50.4%，环比上升 0.2 个百分点。从业人员指数为 47.8%，环比下降 0.1 个百分点。原材料库存指数为 48.2%，环比上升 0.9 个百分点。供应商配送时间指数为 49.9%，环比下降 0.3 个百分点。

2. 2015 年 2 月份中国非制造业商务活动指数为 53.9%

2015 年 3 月 1 日，国家统计局发布数据显示，中国 2015 年 2 月份非制造业商务活动指数为 53.9%，环比上升 0.2 个百分点。分行业看，服务业商务活动指数为 53.2%，环比上升 0.3 个百分点。建筑业商务活动指数为 56.5%，比 2015 年 1 月回落 0.4 个百分点。投入品价格指数为 52.5%，环比上升 4.9 个百分点。新订单指数为 51.2%，环比上升 1.0 个百分点。销售价格指数为 51.2%，环比上升 4.3 个百分点。从业人员指数为 49.8%，环比下降 0.5 个百分点。业务活动预期指数为 58.7%，环比下降 0.9 个百分点。

3. 2015 年政府工作报告十大关键数字

2015 年 3 月 5 日，财政部发布数据显示，2015 年政府工作报告提到，预计 2015 年 GDP 增长 7% 左右，居民消费价格涨幅 3% 左右，城镇新增就业 1000 万人以上，城镇登记失业率 4.5% 以内，进出口增长 6% 左右，能耗强度下降 3.1% 以上，财政赤字 1.62 万亿元，同比增加 2700 亿元，赤字率从 2014 年的 2.1% 提高到 2.3%。广义货币 M2 预期增长 12% 左右，中央预算内投资增加到 4776 亿元，铁路投资要保持在 8000 亿元以上，新投产里程 8000 公里以上，重大水利工程已开工的 57 个项目要加快建设，2015 年再开工 27 个项目，在建重大水利工程投资规模超过 8000 亿元，粮食产量要稳定在 1.1 万亿斤以上，解决 6000 万农村人口饮水安全问题，新建改建农村公路 20 万公里，力争让最后 20 多万无电人口都能用上电，减少农村贫困人口 1000 万人以上。保障性安居工程新安排 740 万套，其中棚户区改造 580 万套，增加 110 万套，农村危房改造 366 万户，增加 100 万户。企业退休人员基本养老金标准提高 10%，医疗补助标准由每人每年 320 元提高到 380 元，二氧化碳排放强度要降低 3.1% 以上，新增退耕还林还草 1000 万亩，造林 9000 万亩。

三、地方财政

1. 重庆财政扶贫资金精准滴灌拔除“穷根”

2015 年 3 月 5 日，重庆市财政局发布消息称，把扶贫开发作为“第一民生工程”，作为全市“三农”工作头等大事，坚持以扶贫开发统揽经济社会发展，用改革的办法啃下扶贫“硬骨头”，强化财政扶贫资金的分配、使用和监管，既找出

“症结”更拔掉“穷根”，让贫困人口加快脱贫、迈向富裕。一是打捆投入，资金保障更加有力。出台《关于集中力量推进扶贫攻坚的意见》，强化扶贫投入政策刚性。二是切块管理，基层攻坚更加从容。建立市、区县、乡镇三级扶贫项目库。三是竞争分配，资金使用更加高效。根据工作绩效适度拉开距离以强化正向激励。四是政策到户，个性扶持更加精准。实行“一户一台账、一家一规划、一村一蓝图”，设计产业扶持、扶贫搬迁、养老医保、大病救助、小额保险等15条到村到户政策。五是购买服务，扶贫绩效更加明显。安排专项资金，委托商业保险机构开展农村扶贫小额保险，开展扶贫志愿、建档立卡等；委托科研院所和高校开展高山生态扶贫搬迁、金融扶贫机制、整村扶贫绩效等课题研究。六是立体监管，资金运转更加透明。区县每年一次自查审计，市级两年一次交叉审计。

2. 云南财政“两个率先”大力扶持社会资本办医

2015年3月4日，云南省财政厅发布消息称，云南省财政积极调整支出结构，不断加大对社会办医扶持力度，切实在推动社会资本办医、促进公立医院改革发展方面取得明显成效。一是扶持资金总量迈上新台阶。2014年省级民营医院发展专项资金增加到4000万元，翻了一倍。2010至2014年，省级财政安排民营医院发展扶持资金总量突破1亿元大关，达到1.2亿元。二是强化资金监管出台新举措。2014年，在全国率先出台了省级层面的民营医院发展财政扶持资金管理办法。三是推动多元办医取得新成效。2010至2014年，云南省财政共对112所民营医院给予扶持和奖励。推动形成了县域内医疗服务竞争机制，有效促进了县级公立医院综合改革。四是引导社会办医提出新思路。按照“两强一弱”的思路，继续鼓励和引导社会资本办医。

四、财政时论

刘昆：建立首台（套）保险补偿机制，大力推动装备制造业发展

财政部副部长刘昆在首台（套）装备保险补偿机制试点工作电视电话会上的讲话称，改革开放以来，我国制造业快速发展，产业体系日趋完善，但与世界先进水平相比还有较大差距，特别是标志制造业核心竞争力的重大技术装备自主化程度低，直接影响了我国制造业的转型和升级。近期中央经济工作会议进一步明确将“依靠创新培育制造业竞争新优势”和“大力实施制造强国战略”作为2015年经济工作的重点之一。借鉴发达国家经验，考虑我国保险市场还不发达的现状，财政部、工信部、保监会研究形成首台（套）重大技术装备保险补偿机制。这一机制坚持“政府引导、市场化运作”原则，由工信部制订《首台（套）重大技术装备推广应用指导目录》，保险公司为目录内装备定制综合险，装备制造企业投保，中央财政适当补贴投保企业保费。以财政补贴引导建立保险补偿机制，是财政支持方式的重大创新，力求实现多方共赢。党的十八大、十八届三中全会提出发挥市场决定性作用和更好发挥政府引导作用，首台（套）保险补偿机制坚持政府引导、市场化运行，是贯彻落实这一系列精神，推进装备制造业实现创新驱动发展的重要举措。各方面要从推动装备制造业实现大发展的目标出发，高度重视试点工作，加强沟通协调，确保试点顺利实施，推动首台（套）保险补偿机制长效运行。

五、国外视角

美智库：中美相互直接投资过少

美知名智库布鲁金斯学会发表文章称，中美两国作为全球最大的经济体及外国直接投资（FDI）流入国，相互间直接投资却很少。目前，全球 FDI 存量中约 20% 在美国，约 10% 在中国。然而，中美两国间的直接投资额却远低于此。统计数据显示，美国对华投资约为 500 亿美元，仅占美国海外投资的 1% 左右。全球有 10% 的直接投资投向中国，美国仅占这个数字的 1/10。而中国对外投资形势则较为复杂，有超过半数的海外投资流入香港，大部分可能从香港继续流向其他地区。如不考虑投资经由香港流出的情况，中国海外投资存量中约 8% 投向美国，相比于全球对美投资额比重也较小。在对外投资中，美国十分看重目标地区包括知识产权保护在内的物权和法治水平。美国公司往往是技术领导者，因此十分看重对商标和专利权的保护。而全球治理指标显示，中国的财产权利和法治水平较低，且随时间推进略有退化。此外，中国鼓励部分领域（如制造业）的 FDI，而禁止其他领域（如金融服务、采矿、电信和传媒）的投资。根据 OECD 排名，中国相比印度、巴西等其他新兴市场国家以及美国对 FDI 的开放程度更低，尤其是在一些对于美国经济重要的行业中。中国对美直接投资额也相对较小，原因在于中国对外投资的最初动机是为了确保自然资源需求，而在亚洲、拉美和非洲发展中国家投资比在美国机会更多。然而，近年来，中国对外投资呈现多样化，其在房地产、食品和银行业等领域的对美投资份额有所扩大。尽管中国对美投资增长迅速，但美国外国投资委员会（CFIUS）向多个在美中国投资者发起了国家安全审查。虽然每年审查的交易数量不多，但已使多项涉及国家安全领域的并购活动被拒。目前，中美两国已经同意就双边投资协定（BIT）进行谈判。如果关键问题得到解决，该协定可能将开启大规模的双边投资。对于美国公司来说，准入领域扩展和知识产权保护都很关键。而中国公司也在寻求政治色彩更淡的投资环境。在中共十八届三中全会的决议中，中国领导人表示，计划对外国投资开放更多领域。而 BIT 或有助于推动上述必要改革，深化中美两国经济联系。

第 10 期（2015 年 3 月 7 日—2015 年 3 月 13 日）

一、政策发布

1. 国务院支持发展众创空间推进大众创新创业

2015 年 3 月 11 日，国务院办公厅发布《关于发展众创空间 推进大众创新创业的指导意见公布》，提出加快发展众创空间等新型创业服务平台，营造良好的创新创业生态环境，激发亿万群众创造活力，打造经济发展新引擎，要求财政相关部门：综合运用政府购买服务、无偿资助、业务奖励等方式，支持中小企业公共服务平台和服务机构建设。加强财政资金引导。通过中小企业发展专项资金，运用阶段参股、风险补助和投资保障等方式，引导创业投资机构投资于初创期科技型中小企业。发挥国家新兴产业创业投资引导基金对社会资本的带动作用，重点支持战略性新兴产业和高技术产业早中期、初创期创新型企业发展。发挥国家科技成果转化引导基金作用，综合运用设立创业投资子基金、贷款风险补偿、绩效奖励等方式，促进科技成果转移转化。发挥财政资金杠杆作用，通过市场机制引导社会资金和金融资本支持创业活动。发挥财税政策作用支持天使投资、创业投资发展，培育发展天使投资群体，推动大众创新创业。

2. 关于 2014 年中央和地方预算执行情况与 2015 年中央和地方预算草案的审查结果报告

2015 年 3 月 12 日，第十二届全国人民代表大会财政经济委员会对 2014 年中央和地方预算执行情况与 2015 年中央和地方预算草案作出进一步审查，并提出以下建议：一是积极推进财税法治建设。全面贯彻落实预算法，夯实预算管理的基础性工作。抓紧修改出台预算法实施条例，预算法中授权国务院及其财政部门制定的制度办法也应尽快出台。完善中央和地方的事权与支出责任，合理调整中央和地方收入划分。二是全面树立预算的权威性和严肃性。预算经批准后要及时下达。政府各部门、各单位的支出必须以经批准的预算为依据，未列入预算的不得支出。三是提高积极财政政策的针对性和有效性。坚持依法征税，应收尽收，同时坚决防止和纠正收过头税。进一步加大定向减税、降费政策措施的落实和监督力度，增强企业和市场活力。四是深化财税体制改革。2015 年要力争全面完成营业税改征增值税任务，消费税等税制改革要取得实质性进展。抓紧建立编制中期财政规划、三年滚动预算和以权责发生制为基础的政府综合财务报告的制度。要进一步提高预算编制的科学性，细化预算编制，提高预算透明度。五是严肃财经纪律。厉行勤俭节约，反对铺张浪费。

3. 中央财政拨付农业生产救灾资金 2.5 亿元

2015 年 3 月 13 日，财政部发布消息显示，入冬以来，内蒙古、西藏、甘肃、青海、宁夏、新疆、四川、云南等 8 省（区）普遍遭受降雪降温影响，饲草料严重不足，给畜牧业生产和牧民生活带来不利影响，抗灾保畜形势十分严峻。为支持上述 8 省（区）做好抗灾保畜、恢复生产和饲草料储备等工作，经与农业部协商一致，中央财政安排拨付农业生产救灾资金 2.5 亿元，对受灾群众购买种畜、柴油、农膜和饲草料储备给予适当补助。同时，要求上述地区及时拨付资金，切实加强监管，确保农业生产救灾资金专款专用，提高资金使用效益。

二、数据盘点

1. 2015 年中央和地方预算草案

2015 年 3 月 6 日，财政部发布数据显示，2015 年中央一般公共预算收入 69230 亿元，比 2014 年执行数增长 7%。中央一般公共预算支出 81430 亿元，增长 9.5%（扣除预备费后增长 8.8%）。其中，中央本级支出 25012 亿元，中央对地方税收返还和转移支付 55918 亿元，中央预备费 500 亿元。中央财政赤字 11200 亿元，较 2014 年增加 1700 亿元。地方一般公共预算本级收入 85070 亿元，增长 7.5%，加上中央对地方税收返还和转移支付收入 55918 亿元，地方一般公共预算收入合计为 14.0988 万亿元。地方一般公共预算支出 14.5988 万亿元，增长 10.2%。地方财政赤字 5000 亿元，较 2014 年增加 1000 亿元，国务院同意发行地方政府一般债券弥补。

2. 2015 年 2 月份居民消费价格同比上涨 1.4%

2015 年 3 月 10 日，国家统计局发布数据显示，2015 年 2 月份，全国居民消费价格总水平同比上涨 1.4%。其中，城市上涨 1.5%，农村上涨 1.2%；食品价格上涨 2.4%，非食品价格上涨 0.9%；消费品价格上涨 1.1%，服务价格上涨 2.2%。2015 年 1—2 月平均，全国居民消费价格总水平比 2014 年同期上涨 1.1%。

2015年2月份，全国居民消费价格总水平环比上涨1.2%。其中，城市上涨1.3%，农村上涨1.0%；食品价格上涨2.9%，非食品价格上涨0.3%；消费品价格上涨1.3%，服务价格上涨0.9%。

3. 2015年1—2月份规模以上工业增加值增长6.8%

2015年3月12日，国家统计局发布数据显示，2015年1—2月份，规模以上工业增加值同比实际增长6.8%，比2014年12月份回落1.1个百分点；2015年2月份工业增加值环比增长0.45%。分三大门类看，2015年1—2月份，采矿业增加值同比增长4.2%，制造业增长7.5%，电力、热力、燃气及水生产和供应业增长4.0%。分经济类型看，2015年1—2月份，国有控股企业增加值同比增长2.2%，集体企业增长3.0%，股份制企业增长7.7%，外商及港澳台商投资企业增长4.9%。2015年1—2月份，工业企业产品销售率为97.3%，同比下降0.2个百分点。工业企业实现出口交货值16439亿元，同比名义增长4.2%。

三、地方财政

1. 北京市2015年市级部门预算公开工作稳步推进

2015年3月9日，北京市财政局发布信息显示，北京市2015年市级部门预算公开工作稳步深入推进，呈现以下亮点。一是公开范围进一步扩大。2015年，上报市人代会审议部门预算的市级部门共120家，除涉密部门，均将按要求公开本部门预算。市级部门预算公开范围已基本涵盖了除涉密部门外的政府组成部门和直属机构。二是公开内容进一步丰富。在2014年公开内容的基础上，将首次随部门预算一并公开政府购买服务信息、部门整体支出绩效目标、继续使用的财政性结转资金，使预算内容更加完整。三是细化程度进一步加强。2015年，首次将部门预算全部细化公开到支出功能分类“项”级科目，并按照支出经济分类科目公开基本支出。四是报表体系进一步健全。2015年重新设计了部门预算报表体系，实现了上会、批复、公开三个环节的报表体系的统一。五是公开形式进一步创新。在以往通过部门网站公开预算的同时，2015年首次与首都之窗网站进行合作，各部门预算信息除在本部门网站公开外，将全部在首都之窗网站的“2015年市级部门预算公开专题”集中展示。

2. 四川财政积极运用PPP机制支持社会资本建设非营利性养老机构

2015年3月11日，四川省财政厅发布消息显示，2015年，四川省财政厅制定出台五项财政扶持政策，开展运用PPP机制支持社会资本建设10个非营利性养老机构试点工作。一是给予建设资金补助。对试点养老机构按新增床位每张1.5万元的标准进行一次性建设资金补助。二是给予贷款贴息。对社会投资方为项目建设从银行类金融机构获得的固定资产投资贷款，按6%贴息率给予不超过1.5年的贴息。三是对接收的政府供养对象拨给供养经费。县级财政按供养对象实际入住人数和当地公办机构供养经费标准，将供养经费拨付给养老机构。四是给予营运补贴。在项目正式营运满一年后，政府按实际入住床位每张每月150元，空置床位每张每月50元的标准给予为期20年的营运补贴。五是给予专项扶持。对养老机构的小型修缮、小型购置、自然灾害救援、护理人员培训、举办敬老活动等事项，运用相关存量资金给予适当资金扶持。

四、财政时论

楼继伟：地方债务从总体上看风险可控

2015年3月6日，财政部部长楼继伟在十二届全国人大三次会议记者会中指出，地方债务从总体上看风险可控。一些局部地区债务比例过高，财政部的解决思路是，一方面把那些有一定收益或者可以改造成比较稳定的现金流，如收费。如果收费不足，则给予适度补贴转为所谓“PPP模式”，即通过政府和社会资本共同投资和经营基础设施包括其他事业的方式转为企业债。另外，对一部分完全公益性的平台借的地方负有偿还责任的债务，财政部已报请全国人大常委会预工委，对一些历史债务予以承认，通过发债替换原来的平台债务，这样可以使债息降下来。另外，一些由银行贷款形成的历史债务，按照契约原则，贷款的合同不能废除。如果融资平台的情况发生了一些变化，需要进行一些债务重整，那是双方谈判，所以要采取一些过渡性的办法逐步解决。我们相信，采取这些办法，我们有能力化解历史上遗留的一些问题，然后按照新的预算法开始更为正规地解决地方适度举债的问题。此外，今后绝大部分地方债都准备要地方自发自还。

五、国外视角

美智库：中美间双向直接投资既是机遇也是挑战

近期，美知名智库布鲁金斯学会发表文章称，中美两国作为全球最大的经济体，相互间直接投资却很少。目前美国海外直接投资存量中仅1%流入中国，且近年美国对华直接投资几乎为零。尽管美国是全球最大的外国直接投资（FDI）流入国，但中国对美直接投资的比重却同样较小。美国对华投资较少主要有两大原因：一是中国包括知识产权在内的物权保护水平较低，限制了美国公司可从技术和商标权中获取的潜在收益。二是在许多对美国公司重要的领域中，中国实行直接投资限制。在二十国集团国家中，中国直接投资的开放程度最低。中国对美投资相对较少也有两大原因：一是中国公司对外投资的最初动机主要是为了确保自然资源需求，而美国的资源数量相比于国内生产总值或人口数量来说并不富裕。二是美国外国投资委员会向多个在美中国投资者发起了国家安全审查。目前，中美两国已经同意就双边投资协定（BIT）进行谈判。如果关键问题得到解决，该协定可能将开启大规模的双边投资。对于美国公司来说，扩大准入领域和提高知识产权保护水平都很关键。而中国公司也在寻求政治色彩更淡的投资环境。在中共十八届三中全会的决议中，中共领导人表示，计划对外国投资开放更多领域。而BIT或有助于推动上述必要改革。

第 11 期（2015 年 3 月 14 日—2015 年 3 月 20 日）

一、政策发布

1. 财政部发布关于印发《地方政府一般债券发行管理暂行办法》的通知

2015 年 3 月 16 日，财政部发布消息称，为加强地方政府债务管理，规范地方政府一般债券发行等行为，保护投资者合法权益，财政部制定了《地方政府一般债券发行管理暂行办法》，主要内容如下：（一）地方政府一般债券是指为没有收益的公益性项目发行的、约定一定期限内主要以一般公共预算收入还本付息的政府债券。（二）省、自治区、直辖市依照国务院下达的限额举借的债务，列入本级预算调整方案，报本级人民代表大会常务委员会批准。（三）一般债券期限为 1 年、3 年、5 年、7 年和 10 年，单一期限债券的发行规模不得超过一般债券当年发行规模的 30%。（四）一般债券由各地按照市场化原则自发自还。（五）各地按照有关规定开展一般债券信用评级。（六）各地应及时披露一般债券基本信息、财政经济运行及债务情况等。（七）地方政府财政部门与一般债券承销商签署债券承销协议，明确双方权利和义务。（八）登记结算机构、承销机构、信用评级机构等专业机构和人员应当勤勉尽责，严格遵守职业规范和相关规则。（九）财政部驻各地财政监察专员办事处加强对一般债券的监督检查，规范一般债券的发行、资金使用和偿还等行为。（十）各地应将本地区一般债券发行安排、信用评级、信息披露、承销团组建、发行兑付等有关规定及时报财政部备案。

2. 财政部发布关于小型微利企业所得税优惠政策的通知

2015 年 3 月 18 日，财政部发布消息称，为了进一步支持小型微利企业发展，经国务院批准，现就小型微利企业所得税政策通知如下：第一，自 2015 年 1 月 1 日至 2017 年 12 月 31 日，对年应纳税所得额低于 20 万元（含 20 万元）的小型微利企业，其所得减按 50% 计入应纳税所得额，按 20% 的税率缴纳企业所得税。第二，企业所得税法实施条例第九十二条第（一）项和第（二）项所称从业人数，包括与企业建立劳动关系的职工人数和企业接受的劳务派遣用工人数。第三，各级财政、税务部门要密切配合，严格按照本通知的规定，抓紧做好小型微利企业所得税优惠政策落实工作。同时，要及时跟踪、了解优惠政策的执行情况，对发现的新问题及时反映，确保优惠政策落实到位。

3. 财政部发布关于开展地方盘活财政存量资金有关情况专项检查的通知

2015 年 3 月 19 日，财政部发布消息称，财政部决定组织驻各地财政监察专员办事处（以下简称专员办）以及各省、自治区、直辖市、计划单列市财政厅(局)，新疆生产建设兵团财务局联合开展地方盘活财政存量资金有关情况事中检查。现将有关事项通知如下：一是检查对象。各省（区、市）、地（市、州），覆盖面达到 100%，抽查部分县级财政部门。二是检查方式。下查一级，即专员办负责交叉检查省本级，抽查不少于 2 个地市；财政厅（局）（西藏、新疆生产建设兵团除外）负责就地组织检查专员办抽查之外的其他地市，每个地市至少抽查 1 个县（县级市、区、旗）；西藏财政厅、新疆生产建设兵团财务局负责组织对本辖区的检查，具体检查安排结合实际情况确定。财政部监督检查局重点对西藏、新疆生产建设兵团以及存量资金较大、问题较多的地区进行现场督导。检查的主要内容包括：一般公共预算结转结余资金清理情况、政府性基金预算结转资金清理情况、转移支付结转结余资金管理情况、部门预算结转结余资金管理情况、预算周转金、预算稳定调节基金管理情况、收入缴库管理情况、偿债准备金管理情况等。

4. 中方欢迎法、意、德及卢申请作为意向创始成员国加入亚投行

2015 年 3 月 17 日，财政部发布消息称，法国、意大利和德国宣布将申请作为意向创始成员国加入亚洲基础设施投资银行（亚投行），并将尽快向中方提交书面确认函。中方欢迎法国、意大利和德国的决定。作为亚投行意向创始成员国首席谈判代表会议的主席，中方将在收到书面确认函后，根据多边程序征求现有意向创始成员国的意见。如顺利通过，法国、意大利和德国将于两周后正式成为亚投行意向创始成员国。

2015 年 3 月 18 日，卢森堡正式宣布申请作为意向创始成员国加入亚洲基础设施投资银行（亚投行），并已于此前向中方提交了书面确认函。中方欢迎卢方的决定。作为亚投行意向创始成员国首席谈判代表会议的主席，中方正根据多边程序征求现有意向创始成员国的意见。如顺利通过，卢森堡将正式成为亚投行意向创始成员国。

二、数据盘点

1. 2015 年 1—2 月财政收支情况

2015 年 3 月 16 日，财政部发布数据显示，2015 年 1—2 月，全国一般公共预算收入 25717 亿元，比 2014 年同期增长 3.2%；考虑部分政府性基金转列一般公共预算影响，同口径增长 1.7%。其中，中央一般公共预算收入 11575 亿元，下降 1.7%，同口径下降 1.8%。地方本级一般公共预算收入 14142 亿元，增长 7.5%，同口径增长 4.7%。全国一般公共预算收入中的税收收入 22361 亿元，同比增长 0.8%。2015 年 1—2 月，全国一般公共预算支出 18865 亿元，比 2014 年同期增长 10.5%，考虑部分政府性基金转列一般公共预算影响为同口径增长 9.5%。其中，中央一般公共预算本级支出 3215 亿元，增长 21.4%，同口径增长 21%，主要是加快了部分重点支出拨付进度；地方一般公共预算支出 15650 亿元，增长 8.5%，同口径增长 7.3%。

2. 2015 年 2 月份我国对外直接投资增长 68.2%

2015 年 3 月 18 日，商务部发布数据显示，2015 年 2 月份，我国境内投资者非金融类对外直接投资 444.4 亿元人民币，同比增长 68.2%。2015 年 1—2 月，我国共对全球 136 个国家/地区的 1684 家境外企业进行了直接投资，累计实现投资 1067.8 亿元人民币，同比增长 51%。截至 2015 年 2 月底，我国累计非金融类对外直接投资 40686 亿元人民币。2015 年 1—2 月，我国大陆对中国香港、东盟、欧盟、澳大利亚、美国、俄罗斯、日本等 7 个主要经济体的投资达到 134.2 亿美元，占我国同期对外直接投资总额的 77%。其中对欧盟（主要是中石油在荷兰投资 28.85 亿美元）投资 33.6 亿美元，是 2014 年同期 3.2 亿美元的 10.5 倍。

3. 2014 年预算绩效管理工作取得积极进展

2015 年 3 月 19 日，财政部发布数据显示，各地区各部门稳步推进预算绩效管理工作，取得积极进展。从中央看，中央部门“二上”纳入绩效目标管理的项目支出金额约 2080 多亿元，比 2014 年增长近 56%，并已覆盖所有新增项目支出；确定的绩效评价试点项目涉及资金约 1020 多亿元，比 2014 年增长近 29%。从地方看，纳入 2014 年绩效目标管理的项目支出约 3.01 万亿元，比 2014 年增长近 125%；纳入绩效监控的项目资金约 1.98 万亿元，比 2014 年增长近 147%；绩效评价范围已从省本级逐步扩大到市、县层面，开展绩效评价的资金约 2.18 万亿元，比 2014 年增长近 61%。

4. 2014 年我国海洋生产总值近 6 万亿元

2015 年 3 月 19 日，财政部发布数据显示，经初步核算，2014 年全国海洋生产总值 59936 亿元，比 2014 年增长 7.7%，海洋生产总值占国内生产总值的 9.4%。其中，海洋渔业整体保持平稳增长态势，海水养殖产量稳步提高，远洋渔业快速发展，全年实现增加值 4293 亿元，比 2014 年增长 6.4%；海洋生物医药业保持较快增长，实现增加值 258 亿元，比 2014 年增长 12.1%；海水利用业受益于一系列产业政策影响，取得较快发展，较 2014 年增长 12.2%；滨海旅游继续保持快速发展态势，邮轮游艇等新兴旅游业态发展迅速；海洋油气产量保持增长，海洋原油产量 4614 万吨，海洋天然气产量 131 亿立方米；海洋交通运输业运行稳中偏缓。

三、地方财政

1. 云南省完善县级公立医院综改财政补偿机制

2015 年 3 月 19 日，云南省财政厅办公室发布消息称，云南省财政厅等四部门研究制定了《云南省县级公立医院综合改革财政补偿办法》。一是明确财政补偿思路。按照“以投入促改革、以投入换机制”的思路，逐步理顺医疗服务价格，认真落实地方政府投入责任，遏制县级公立医院医药费用逐年增高、医保基金支付压力不断增大的趋势。二是健全科学补偿政策。首先，取消药品加成政策，完善补偿机制；其次，理顺医疗服务价格，优化收入结构；最后，落实政府投入责任，增强公益属性。三是完善以奖代补机制。首先，建立绩效评价机制；其次，建立以奖代补机制；最后，建立改革监测机制。

2. 福建省出台四项扶持就业和自主创业财政政策

2015 年 3 月 19 日，福建省财政厅发布消息称，福建省出台四项扶持就业和自主创业财政政策。一是加大对大学生就业的扶持力度。将社会保险补贴对象从就业困难人员扩展到应届高校毕业生。补助标准从 1000 元提高到 2000 元，补助对象从城乡低保家庭扩展到零就业家庭。二是重视对灵活就业的扶持。补助条件为与劳动者签订一年以上期限劳动合同缴纳社会保险；将就业困难人员和离校未就业高校毕业生灵活就业后社会保险费财政补贴比例，统一调整提高为不超过其实际缴费额 2/3。三是对自主创业给予倾斜。高校毕业生、就业困难人员自主创业，本人及其招收的应届高校毕业生可同等享受社会保险补贴政策；对其租用经营场地在闽创业给予每年最高 3000 元的创业资助；将小额担保贷款额度由原来的 10 万元、8 万元、5 万元统一调整为不超过 10 万元。四是将劳动者自学或参加培训机构组织的技能提升培训获得职业资格证书补助标准提高到直补企业同等水平。实行“见证补贴”办法。

四、财政时论

高培勇：营改增三个需要考虑的后续安排

中国社科院财经战略研究院院长高培勇发表文章称，持续3年的营改增进入了收官之年，中央政府应着手考虑完成营改增后的三个相关安排。一是全面完成营改增后的财政体制安排。随着营业税全面并入增值税，地方政府几乎唯一的主体税种也就全面并入中央和地方共享税。由地方税到中央和地方共享税，地方税收收入缩小了，中央和地方共享税收入扩大了。由此，营改增后的中国财政体制安排该向何处去、要不要继续实行分税制、地方财政收支体系又将是怎样等问题都应回答并作出安排。二是全面完成营改增后的直接税建设。鉴于此轮税制改革是在稳定税负前提下的税制结构优化调整，而且，改革主线索又是“逐步增加直接税比重”，故而，营改增所实现的间接税收入规模及其在全部税收收入中比重减少，是与直接税收入规模及其在全部税收收入中比重相应增加相伴随。否则，如果间接税收入规模及其比重减少，而直接税收入规模及其比重未能相应增加，由此而造成的税收收入短缺或亏空，不仅会陡增财政收支压力，而且会贻误税制结构优化调整良机，给未来直接税建设平添障碍和变数。三是全面完成营改增后的国地税机关征管业务分工安排。在全面完成营改增后，地方税务机关的征管业务量将至少减少一半，国家税务机关征管业务量也将进一步上升。因而，营改增后国地税机关分工合作该做如何安排？作为一个独立行为主体的地方税务机关职能该做如何调整？如此等等，同样应回答并作出安排。

五、国外视角

美智库：中国经济增长放缓将面临“新常态”

美知名智库布鲁金斯学会发表文章称，中国政府在十二届全国人大三次会议上，将中国2015年增长目标设为7%（低于2014年7.4%的实际增速），并将贸易增长目标由2014年的7.5%下调至6%，固定资产投资增长目标由15.7%略微下调至15%。中国政府已理性地认识到，在多个行业出现产能过剩形势下，中国投资增长将逐渐放缓，且外部环境依旧疲软，而投资和贸易增长放缓又势必会影响GDP增长，因而相应作出了上述调整。中国有能力实现上述宏伟目标，但需谨慎调整宏观经济政策和改革进程。中国政府虽已适度加大积极财政政策力度，将财政赤字占GDP比重由2014年的1.8%上调至2.7%，但这一比例仍十分保守。同时，中央政府还在尽力限制地方政府投资工具的借款规模。事实上，政府政策过度紧缩，可能会使整体财政形势收紧。如果中国全面禁止地方政府借债，将使其面临“财政悬崖”。因此，各方希望中国政府能在该问题上采取务实态度。在货币政策方面，中国 2015 年需进一步下调期望收益率（RRR）和利率水平，配合国内流动性操作，抵消净资本流出引发的紧缩效应。中国目前国际收支形势已发生转变，最近数月一直呈现净资本流出，月均流出额达到 500 亿—600 亿美元。中国人民银行目前已将 M2 增长目标由 2014 年的 13% 略微下调至 12%。而在实际经济增速放缓、通胀率低至约 1% 的形势下，12% 的增长目标仍属较高。就改革议程来看，中国在部分领域取得了一定进展，但在其他领域却依然缓慢。金融领域改革推进较快。中国人民银行近期下调了存款基准利率，同时提高商业银行弹性，使其利率水平能上浮至基准利率的 1.3 倍。此外，中国 2015 年度将进一步提高利率自由化水平，并引入存款保险制度。然而，中国财政改革还应加速推进，为使地方政府保持可靠收入来源，应继续改革政府间财政关系。李克强总理提出，中国将继续开放外国投资的行业准入，预计目前对外国投资实行限制的行业将减少半数。未来中国增长将主要依赖于服务业，因此开放而富有活力的服务业将使中国受益。

第 12 期 （2015 年 3 月 21 日—2015 年 3 月 27 日）

一、政策发布

1. 财政部按时超标完成 13 项行政审批权取消下放

2015 年 3 月 19 日，财政部发布消息显示，根据国务院最新公布的取消下放审批事项的决定，财政部取消行政审批事项的清单上又新增了 5 项，分别为境外（包括港澳台）会计师事务所在境内设立常驻代表处审批、政府采购代理机构甲级资格认定、中央财政农业综合开发有偿资金呆账核销和延期还款审批、对财政有影响的临时特案减免税审批、豁免国有创业投资机构和国有创业投资引导基金国有股转持义务审核。至此，加上此前已公布取消的 8 项，财政部提出于 2013—2014 年取消下放 13 项审批事项的目标全部实现。据统计，财政部行政审批事项减少率达 52%，超过本届政府提出的任期内减少 1/3 审批事项的目标。

2. 财政部与经合组织签署合作谅解备忘录

2015 年 3 月 20 日，财政部与经济合作与发展组织（简称经合组织）在北京签署合作谅解备忘录，财政部部长楼继伟、经合组织秘书长古利亚等出席了签字仪式。楼继伟期待双方坚持问题导向、需求导向，按照财税改革路线图和时间表，排出优先顺序，有针对性地开展研究，国内研究将主要聚焦于社会各界普遍关注的财税改革和公共服务等重点领域，国际研究重点是为办好 2016 年二十国集团会议提供建议。期待双方的合作更有效率，在深化财税改革、改善公共治理、应对经济挑战、实现经济稳定增长等方面产出更多具有前瞻性、对实践富于指导意义的知识产品，催生让人们有更多获得感的良策，在中国了解世界的同时，让世界更多地了解中国财税改革与发展的历史、现状和未来。古利亚认为，备忘录的签署对双方拓展合作领域、创新合作方式，提升合作规模和层次具有里程碑意义，他们愿在交流思想理论成果的同时，为中国财税改革提出政策建议。

3. 财政部和国家税务总局联合发布关于企业改制重组有关土地增值税政策的通知

2015年3月23日，财政部和国家税务总局联合发布《关于企业改制重组有关土地增值税政策的通知》，规定自2015年1月1日至2017年12月31日，非公司制企业整体改建为有限责任公司或者股份有限公司，有限责任公司整体改建为股份有限公司。对改建前的企业将国有土地、房屋权属转移、变更到改建后的企业，暂不征土地增值税。两个或两个以上企业合并为一个企业，且原企业投资主体存续的，对原企业将国有土地、房屋权属转移、变更到合并后的企业，暂不征土地增值税。企业分设为两个或两个以上与原企业投资主体相同的企业，对原企业将国有土地、房屋权属转移、变更到分立后的企业，暂不征土地增值税。单位、个人在改制重组时以国有土地、房屋进行投资，对其将国有土地、房屋权属转移、变更到被投资的企业，暂不征土地增值税。上述改制重组有关土地增值税政策不适用于房地产开发企业。

4. 财政部发布《2015年地方政府专项债券预算管理办法》

2015年3月24日，为规范2015年地方政府专项债券预算管理，根据《预算法》和《国务院关于加强地方政府性债务管理的意见》，财政部制定发布《2015年地方政府专项债券预算管理办法》，规定专项债券收入、安排的支出、还本付息、发行费用纳入政府性基金预算管理。省、自治区、直辖市政府为专项债券的发行主体，具体发行工作由省级财政部门负责。市县级政府确需发行专项债券的，应纳入本省、自治区、直辖市专项债券规模内管理，由省级财政部门代办发行，并统一办理还本付息。经省级政府批准，计划单列市政府可以自办发行专项债券。此外，办法还对专项债券的预算编制和调整、预算科目、预算执行及监督检查作出规定。

5. 中方欢迎土耳其、韩国申请作为意向创始成员国加入亚投行

2015年3月26日和27日，土耳其和韩国分别正式宣布申请作为意向创始成员国加入亚洲基础设施投资银行（亚投行），并已向中方提交了书面确认函。中方欢迎土方和韩方的决定。作为亚投行意向创始成员国首席谈判代表会议的主席，中方正根据多边程序征求现有意向创始成员国的意见。如顺利通过，土耳其和韩国将分别于2015年4月10日和11日正式成为亚投行意向创始成员国。

6. 全国人大出台《贯彻落实税收法定原则的实施意见》

党中央审议通过全国人大常委会法工委起草的《贯彻落实税收法定原则的实施意见》，该意见提出在2020年前全面完成税收立法，将全部税收暂行条例上升为法律或者废止，届时收回1985年授权。意见对相关立法工作作出了安排：不再出台新的税收条例；拟新开征的税种，需通过全国人大及其常委会制定相应的税收法律。与税制改革相关的税种，将配合税制改革进程，适时将相关税收条例上升为法律，并相应废止有关税收条例。其他不涉及税制改革的税种，可根据相关工作进展情况和实际需要，将相关税收条例逐步上升为法律。待全部税收条例上升为法律或废止后，提请全国人民代表大会废止《全国人民代表大会关于授权国务院在经济体制改革和对外开放方面可以制定暂行的规定或者条例的决定》。全国人大常委会将根据上述安排，在每年的立法工作计划中安排相应的税收立法项目。

二、数据盘点

1. 2015 年 1—2 月全国国有及国有控股企业经济运行情况

2015 年 3 月 20 日，财政部发布数据显示，2015 年 1—2 月，国有企业营业总收入和利润总额同比下降。2015 年 1—2 月，国有企业营业总收入 65908.2 亿元，同比下降 5.4%。其中，中央企业 40807.2 亿元，同比下降 6.9%；地方国有企业 25101 亿元，同比下降 2.8%。国有企业营业总成本 64264.6 亿元，同比下降 4.7%。其中，中央企业 39217.9 亿元，同比下降 5.4%；地方国有企业 25046.7 亿元，同比下降 3.5%。国有企业利润总额 2556.6 亿元，同比下降 21.5%。受 2014 年以来油价持续大幅下跌影响，中石油等三大石油公司利润大幅下滑，如扣除中石油等三大石油公司利润，全国国有企业利润总额比 2014 年同期下降 1.2%。其中，中央企业 2024.3 亿元，同比下降 23.6%；地方国有企业 532.3 亿元，同比下降 12.5%。国有企业应交税金 6385 亿元，同比增长 0.1%。其中，中央企业 5113.4 亿元，同比下降 0.2%；地方国有企业 1271.6 亿元，同比增长 1.3%。

2. 2015 年 2 月份全国彩票销售情况

2015 年 3 月 20 日，财政部发布数据显示，2015 年 2 月份，全国共销售彩票 247.90 亿元，同比增加 47.79 亿元，增长 23.9%。其中，福利彩票机构销售 130.13 亿元，同比增加 12.54 亿元，增长 10.7%；体育彩票机构销售 117.77 亿元，同比增加 35.25 亿元，增长 42.7%。2015 年 1 月至 2 月累计，全国共销售彩票 640.23 亿元，同比增加 168.63 亿元，增长 35.8%。其中，福利彩票机构销售 326.99 亿元，同比增加 51.13 亿元，增长 18.5%；体育彩票机构销售 313.24 亿元，同比增加 117.5 亿元，增长 60%。

3. 2014 年全国土地出让收支情况

2015 年 3 月 24 日，财政部发布数据显示，2014 年，全国土地出让收入 42940.30 亿元，同比增长 3.1%。其中，招拍挂及协议出让价款 37956.43 亿元，增长 1.7%；补缴的土地价款 1886.89 亿元，下降 1.1%；划拨土地收入 935.94 亿元，增长 5%；出租土地等其他收入 2161.04 亿元，增长 43.1%。2014 年，全国土地出让支出 41210.98 亿元，同比增长 0.8%。用于征地拆迁补偿、土地出让前期开发、补助被征地农民等成本性支出 33952.37 亿元，同比增长 0.7%。在成本性支出中，用于征地拆迁补偿支出 21216.03 亿元，同比下降 2.5%；用于土地出让前期开发支出 9206.38 亿元，同比增长 7.3%；用于补助被征地农民、土地出让业务支出等其他成本性支出 3529.96 亿元，同比增长 5.1%。土地出让收入用于城市建设支出 4063.02 亿元，同比增长 7.6%。用于保障性安居工程支出 760.10 亿元，同比增长 5.3%。用于农业农村支出 2435.49 亿元，同比下降 9.3%。

4. 2015 年中央一般公共预算收入预算说明

2015 年 3 月 25 日，财政部发布数据显示，2015 年中央一般公共预算收入 69230 亿元，比 2014 年执行数增长 7%。其中，国内增值税预算数 21500 亿元，增长 1.9%；国内消费税预算数 11200 亿元，增长 25.7%；进口货物增值税、消费税和关税预算数 18300 亿元，增长 6%；出口货物退增值税、消费税预算数 12260 亿元，增长 8%；营业税预算数 55 亿元，下降 20.2%；企业所得税预算数 17140 亿元，增长 8.4%；个人所得税预算数 4870 亿元，增长 10%；资源税预算数 55 亿元，增长 23.8%；城市维护建设税预算数 187 亿元，增长 2.2%；证券交易印花税预算数 695 亿元，增长 7.4%；船舶吨税预算数 48 亿元，增长 6.2%；车辆购置税预算数 3170 亿元，增长 9.9%；专项收入预算数 560 亿元，增长 3.1%；行政事业性收费收入预算数 380 亿元，下降 9.1%；罚没收入预算数 70 亿元，下降 21.2%；国有资本经营收入预算数 2485 亿元，增长 22.4%；国有资源（资产）有偿使用收入预算数 195 亿元，增长 8.9%；其他收入预算数 580 亿元，下降 58.2%。

三、地方财政

1. 厦门财政四举措助力创投基金发展

2015 年 3 月 23 日，厦门市财政局发布信息显示，为推动创投基金顺利运作，有效发挥基金的投资效率和综合效应，厦门财政采取了一系列的扶持促进措施。一是参照中央财政每只基金 5000 万元的出资额度，积极筹措资金，按照 1:1 的比例安排配套资金 3.5 亿元作为 7 只基金的地方参股资金。二是基金的发起设立、投资管理、业绩奖励等按照市场化方式独立运作。三是积极推动基金管理团队为所投资企业提供增值服务，帮助投资企业完善公司治理结构。四是制定特别鼓励措施，对基金投资期内外地投资企业将注册地迁入厦门的，视同在厦门地区投资计算在厦投资比例，有效调动基金积极介绍、引导具有核心技术优势和发展前景的企业落户厦门，实现投资与招商互动。

2. 山东财政创新支农机制着力提高资金使用效益

2015 年 3 月 24 日，山东省财政厅发布消息显示，2014 年以来，山东财政积极推进财政金融合作，大力开展支农机制创新，不断提高支农资金使用效益。一是积极创新支农投入机制。开展融资增信创新试点，推进省级农业贷款担保工作，设立现代种业发展基金。二是扎实推进涉农资金整合。针对涉农资金重复设置、分散使用、多头管理等问题，择优选择 15 个县，启动实施了县级涉农资金整合试点工作，集中解决制约农业农村发展和农民增收致富的关键问题。三是不断改进资金分配方式。结合省对下转移支付制度改革，完善农业专项资金分配办法。四是着力加强支农资金监管。进一步强化绩效管理理念，对 1000 万元以上的支农专项资金全部实行绩效目标管理，并选择部分规模较大、关注度高的资金进行重点绩效评价，评价结果与项目资格和资金安排直接挂钩。

四、财政时论

1. 楼继伟：亚投行与现有多边开发银行是互补而非竞争关系

2015 年 3 月 20 日，财政部部长楼继伟指出，亚投行是国际发展领域的新成员、新伙伴，在亚洲基础设施融资需求巨大的情况下，由于定位和业务重点不同，亚投行与现有多边开发银行是互补而非竞争关系。亚投行侧重于基础设施建设，而现有的世界银行、亚洲开发银行等多边开发银行则强调以减贫为主要宗旨。从历史经验看，包括亚洲开发银行和欧洲复兴开发银行在内的区域性多边开发银行的设立，不仅没有削弱世界银行等现有多边开发银行的影响力，而且增强了多边开发性金融的整体力量，更有力地推动了全球经济的发展。在亚投行筹建以及未来运作过程中，中方都将积极推动亚投行与世界银行、亚洲开发银行等现有多边开发银行在知识共享、能力建设、人员交流、项目融资等方面开展合作，共同提高本地区基础设施融资水平，促进本地区的经济和社会发展。作为世界银行、亚洲开发银行的重要股东国，中国也将一如既往地支持现有多边开发银行在促进全球减贫和发展事业方面作出积极贡献。关于亚投行与“一带一路”的关系，亚投行将致力于促进亚洲地区基础设施建设和互联互通，其中包括“一带一路”沿线亚投行成员国的相关基础设施建设项目。两者有交集，但也有所不同。中方也非常欢迎世界银行、亚洲开发银行等机构积极参与“一带一路”相关项目。

2. 史耀斌：中方欢迎域内外国家积极参与亚投行筹建

2015 年 3 月 25 日，筹建亚投行首席谈判代表会议主席、财政部副部长史耀斌就外界普遍关心的亚投行筹建热点问题表示，关于一票否决权，亚投行决策机制和股份分配是亚投行章程的内容，目前各方正在进行磋商。亚投行将按域内和域外划分其成员，随着成员国数量的逐步增加，每一个成员的股份比例都会相应下降。所谓中方寻求或放弃一票否决权是一个不成立的命题。关于成员国申请，在筹建亚投行过程中，中方与澳大利亚、韩国、日本、美国相关部门一直保持沟通。中方欢迎域内外国家积极参与亚投行筹建，同时也将尊重他们是否加入以及何时加入亚投行的决定。无论相关国家是否加入亚投行，中方都愿继续和相关各方在一些多双边经济对话机制下加强沟通以及同世界银行、亚洲开发银行等现有多边开发机构开展合作。作为一家新成立的多边开发银行和多边发展体系的新伙伴、新成员，亚投行在治理结构、保障政策等方面将充分借鉴现有多边开发银行通行的经验和好的做法，不走同样的弯路，寻求更好的标准。

五、国外视角

美智库：中国经济增长放缓将面临“新常态”

美智库彼得森国际经济研究所发表文章称，数据表明，截至 2014 年年末，中国信贷增长较国民产出高出 6%，分析师指出，中国信贷规模占 GDP 比重是否已达全球最高水平，且该比重未来几年是否会继续增长等问题均值得思考。中国 2015 年增速可能从 2014 年的 7.4% 降至 7% 左右。因此，为维持信贷规模占 GDP 比重不变，信贷规模增速需下降逾 6%。然而，在 2015 年过去的三个月中，中国人民银行曾两次下调利率，并可能在未来数月进一步实施宽松货币政策。此外，中国多个领域持续出现通胀减缓甚至通缩现象。而除美国市场外，中国外部市场需求均表现疲软，出口增长乏力。同时，全球普遍实施宽松货币政策，多种货币兑美元贬值，而人民币有效地保持了币值稳定。因此，除非全球经济超出预期快速增长，或中国过度紧缩信贷（两者并不可能实现），否则 2015 年中国信贷规模占 GDP 比重将进一步提高，虽然增速会有所放缓。尽管目前信贷需求有所下降，且持续扩大信贷规模或存在隐患，但在目前经济环境下，相比突然实施货币紧缩政策可能更谨慎。事实上，中国外债水平较低，家庭财务状况良好，银行系统资本雄厚，因此融资规模中期实现硬着陆的可能性不大。而随着中国开始下调经济整体增速，判断中国要“去杠杆”，还是简单地转变形式，还要看以下因素：一是信贷构成。2014 年中国政府叫停表外融资方式，进一步推行资本市场融资，中国信托贷款和委托贷款在社会融资规模存量净增长中的占比为 18%，低于 2013 年的 25%；而债券和股票新增发行量在社会融资规模存量净增长中的占比达到 17%，高于 2013 年的 12%。二是信贷配置。中国政策制定者应持续采用下调利率和准备金率等价格型措施扩大信贷规模，而不应沿用金融危机后采取的数量型措施。价格型措施有利于促使银行采用差别化利率，为盈利企业贷款。而事实上，同汇率一样，中国当局将存款利率浮动上限从高于基准利率 20% 上调至高于基准利率 30%。尽管目前最高存款利率仍低于充分自由化下的水平，但进一步扩大存款利率自由化将有可能提高银行的资金成本，使其从更多高效的投资中获利。三是不良贷款规模。金融危机之后，中国国有银行大规模扩张信贷，不良贷款有所增长。淘汰低效率和低竞争力企业，代之以生产效率更高的企业也是“去杠杆”的必然举措。预计 2015 年中国将有更多中等规模企业破产，不良贷款比率仍可能持续上升，但该比率依然可控。

第 13 期 （2015 年 3 月 28 日—2015 年 4 月 3 日）

一、政策发布

1. 财政部和国家税务总局联合发布关于调整个人住房转让营业税政策的通知

2015 年 3 月 30 日，财政部和国家税务总局联合发布《关于调整个人住房转让营业税政策的通知》，规定自 2015 年 3 月 31 日起，个人将购买 2 年以上（含 2 年）的非普通住房对外销售的，按照其销售收入减去购买房屋的价款后的差额征收营业税；个人将购买 2 年以上（含 2 年）的普通住房对外销售的，免征营业税。

2. 中方欢迎荷兰、巴西等国申请作为意向创始成员国加入亚投行

2015 年 3 月 29—31 日，荷兰、巴西、格鲁吉亚、丹麦、澳大利亚、俄罗斯、埃及、芬兰、吉尔吉斯斯坦、冰岛和葡萄牙分别正式宣布申请作为意向创始成员国加入亚洲基础设施投资银行（亚投行），并向中方提交了书面确认函。中方欢迎以上 11 国的决定。作为亚投行意向创始成员国首席谈判代表会议的主席，中方正根据多边程序征求现有意向创始成员国的意见。

3. 财政部和国家税务总局联合发布关于个人非货币性资产投资有关个人所得税政策的通知

2015 年 4 月 1 日，为进一步鼓励和引导民间个人投资，财政部和国家税务总局联合发布《关于个人非货币性资产投资有关个人所得税政策的通知》，将在上海自由贸易试验区试点的个人非货币性资产投资分期缴税政策推广至全国，规定：一是个人以非货币性资产投资，应按照“财产转让所得”项目，依法计算缴纳个人所得税。二是个人以非货币性资产投资，应按评估后的公允价值确认非货币性资产转让收入。非货币性资产转让收入减除该资产原值及合理税费后的余额为应纳税所得额。三是个人应在发生上述应税行为的次月 15 日内向主管税务机关申报纳税。纳税人一次性缴税有困难的，可合理确定分期缴纳计划并报主管税务机关

备案后，自发生上述应税行为之日起不超过 5 个公历年度内（含）分期缴纳个人所得税。四是个人以非货币性资产投资交易过程中取得现金补价的，现金部分应优先用于缴税；现金不足以缴纳的部分，可分期缴纳。该通知规定的分期缴税政策自 2015 年 4 月 1 日起施行。

4. 国务院部署盘活和统筹使用沉淀的存量财政资金等事项

2015 年 4 月 1 日，国务院总理李克强主持召开国务院常务会议，一是部署盘活和统筹使用沉淀的存量财政资金，有效支持经济增长。对统筹使用沉淀的存量财政资金建立任务清单和时间表，统筹使用的财政资金重点向中西部倾斜，带动有效投资，增加农村贫困地区的公共产品和服务供给。同时，对存量资金较多的部门适当调减来年预算总额，清理整合政府性基金、国有资本经营收益和各部门专项资金，对专项用途资金实行清单制管理。二是扩宽全国社会保障基金投资范围，包括：把社保基金债券投资范围扩展到地方政府债券，并将企业债和地方政府债投资比例从 10% 提高到 20%；将基金直接股权投资的范围，从中央管理企业的改制或改革试点项目，扩大到中央企业及其子公司，以及地方具有核心竞争力的行业龙头企业包括优质民营企业；将基金的信托贷款投资比例上限由 5% 提高到 10%，加大对保障性住房、城市基础设施等项目的参与力度；允许基金按规定在全国银行间一级市场直接投资同业存单，并按照银行存款管理。

5. 财政部进一步推进地方预算执行动态监控工作

2015 年 4 月 2 日，财政部发布《关于进一步推进地方预算执行动态监控工作的指导意见》，要求各级财政部门：一要加快制度建设，完善规章制度，强化依法监控。二要健全工作机制，完善动态监控运作机制，建立多层次的互动机制，建立监控信息报告机制，建立违规问题处理机制。三要强化技术支撑。四要加大监控力度，扩大动态监控范围，强化国库内部控制，开展重点监控核查。总体目标是县以上（包括县）财政部门和具备条件的乡镇财政部门应于 2016 年年底前建立预算执行动态监控机制，将动态监控范围扩展到所有财政资金和全部预算单位。暂不具备条件的乡镇应积极创造条件，尽快开展预算执行动态监控工作。到 2018 年，建成预警高效、反馈迅速、纠偏及时、控制有力的覆盖各级财政的预算执行动态监控体系。

二、数据盘点

1. 中国 2015 年 3 月份制造业采购经理人指数为 50.1%

2015 年 4 月 1 日，国家统计局发布数据显示，中国 2015 年 3 月份制造业 PMI

为 50.1%，环比上升 0.2 个百分点，重回临界点上方。分企业规模看，大型企业 PMI 为 51.5%，环比上升 1.1 个百分点；中、小型企业 PMI 分别为 48.3% 和 46.9%，下降 1.1 和 1.2 个百分点。从分类指数看，生产指数为 52.1%，环比上升 0.7 个百分点；新订单指数为 50.2%，环比下降 0.2 个百分点；从业人员指数为 48.4%，环比上升 0.6 个百分点；原材料库存指数为 48.0%，环比下降 0.2 个百分点；供应商配送时间指数为 50.1%，环比上升 0.2 个百分点。

2. 清洁基金首轮有偿使用业务情况

2015 年 4 月 1 日，财政部发布数据显示，截至 2014 年年底，清洁基金已累计批准全国 23 个省市区 168 个项目，贷款金额超过 106 亿元，撬动社会资金约 491 亿元，撬动比例超过 1∶4，项目实施后预计每年可减排温室气体 4781.25 万吨二氧化碳当量。此外，清洁基金出资 5000 万元战略性入股上海环境能源交易所，有效激发了市场活力；为助力国家经济结构转型，加大清洁能源利用，基金出资 6800 万元入股西气东输二线管道建设项目。两项目共撬动社会资金超过 191.32 亿元，项目建成后每年可实现 1.29 亿吨二氧化碳当量的减排潜能。至此，清洁基金已累计开展有偿使用项目 172 个，提供资金 108.4 亿元，撬动社会资金近 700 亿元，项目覆盖全国 2/3 的版图。

3. 2014 年中央财政安排扶贫资金 433 亿元

2015 年 4 月 2 日，财政部发布数据显示，2014 年，中央财政安排扶贫资金 433 亿元，其中补助地方财政扶贫资金 424 亿元，均较 2014 年增长 10%。中央财政扶贫资金中安排少数民族发展资金 41 亿元，比 2014 年增长 10%。中央财政从财政扶贫资金中专门安排 10 亿元，开展试点集中力量解决突出贫困问题。

三、地方财政

1. 福建政府与社会资本合作试点注重五个关键环节

2015 年 3 月 30 日，福建省财政厅发布消息显示，福建政府与社会资本合作试点注重五个关键环节：一是注重精选项目。明确要求各地要拿出价格调整机制相对灵活、市场化程度相对较高，易经营、能盈利的好项目；要善于将区域内同类项目捆绑整合，做大规模，增强项目的市场竞争力。二是注重会诊评估。组织相关部门、项目业主、社会资本和中介咨询机构，对当地潜在项目进行会诊评估，做好“物有所值”评价。三是注重规范运作。出台《关于推广政府和社会资本合作试点的指导意见》，及相关的操作指南、合同指南和采购管理办法等规范文件。四是注重政策引导。放宽市场准入条件，进行项目采购，创造一个充分竞争的统一市场。五是注重加强合作。要求各部门积极主动协调，全面统筹 PPP 管理力量，并充分发挥第三方专业机构的作用，参与规划指导、融资支持、识别评估、咨询服务、宣传培训、绩效评价、专家库和项目库建设等服务。

2. 重庆财政“贷动”大众创业

2015 年 3 月 31 日，重庆市财政局发布消息显示，重庆财政按照“控制总量、提高质量、优化结构、规范发展”的思路抓好小额担保贷款工作，“贷动”了全市小微企业蓬勃发展。措施一是围绕小贷政策打好政策“组合拳”。以实施小额担保贷款政策破解创业者融资难题为突破口，通过组织开展创业培训、建立创业项目库、组建专家服务团、吸纳入驻孵化基地等组合创业服务，建立集项目征集、政策扶持、创业培训、创业服务等功能于一体的长效工作机制。措施二是充分用好平台打造服务“一条龙”。依托全市各级公共就业服务平台，建立起市、区县、街镇、社区四级小额担保贷款工作体系。措施三是充分运用线上线下两个平台，强化政策和典型宣传吸引“生力军”。措施四是提升大数据应用水平促管理“智能化”。开发应用小贷信息系统，规范工作程序和日常管理，实现贷款全流程动态管理，以信息化推动小贷工作的规范化。

四、财政时论

于国安：要把“简政放权”与“简政放钱”结合起来

山东省财政厅厅长于国安指出，简政放权激发了全社会的创业创新活力，促进了经济社会发展，但要如果在“简政放权”的同时加大“简政放钱”力度，效果会更好。当前应重点从以下几方面发力：一是清理财政支出范围，不该管的要坚决放手。应采取全国“一盘棋”的做法，加快财政资金退出一般竞争性领域的步伐，对教育、科技、社保等社会事业发展领域的支出，也要区分公共性层次，切实厘清政府与市场的作用边界。二是改革转移支付制度，资金分配权要适度放给基层。今后应进一步压减专项资金项目及规模，提高一般性转移支付比重。对保留的专项资金，也应尽可能采取因素法分配，切实增加基层政府统筹安排使用财政资金的自主权。三是深化财政体制改革，财力要适当放给地方。合理界定中央与地方事权和支出责任，切实构建起权责对等、运行高效、可问责、可追溯的制度安排，并逐步以法律的形式固定下来。在此基础上统筹考虑地方财政状况，进一步调整中央与地方收入划分。四是创新财政支出方式，项目选择权要逐步放给市场。应进一步加强财银合作、财企合作，财政支持产业发展的资金，主要采取基金等市场化模式运作。对不适合实行基金管理模式的专项资金，尽量采取担保贴息、风险补偿等间接补助或事后补助方式，放大财政支出乘数。

五、国外视角

IMF：中国经济增长新要素

国际货币基金组织总裁拉加德在上海复旦大学发表演讲称，IMF 预测 2015 年中国 GDP 增长率将为 6.8%，约比 2014 年低 0.5 个百分点。虽有所放缓，但中国经济增长将更安全且更可持续。中国已在各个方面启动了再平衡进程：从投资转向消费，从制造业转向服务业，从资本密集型增长转向创新、高技能和科技驱动增长。为此，政府通过保持经济和金融稳定，为妥善展开调整创造条件。如过去 12 个月信贷增长放缓，这有助于减轻金融系统的脆弱性。IMF 认为，去除金融、教育、卫生、电信和物流等领域针对私营企业的壁垒，将创造创业机会，提高人民生活水平。在金融部门，中国放开贷款利率，存款利率也更灵活。政府还鼓励私人投资者成立中小型银行或其他金融机构。此外，保持改革势头至关重要。这意味着要进一步采取措施，放开存款利率和汇率；取消隐性政府担保，特别是对国有企业的担保，从而改善定价和信贷分配；更宽容地对待公司违约和破产，为公司健康发展和获得信贷提供更多空间。与世界上许多国家一样，中国为其经济成功付出了代价，即环境破坏加剧，收入越来越不均衡。这正是中国目前建立新发展模式，以更环保、更包容和惠及更多人的方式实现增长的原因。中国正在强化环保政策，如遏制工业污染和率先开展可再生能源的创新。最近，中国提高了汽油税，正在考虑征收环保税。收入不均加剧也带来了长期挑战。过去 30 年里，中国使 6 亿人口摆脱了贫困，无论以何种标准而论，这都是一项惊人的成就。但城乡差距、沿海和内地的差距以及城市和农村之间的差距仍然存在。基金组织研究表明，过度收入不均导致增长放缓，削弱了经济增长可持续性。强化社会安全网，改善获取教育、医疗和金融服务，能有效缓解收入不均。另外，明智的再分配政策，如累进税制，也能达到同样效果。

第 14 期（2015 年 4 月 4 日—2015 年 4 月 10 日）

一、政策发布

1. 财政部发布《地方政府专项债券发行管理暂行办法》

2015 年 4 月 8 日，为加强地方政府债务管理，规范地方政府专项债券发行行为，保护投资者等合法权益，财政部发布了《地方政府专项债券发行管理暂行办法》，规定地方政府专项债券（以下简称专项债券）是指省、自治区、直辖市政府（含经省级政府批准自办债券发行的计划单列市政府）为有一定收益的公益性项目发行的、约定一定期限内以公益性项目对应的政府性基金或专项收入还本付息的政府债券，采用记账式固定利率附息形式。单只专项债券应当以单项政府性基金或专项收入为偿债来源。单只专项债券可以对应单一项目发行，也可以对应多个项目集合发行。债券期限为 1 年、2 年、3 年、5 年、7 年和 10 年，但 7 年和 10 年期债券的合计发行规模不得超过专项债券全年发行规模的 50%。专项债券由各地按照市场化原则自发自还，遵循公开、公平、公正的原则，发行和偿还主体为地方政府。

2. 财政部发布《城镇保障性安居工程财政资金绩效评价暂行办法》

2015 年 4 月 8 日，为提高城镇保障性安居工程财政资金使用效益，建立健全绩效评价机制，更好实现城镇保障性安居工程建设目标，财政部发布《城镇保障性安居工程财政资金绩效评价暂行办法》，规定：绩效评价以预算年度为周期，对预算年度内各地区城镇保障性安居工程资金管理、项目管理、项目效益情况进行评价。在年度绩效评价的基础上，适时开展以几个预算年度为周期的中期绩效评价。绩效评价工作由财政部会同住房城乡建设部统一组织、分级实施。绩效评价结果实行百分制，评价结果划分为四个等级：评价总得分在 90 分（含）以上为优秀；75（含）—90 分为良好；60（含）—75 分为合格；60 分以下为不合格。对于得分 60 分以下的地区，中央财政将相应扣减分配该地区的中央专项资金数额，省级财政也相应扣减分配该地区的省级补助资金数额。

3. 财政部、海关总署和国家税务总局联合下发2015年种子种源免税进口政策

财政部、海关总署和国家税务总局联合下发《关于种子（苗）种畜（禽）鱼种（苗）和种用野生动植物种源2015年免税进口计划的通知》。2015年种子种源政策下，农业部和国家林业局将审批62类进口种子（苗）、种畜（禽）、鱼种（苗），73类进口种用野生动植物种源。为支持引进和推广良种，加强物种资源保护，“十二五”期间对一定品种和数量范围内的进口种子（苗）、种畜（禽）、鱼种（苗）和种用野生动植物免征进口环节增值税。2014年种子种源政策共计免税约8.88亿元，基本实现了政策目标，引进和推广国外优质种质资源，有效降低用种成本，提高我国农、林业产值和产量，丰富产品种类，优化产品质量，促进了种植业、养殖业的大力发展，惠农、富农效果明显。

4. 中央财政拨付农业三项补贴

财政部和农业部联合发布通知，拨付2015年农资综合补贴、种粮农民直接补贴和农作物良种补贴3项资金1434亿元，助力今年农业生产。通知同时就调整完善农业补贴政策作出部署。财政部、农业部要求各省（自治区、直辖市、计划单列市）从中央财政拨付的农资综合补贴资金中调整安排20%的资金，加上种粮大户试点资金和补贴增量资金，统筹用于支持粮食适度规模经营，重点向种粮大户、家庭农场、农民专业合作社、农业社会化服务组织等新型经营主体倾斜。2015年，两部委还将选择安徽、山东、四川、湖南和浙江5省的部分市县开展农业三项补贴改革试点，将农业三项补贴合并为农业支持保护补贴。

5. 国务院发布《机关事业单位职业年金办法》

国务院办公厅发布《机关事业单位职业年金办法》规定，职业年金所需费用由单位和工作人员个人共同承担。单位缴纳职业年金费用的比例为本单位工资总额的8%，个人缴费比例为本人缴费工资的4%，由单位代扣。单位和个人缴费基数与机关事业单位工作人员基本养老保险缴费基数一致。职业年金基金采用个人账户方式管理。个人缴费实行实账积累。对财政全额供款的单位，单位缴费根据单位提供的信息采取记账方式，每年按照国家统一公布的记账利率计算利息；对非财政全额供款的单位，单位缴费实行实账积累。实账积累形成的职业年金基金，实行市场化投资运营，按实际收益计息。

二、数据盘点

1. 2015年3月份中国物流业景气指数为58%

2015年4月3日，财政部发布数据显示，2015年3月份中国物流业景气指数

（LPI）为58%，比2015年2月回升3.1个百分点。2015年3月份，物流新订单指数为59.8%，比2015年2月回升4.5个百分点，显示出物流业需求向好，将保持稳中趋升的态势。从企业类型来看，综合型、运输型和仓储型物流业均保持在50%以上，分别为51.5%、59.5%和53.6%。从业人员指数为53.3%，比2015年2月回升8.9个百分点，显示出随着物流业务活动逐步转旺，属于劳动密集型产业的物流行业吸纳就业的能力增强。

2. 地方政府首次发行专项债券，额度为1000亿元

2015年4月8日，财政部发布数据显示，2015年地方政府债券发行额度为6000亿元，其中1000亿元为专项债券，这是地方政府首次发行专项债券。债券期限为1年、2年、3年、5年、7年和10年，由各地综合考虑项目建设、运营、回收周期和债券市场状况等合理确定，但7年和10年期债券的合计发行规模不得超过专项债券全年发行规模的50%。

3. 碳交易试点以来7个试点省市累计成交额近13亿元

2015年4月10日，财政部发布数据显示，自2011年11月份起，国家发改委即已在北京市、天津市、上海市、重庆市、湖北省、广东省及深圳市正式启动碳排放权交易试点。历经相关筹备工作，2013年6月以来，7个试点省市相继启动交易。截至2015年3月31日，7个试点省市累计成交量约2000万吨，累计成交金额近13亿元。其中，2014年湖北碳市场成交量1020万吨，交易总额1.67亿元，占全国三成以上，居全国第一；累计日均成交量3.8万吨，占全国56%，居全国第一；湖北还是国内首个外资主体参与的碳市场，具有较强的开放度，累计引进省外和境外资金1.5亿元。

4. 2015年3月份CPI同比上涨1.4%

2015年4月10日，国家统计局发布数据显示，2015年3月份CPI同比上涨1.4%。其中，城市上涨1.4%，农村上涨1.2%；食品价格上涨2.3%，非食品价格上涨0.9%；消费品价格上涨1.1%，服务价格上涨2.0%。2015年一季度CPI同比上涨1.2%。2015年3月份，CPI环比下降0.5%。其中，城市下降0.5%，农村下降0.6%；食品价格下降1.6%，非食品价格持平；消费品价格下降0.6%，服务价格下降0.4%。

三、地方财政

1. 江苏省推动财政社会保障工作迈上新台阶

2015年4月7日，江苏省财政厅发布消息显示，2015年，江苏省财政社会保障工作的总体要求是：以“六大体系”建设为核心，统筹推进城乡社会保障体系建设，切实落实各项保障和改善民生政策，推动财政社会保障工作迈上新台阶。一是完善就业创业政策体系建设，全面落实更加积极的就业政策，继续支持“两高”人才队伍建设。二是推进社会保障体系建设，支持健全社会救助和社会福利制度，着力支持完善优抚安置政策，继续支持残疾人事业发展。三是深化医疗卫生服务体系改革，继续完善政府卫生投入政策，着力健全城乡居民基本医保制度体系，重点推进公立医院综合改革，支持促进基本公共卫生服务均等化，继续巩固基层医疗卫生机构运行新机制。四是健全社会养老服务体系建设，落实省政府关于社会养老服务体系建设的部署，创新养老服务体制机制。五是强化社会保险基金预决算编制工作。六是提升财政社保管理效能和服务能力。

2. 重庆市多措并举有序有效改进预算管理

2015年4月9日，重庆市财政局发布消息显示，重庆市财政将中央部署与重庆实际紧密结合，从预算执行到结余资金管理，再到预算绩效评价“齐头并进”、多措并举改进预算管理，取得较好成效。一是稳步公开信息。在市政府和市财政门户网站上，设置专栏常态公开预算报告、预算执行、重大专项资金分配等信息。二是完善编制体系。统筹国有资本经营预算用于小微企业等民生领域，将重点用于改善人居环境的城市建设配套费收入从政府性基金预算调整纳入一般公共预算，确保“四本预算”既完整独立又相互衔接。三是启动中期规划。开展中期财政规划研究，形成《财政可持续发展视角下滚动预算研究》专题报告。四是盘活存量资金。2014年，全市一般公共预算结转结余资金比2013年压缩15%，政府性基金结转控制在收入30%以内，设立50亿元预算稳定调节基金，超收补充基金、短收调用基金，实施逆周期调节。五是强化绩效管理。

四、财政时论

王保安：扩大社保基金投资范围可更好地实现保值增值目标

2015年4月3日，财政部副部长王保安在国新办政策例行吹风会上表示，适当扩大社保基金投资范围，是为了使社保基金更好地实现保值增值的目标。随着社保基金规模的不断扩大，保值增值压力日渐凸显，有必要适时结合新形势，在分散投资风险、稳定和提高投资收益的基础上，适当扩大社保基金投资范围，在结构和比例上做一些调整，拓展基金投资的深度和广度，更好地实现保值增值的目标。扩大社保基金投资范围主要包括4项内容：一是将基金“债券投资”范围扩展到地方政府债券，并将企业债和地方政府债券投资比例从10%提高到20%。二是将基金“直接股权投资”的范围，从中央管理企业的改制或改革试点项目，扩大到中央企业及其一级子公司，以及地方具有核心竞争力的行业龙头企业，包括优质民营企业。治理结构比较好，建立了现代企业制度，运营方面比较好的民营企业也属于投资的范围。三是将基金的“信托贷款”投资比例上限由5%提高至10%，并加大对保障性住房、城市基础设施以及棚户区改造这些方面的投入。四是允许基金按规定在“全国银行间一级市场”直接投资“同业存单”，并按照银行存款管理。

五、国外视角

OECD：结构改革可帮助中国稳步迈入“新常态”

OECD发布最新《中国经济调查》指出，在经济迅猛发展30年之后，中国正转向增速放缓但更具可持续性的道路。当前需要深化改革，以确保日后实现具有韧性和包容性的绿色增长。OECD预测2015年中国GDP将增长7%，2016年将增长6.9%。当前中国面临的挑战是如何确保在更具持久性和包容性基础上实现增长。中国经济持续面临从农村转向城市、从投资转向消费以及从制造业转向服务业等多元化转型，所有这些转变都需要坚定不移地致力于结构改革。

OECD提出的具体政策建议包括：一是利用改革促进可持续增长。所有企业应在公平的金融、规制、税收和政府采购环境下竞争。中国应继续逐步放开存款利率，同时促进金融稳定。此外，中国应增加财政透明度和可持续性。二是推动城镇化和服务业发展，使其成为增长动力。为实现农村居民向城市转移所带来的潜在生产率的提高，中国还应扩大公共服务供给和社会保障覆盖面至所有农民工，同时实现全国范围内社会保障福利顺畅转移接续。随着中国日益富裕和城镇化推进，服务业占增值份额现已超过制造业，并将进一步上升。但中国需要缩减商业化服务企业中的国有产权，并向民间资本开放更多投资领域。三是培养适当技能。为了满足知识经济需要，中国应在全国范围建立有效的职业教育培训体系，以学术产出质量来评估高校和高校教职工，推动择优晋升，并进一步加强知识产权。中国应提高教育公共支出，包括增加教师薪酬以提高教学质量，同时确保弱势儿童获得平等教育机会。四是推动农业改革。应当向所有农村家庭颁发详细说明其土地使用权的证书，并建立完善的土地经营权交易平台。就农村地区融资渠道、教育和农民培训、自然资源和农村基础设施的定价等方面，仍有很大改进空间。农村地区福祉状况也将随着户籍改革逐步推进，并得益于农村社会福利覆盖面扩大及农村卫生服务改善。

第 15 期（2015 年 4 月 11 日—2015 年 4 月 17 日）

一、政策发布

1. 财政部发布关于进一步支持企业事业单位改制重组有关契税政策

2015 年 4 月 10 日，财政部发布《关于进一步支持企业事业单位改制重组有关契税政策的通知》，规定自 2015 年 1 月 1 日起至 2017 年 12 月 31 日，对以下情况改制重组后企业或公司承受原单位土地、房屋权属，免征契税：按照《中华人民共和国公司法》有关规定整体改制，原企业投资主体存续并在改制（变更）后的公司中所持股权（股份）比例超过 75%。事业单位按照国家有关规定改制为企业，原投资主体存续并在改制后企业中出资（股权、股份）比例超过 50% 的。两个或两个以上的公司，依照法律规定、合同约定，合并为一个公司，且原投资主体存续的。公司依照法律规定、合同约定分立为两个或两个以上与原公司投资主体相同的公司。企业依照有关法律法规规定实施破产。经国务院批准实施债权转股权的企业。

2. 财政部发布《政府和社会资本合作项目财政承受能力论证指引》

2015 年 4 月 14 日，财政部发布《政府和社会资本合作项目财政承受能力论证指引》，指引所称财政承受能力论证是指识别、测算政府和社会资本合作项目的各项财政支出责任，科学评估项目实施对当前及今后年度财政支出的影响，为 PPP 项目财政管理提供依据。财政承受能力论证采用定量和定性分析方法，严格控制 PPP 项目财政支出规模，结论分为“通过论证”和“未通过论证”。“通过论证”的项目，各级财政部门应当在编制年度预算和中期财政规划时，将项目财政支出责任纳入预算统筹安排。“未通过论证”的项目，则不宜采用 PPP 模式。指引对责任识别、支出测算、能力评估、信息披露等方面作出相关规定。

3. 国务院部署落实 2015 年经济体制改革重点任务

2015 年 4 月 15 日，国务院总理李克强主持召开国务院常务会议，部署落实

2015 年经济体制改革重点任务。会议强调，一要围绕处理好政府和市场关系这个核心，加大简政放权、放管结合力度，再取消一批行政审批事项，促进打造大众创业、万众创新和增加公共产品、公共服务“双引擎”取得更大成效，稳定和扩大就业，推动经济稳中有进和提质增效升级。二要聚焦当前面临的深层次矛盾凸显、经济下行压力加大等问题，优先推出一批激活市场、激发活力的改革举措，在公共领域大力推广特许经营、PPP 等模式，吸引社会投资，着力营造释放消费潜力的体制机制环境，推进区域通关一体化改革。三要着力用改革的办法，更多发挥市场机制作用，扩大教育、卫生、文化等领域基本公共服务供给，促进社会公平。四要狠抓改革发展政策措施落实不放松，强化法治意识、责任担当和督查问责。五要充分调动各方面积极性。各地区、各部门要奋发有为，以改革的新成效、新红利支撑稳增长、保就业、增效益，增强全社会的信心，促进中国经济保持中高速增长、迈向中高端水平。

4. 2015 年各级财政部门支持保障性安居工程建设工作重点

2015 年 4 月 16 日，财政部发布 2015 年各级财政部门支持保障性安居工程建设工作重点：一是进一步加大财政支持力度。2015 年，全国财政一般公共预算安排保障性安居工程资金 3602. 28 亿元，比 2014 年增长 7%。二是确保税费优惠政策进一步落实。积极督促各地将保障性安居工程涉及的税费优惠政策落到实处，切实降低保障性安居工程建设运营管理成本。三是落实城镇保障性安居工程相关政策。督促各地落实城镇保障性安居工程贷款贴息政策，鼓励社会资本参与城镇保障性安居工程建设运营管理。四是创新公共租赁住房建设运营管理机制。选择部分地方开展公共租赁住房建设运营管理实施政府购买服务、政府与社会资本合作（PPP）试点。五是鼓励实施棚户区改造货币化安置。六是研究制定相关管理办法。七是部署全面推进绩效评价工作。

5. 财政部和国家税务总局发布关于原油和铁矿石期货保税交割业务暂免收增值税的通知

2015 年 4 月 17 日，财政部和国家税务总局联合发布《关于原油和铁矿石期货保税交割业务增值税政策的通知》，规定自 2015 年 4 月 1 日起，上海国际能源交易中心股份有限公司的会员和客户通过上海国际能源交易中心股份有限公司交易的原油期货保税交割业务，大连商品交易所的会员和客户通过大连商品交易所交易的铁矿石期货保税交割业务，暂免征收增值税。上述期货交易中实际交割的原油和铁矿石，如果发生进口或者出口的，统一按照现行货物进出口税收政策执行。非保税货物发生的期货实物交割仍按《国家税务总局关于下发〈货物期货征收增值税具体办法〉的通知》的规定执行。

二、数据盘点

1. 2015年一季度外贸出口增长4.9%

2015年4月13日，海关总署发布数据显示，2015年一季度中国外贸进出口总值5.54万亿元人民币，同比下降6%。其中，出口3.15万亿元，增长4.9%，进口2.39万亿元，下降17.3%。贸易顺差7553.3亿元，扩大6.1倍。其中，中国对美国、东盟、印度双边贸易进出口值分别为7731.9亿元、6713.9亿元、1038.2亿元，分别增长3.2%、4.5%、7%。对东盟、印度等新兴市场出口分别增长20.9%、23.3%。同期，对非洲、拉丁美洲等地区出口也增势良好，分别增长22.2%、9.6%。2015年一季度，我国中西部地区进出口8029.8亿元，增长4.2%，占我国进出口总值的14.5%，较2014年同期提升1.4个百分点。其中，中西部地区的出口增速为16.5%，明显高于同期出口总体增速。

2. 2015年一季度国民经济情况

2015年4月15日，国家统计局发布数据显示，2015年一季度GDP同比增长7%，增幅为2009年一季度来最低水平；城镇新增就业320万，失业率稳定在5.1%左右；2015年3月份CPI上涨1.4%，和2015年2月份持平；全国居民人均可支配收入实际增长8.1%，和GDP增长基本同步；城乡居民收入倍差是2.61，同比缩小0.05个点；单位GDP能耗同比下降5.6%，2014年全年下降4.8%。

3. 财政部2015年部门预算说明

2015年4月15日，财政部发布数据显示，财政部2015年财政拨款收支总预算501194.49万元。收入全部为一般公共预算拨款，无政府性基金预算拨款，包括：2015年财政拨款收入483961.89万元、2014年结转17232.6万元；支出包括：一般公共服务支出139023.59万元、外交支出317162.12万元、教育支出27814.00万元、文化体育与传媒支出2348.33万元、社会保障和就业支出8024.41万元、农林水支出1275.74万元、住房保障支出5062.00万元、结转2016年484.30万元。财政部2015年“三公”经费预算数为6146.48万元，其中：因公出国（境）费4251.26万元，公务用车购置及运行费1455.80万元，公务接待费439.42万元。2015年“三公”经费比2014年增加1255.21万元。

4. 2014年各级财政支持保障性安居工程建设情况

2015年4月16日，财政部发布数据显示，2014年实际用于保障性安居工程支出4319.49亿元，同比增长11.2%。各级财政用于公共租赁租房支出1652.9亿元，占

38.3%；用于各类棚户区改造支出1050.8亿元，占24.3%；用于农村危房改造支出372.34亿元，占8.6%；用于游牧民定居工程支出12.94亿元，占0.3%；用于保障性住房租金补贴支出53.02亿元，占1.2%；用于配套设施建设1177.49亿元，占27.3%。2014年，中央财政安排用于保障性安居工程的专项资金2222.21亿元，同比增加219.21亿元，增长10.9%。其中，补助城镇保障性安居工程1984.1亿元，占89.3%；补助农村危房改造、游牧民定居工程等农村保障性安居工程238.11亿元，占10.7%。分项目情况看，中央专项资金重点向各类棚户区改造倾斜，补助各类棚户区改造及配套基础设施建设1037亿元，占46.7%。分地区情况看，中央专项资金重点向中西部地区倾斜，补助中西部地区资金1960.66亿元，占88.2%。

5. 2015年3月财政收支情况

2015年4月16日，财政部发布数据显示，2015年3月份，全国一般公共预算收入10691亿元，同比增长5.8%；其中，中央一般公共预算收入3895亿元，增长3.2%，同口径增长3%；地方本级一般公共预算收入6796亿元，增长7.4%，同口径增长4.9%。全国一般公共预算收入中的税收收入8202亿元，同比增长2.5%。全国一般公共预算支出13950亿元，同比增长4.4%，同口径增长3.6%。其中，中央本级一般公共预算支出1626亿元，下降6.3%，同口径下降6.6%；地方一般公共预算支出12324亿元，增长6%，同口径增长5.1%。

三、地方财政

1. 四川推进依法行政依法理财加快建设法治财政

2015年4月13日，四川省财政厅发布消息显示，2015年，四川省全面推进依法行政依法理财加快法治财政建设。一是明确职责，依法履行财政职能。合理界定财政职责范围，厘清政府和市场边界。健全以产业引导基金、财政贴息、以奖代补等间接方式为主的财政支持体系。二是硬化约束，依法规范理财行为。认真落实新《预算法》，切实加强预算管理。强化政府债务管控，严格限定政府举债程序和资金用途。三是完善机制，依法科学民主决策。完善财政行政决策规则，大力推行开放式决策。四是严格执法，依法实施财政监管。完善财政监督检查制度，规范监督工作流程。五是强化制约，依法接受各方监督。强化财政内部权力制约，加强财政系统层级监督。落实行政过错责任追究制度。六是阳光透明，依法公开财政信息。加大预算信息公开力度，全面推进政务公开。

2. 广东财政多措并举狠抓预算执行管理

2015年4月15日，广东省财政厅发布消息显示，广东省财政深入贯彻新修订的《预算法》。一是落实新修订的《预算法》时限要求，确保转移支付按时下达。对一般性转移支付，参考以前年度分配情况或参考现有指标因素，实行“预安排”，第二年“据实清算”。对专项资金，按照年初预算批准的方案安排下达项目库资金；对于尚未确定分配方案的资金，协调省直部门开展项目申报、资金分配等工作。二是加强部门支出监控，督促省直部门加快省本级自身拨款进度。督促省直预算单位加快制定资金使用计划，尽快安排使用。研究完善省级预算单位拨款流程，提高资金拨付效率。健全对省直单位拨款进度的通报机制。三是加强纵向业务督导，督促市县加快各领域支出进度。加强省下达市县转移支付资金的跟踪督促，加强分管领域的全省整体支出进度情况督导，完善对全省市县的支出进度考核。四是强化考核监督，落实工作责任。完善支出考核办法，实施专项资金实时在线联网监督，对专项资金使用阶段性绩效进行监控，加强对专项资金、一般性转移支付管理使用的监督检查，加强预算下达、专项资金使用管理行政效能监察，对于未落实限时办结责任制的个人和单位，按有关规定进行问责。

四、财政时论

1. 楼继伟：以涉农资金专项整治行动为契机举一反三加强涉农资金管理

2015 年 4 月 14 日，财政部部长楼继伟在全国涉农资金专项整治行动电视电话会议上表示，各级财政部门要全面梳理涉农资金管理制度规定，准确掌握涉农资金使用管理情况，为摸清底数、深化改革提供支撑。这次专项整治行动的检查范围为近两年所有涉农资金的使用管理情况，实行资金、项目、地区、单位全覆盖。各级财政部门在检查中，要突出重点，把握主线，集中力量对群众关心、社会关注的涉农资金和项目进行重点检查，发现共性问题，着力从预算管理体制、资金监管机制等方面查找深层原因。各级财政部门要积极会同相关部门，坚持问题导向，深入剖析原因，查找制度漏洞和机制弊端，举一反三，按照深化财税体制改革的总体要求，进一步改进和加强涉农资金管理使用，建立覆盖全面、监督到位、管用有效的制度和机制，不断提高涉农资金管理水平。要按照“无禁区、全覆盖、零容忍”的原则，严肃查处涉农领域各类违规违纪违法，扎实推进专项整治取得实效。

2. 史耀斌：亚投行将与世行和亚行合作 共同提高本地区基础设施融资水平

2015 年 4 月 15 日，筹建亚投行首席谈判代表会议主席、财政部副部长史耀斌就亚投行筹建问题接受记者采访时表示，亚投行意向创始成员国共有 57 个，其中域内国家 37 个、域外国家 20 个。虽然接收意向创始成员国已经截止，但今后仍会继续吸收新成员加入。各方将就吸收新成员的程序和规则等作出安排。根据亚投行筹建工作计划，各方将于 2015 年 4 月底和 5 月底分别在北京和新加坡举行筹建亚投行第四次和第五次首席谈判代表会议，商定亚投行章程草案，并于6 月底前签署章程。根据筹建亚投行备忘录，亚投行将设立理事会、董事会和管理层三层管理架构，并将建立有效的监督机制。亚投行将根据公开、透明、择优的原则选聘行长和高层管理人员，在正式成立后召开部长级理事会任命首任行长。世行、亚行等多边开发银行已与亚投行筹建多边临时秘书处建立了工作联系，在许多方面给予了支持。在亚投行筹建以及未来运作过程中，中方将积极推动亚投行与世行、亚行等现有多边开发银行在知识共享、能力建设、人员交流、项目融资等方面开展合作，共同提高本地区基础设施融资水平，促进本地区的经济和社会发展。

五、国外视角

美智库：中国应寻找新经济增长点

美智库布鲁金斯学会发表文章称，中国政府年初发布的年度经济报告表明，中国经济增速将出现自 1998 年亚洲金融危机来首次放缓。IMF 预计中国 2015 年和 2016 年 GDP 增速将低于 7%，对中国经济增速放缓的担忧将使全球经济蒙上阴影。因此，找到增长点对中国及全球经济至关重要。布鲁金斯城市政策计划与清华中心发布报告显示，全球 300 个大都市（其中 48 个来自中国）占全球人口的 28%，贡献全球 GDP 的 56%。中国经济分布极度两极分化，村镇 GDP 贡献率仅为 4%。而仅纽约对美国 GDP 贡献率就高达 8%。但过去 5 年，中国大城市经济增速放缓，增速最快的 10 个城市均为二线城市。此外，经济增速也因地理分布而不同。得益于政府投资，且为链接东南亚、发达沿海城市与内陆的制造业与贸易中心，2014 年昆明成为中国增速最快的城市。由于中央政府简政放权，中国二线城市在追求经济增长方面拥有极大自主权，实现了较好的经济增长，但也滋生了过度开发、腐败及环境恶化等一系列问题。国家领导人目前关注中央地方平衡，地方政府推动转变经济增长方式对长期经济增长影响至关重要。上海最近不再设定 GDP 增长目标，表明其更注重质化增长而非量化增长。尽管增速放缓，中国仍可能在未来 10 年超越美国成为世界第一大经济体。面对中国城市经济腾飞及领导权增强，美国应从联邦到地方层面采取以城市为基础的经济结盟战略，建立互惠互利的合作伙伴关系。

第16期（2015年4月18日—2015年4月24日）

一、政策发布

1. 国务院部署进一步促进就业鼓励创业等

2015年4月21日，国务院总理李克强主持召开国务院常务会议，会议部署进一步促进就业鼓励创业，一是将企业吸纳就业税收优惠的人员范围由失业一年以上调整为失业半年以上。将小微企业新招用毕业年度高校毕业生享受1年社保补贴政策，由原定执行到2015年年底改为长期执行。二是放宽新注册企业场所登记条件限制。三是将小额担保贷款调整为创业担保贷款，最高额由10万元或不足10万元统一调为10万元，个人贷款比基础利率上浮3%以内的部分由财政贴息并简化手续。四是采取鼓励农村劳动力创业的政策措施。五是加大困难人员就业援助。此外，会议通过《基础设施和公用事业特许经营管理办法》，一是在能源、交通、水利、环保、市政等基础设施和公用事业领域开展特许经营。二是境内外法人或其他组织均可通过公开竞争，在一定期限和范围内参与投资、建设和运营基础设施和公用事业并获得收益。三是完善特许经营价格或收费机制。四是允许对特许经营项目开展预期收益质押贷款。五是严格履约监督。

2. 国务院发布《2015年政府信息公开工作要点》

2015年4月22日，国务院发布《2015年政府信息公开工作要点》，其中财政部牵头负责推进财政资金信息公开。及时公开经批准的预算、预算调整、决算、预算执行情况报告及报表，并对财政转移支付安排、执行情况以及举借债务情况等重要事项作出说明。做好中央和地方部门预决算公开，积极推进预算绩效信息和国有资产占用情况公开。细化预决算公开内容，各级政府及部门预决算在公开到支出功能分类项级科目的基础上，一般公共预算基本支出逐步公开到经济分类款级科目，对下专项转移支付预决算公开到具体项目，并公开分地区的税收返还、一般性转移支付和专项转移支付情况。“三公”经费决算公开应细化说明因公出国

（境）团组数及人数，公务用车购置数及保有量，国内公务接待的批次、人数，以及“三公”经费增减变化原因等信息。及时完整公开政府采购项目信息、采购文件、中标或成交结果、采购合同、投诉处理结果等。按照地方政府债券发行有关规定，及时准确披露相关信息。

3. 国务院关税税则委员会调整部分产品出口关税

2015 年 4 月 23 日，国务院关税税则委员会发布《关于调整部分产品出口关税的通知》，规定自 2015 年 5 月 1 日起，调整部分产品出口关税，具体如下：一是取消钢铁颗粒粉末、稀土、钨、钼等产品的出口关税。二是对铝加工材料等产品出口实施零税率。

4. 2015 年资产评估行业执业质量检查工作启动

2015 年 4 月 23 日，财政部发布《关于开展 2015 年资产评估行业执业质量检查工作的通知》，旨在通过检查，督促资产评估机构改进和提升执业水平，提高资产评估师执业能力和职业道德水平，促进资产评估机构优质服务、评估从业人员规范执业，进一步提升资产评估行业的社会公信力。检查对象采取抽选的方式确定，抽选比例为资产评估机构总数的 20%。检查范围以被查资产评估机构及其分支机构在 2014 年 1 月 1 日至 2014 年 12 月 31 日期间资产评估业务执行情况、内部管理情况、合法合规情况为主。

二、数据盘点

1. 2015 年 3 月份全国彩票销售情况

2015 年 4 月 22 日，财政部发布数据显示，2015 年 3 月份，全国共销售彩票 308. 12 亿元，同比减少 20. 62 亿元，下降 6. 3%。其中，福利彩票机构销售 178. 22 亿元，同比减少 9. 30 亿元，下降 5. 0%；体育彩票机构销售 129. 90 亿元，同比减少 11. 32 亿元，下降 8. 0%。2015 年 1 月至 3 月累计，全国共销售彩票 948. 35 亿元，同比增加 148. 01 亿元，增长 18. 5%。其中，福利彩票机构销售 505. 21 亿元，同比增加 41. 84 亿元，增长 9. 0%；体育彩票机构销售 443. 14 亿元，同比增加 106. 18 亿元，增长 31. 5%。

2. 2015 年 1—3 月全国国有及国有控股企业经济运行情况

2015 年 4 月 23 日，财政部发布数据显示，2015 年 1—3 月，国有企业营业总收入 103155. 5 亿元，同比下降 6%；营业总成本 100345. 5 亿元，同比下降 5. 1%，其中销售费用、管理费用和财务费用同比分别下降 2. 9%、增长 2. 3% 和增长

7.3%；利润总额4997.3亿元，同比下降8%。扣除三大石油公司利润，国有企业利润总额同比增长8.4%；应交税金9383亿元，同比增长0.13%；2015年3月末，国有企业资产总额1054875.4亿元，同比增长12%；负债总额685766.3亿元，同比增长11.9%；所有者权益合计369109.1亿元，同比增长12.2%。

3. 2015年3月末社会融资规模达127.52万亿元

2015年4月22日，中国央行发布数据显示，2015年3月末社会融资规模存量为127.52万亿元，同比增长12.9%。其中，对实体经济发放人民币贷款余额为85.09万亿元，同比增长14.0%，高于2014年年末的13.6%，占同期社会融资规模存量的66.7%。同时，对实体经济发放的外币贷款折合人民币余额为3.48万亿元，同比下降7.2%，占比为2.7%。2015年3月末，委托贷款余额为9.67万亿元，同比增长23.6%；信托贷款余额为5.35万亿元，同比增长4.6%；增速分别比2014年年末低5.6和6.5个百分点。未贴现的银行承兑汇票余额为6.96万亿元，同比下降7.6%，2015年3月末，企业债券余额为12.00万亿元，同比增长24.3%；非金融企业境内股票余额为3.94万亿元，同比增长13.7%。后者增速比2014年年末高1个百分点。

4. 中国2014年物流总额达213.5万亿元

2015年4月17日，国家统计局发布数据显示，中国2014年物流总额213.5万亿元，按可比价格计算，同比增长7.9%，增幅比2013年回落1.6个百分点；物流业总收入7.1万亿元，同比增长6.9%。从构成情况看，工业品物流总额196.9万亿元，同比增长8.3%；进口货物物流总额12.0万亿元，同比增长2.1%；再生资源物流总额8455亿元，同比增长14.1%；农产品物流总额3.3万亿元，同比增长4.1%；单位与居民物品物流总额3696亿元，同比增长32.9%。2014年，社会物流总费用与GDP的比率有所下降。社会物流总费用10.6万亿元，同比增长6.9%。社会物流总费用与GDP的比率为16.6%，比2013年下降0.3个百分点。

三、地方财政

1. 山西财政加大农业投资力度发挥财政资金引领带动作用

2015年4月17日，山西省财政厅发布消息显示，2015年山西财政进一步加大农业投资力度，发挥好财政资金的引领和带动作用。一是继续加大财政支农资金投入力度，履行好财政资金保障职能。2015年，全省一般公共预算安排农林水事务支出307亿元，同口径比2014年增长6.2%。同时，进一步统筹整合涉农资金、盘活资金存量、优化支出结构，综合运用支出、补助、贴息、奖励等政策措施。

二是不断创新财政支农资金投入机制，提高资金使用效益。实施县域金融机构涉农贷款增量奖励政策，支持设立农业产业发展基金，支持实施“金融支持特色产业发展富民扶贫工程”。三是积极推进涉农重点工程建设，全力保障涉农重点工程资金足额到位。切实加快资金计划指标下达速度和资金支付拨付速度，加快预算执行进度。同时，积极探索和创新财政支农新模式、新途径、新机制，大力支持农村土地制度改革、水权水价制度改革、农村集体产权制度改革、农村金融改革、扩权强县改革等多项农村农业改革。

2. 山东省推广节能与新能源公交车政策再加码

山东省财政厅会同省交通运输厅印发《山东省节能与新能源城市公交车示范推广资金管理暂行办法》，为进一步促进公共交通领域节能减排提供了财政政策支持。一是扩大补贴区域，将补贴范围从以前的 16 个设区市，扩展至全省所有市、县、区，推动形成以新能源城市公交车为主的城乡公共交通服务网络。二是扩展补贴车型。除对纳入国家补贴范围的纯电动、插电式混合动力、超级电容纯电动公交车给予补贴外，继续对设区市（不包括青岛市）公共交通企业和单位购买使用单价 20 万元及以上车型的天然气城市公交车给予 3 万元/辆省级补贴。三是提高补贴标准。新政策规定，公交企业购置新能源城市公交车，在获得国家补贴的基础上，省财政将按照最高不超过国家补贴的 60% 再给予省级补贴。

四、财政时论

楼继伟：中国经济面临下行压力但政府政策工具充足

财政部部长楼继伟在国际货币基金组织/世界银行春季年会期间接受采访时表示，虽然中国经济面临下行压力，但中国政府拥有充足的政策工具。从财政政策来看，要继续推进“营改增”，在适当降低地方债的同时保持一定的新增建设规模，创造就业机会。2015 年还要着力推进一些既促进当前增长又有利于长远发展的改革，如促进政府和社会资本的合作。未来中国经济的增长要立足于全要素生产率的提高。正在进行的一系列改革都有利于提高全要素生产率，如 2014 年出台的户籍改革、农村土地承包经营权流转改革以及建立的知识产权法院和地区巡回法院，有利于维护市场统一和司法公正。中国确实面临劳动力短缺、人口老龄化导致潜在增长率下降的现实。但是，只要认真将改革落实到位，中国就能实现 7% 左右的经济增长目标。在谈到亚洲基础设施投资银行（亚投行）时，他表示，现有国际多边开发机构的治理结构并非是最有效的模式，亚投行将在治理结构上探索新模式，既要和现有国际机构加强合作，又要和它们有所不同。实际上并不存在所谓“最佳实践”。各大国际机构都在进行改革，如果存在“最佳实践”的话，也就没有必要进行改革，所以只有“更好的实践”。世界银行、亚洲开发银行的治理结构需要进一步完善、优化。要避免存在的低效、官僚化问题，要做高效、绿色的机构。治理结构实际是要解决所有者和管理者之间的委托代理关系。对于多边开发机构来说，政府是所有人，管理人是行长和他的管理班子，亚投行的治理结构将适当简化，但是管理层要对股东负责，股东通过董事会对管理层有约束是治理的最基本原则，这在亚投行的实践中不能变。亚投行与世行已达成合作共识。亚投行多边秘书处已从世行聘请专家帮助设计章程草案。今后在联合贷款、知识分享等方面都可以展开合作。亚投行一直欢迎美日加入，之前的所有信息都对他们公开。

五、国外视角

美智库：亚投行将有利于全球治理

美国外交关系协会 CFR 资深研究员史密斯发表文章称，目前欧洲部分国家，韩国和澳大利亚等国纷纷加入亚投行。虽然美国仍对由中国倡议的亚投行保持谨慎态度，但亚投行仍欢迎其他国家积极参与。主要有以下原因：一是新成员加盟可提高亚投行运行标准以确保其安全运作并强化多边融资规则。这些国家长期与 OECD 开展合作，拥有丰富的海外发展援助经验。此外，这些国家拥有专业知识和机构能力负责监管银行项目。因此，亚投行不会对现有国际多边机构造成威胁或破坏。相反，各国加盟将使亚投行与现有多边开发机构形成互补机制，共同为全球发展提供资金。二是澳大利亚加入亚投行使亚洲格局更为复杂，亚洲国家认为加入亚投行有利于确保自身利益。自我利益将驱使亚洲各国与中国就商业、贸易与发展开展各领域合作。三是并非所有中国倡议都对区域利益构成挑战，因此美国在继续鼓励中国在现有全球机构中发挥更大、更具建设性作用的同时，应谨慎考虑如何参与到新的区域倡议中。20 世纪 90 年代亚洲金融危机后，日本提出为应对危机建立相关区域金融组织的倡议，尽管该倡议合理且有积极作用，却遭到美国反对。此后，事实表明这一倡议将是一项有益创新，能对亚洲较小国家融资提供帮助。美国需充分认识到，设计新区域机构应对亚洲旺盛的经济需求并与现有全球金融和发展机构互补是可行的，并且应在此基础上作出政策反应。

第 17 期 （2015 年 4 月 25 日—2015 年 4 月 30 日）

一、政策发布

1. “十三五”期间中央财政继续实施页岩气财政补贴政策

2015 年 4 月 27 日，财政部和国家能源局联合发布《关于页岩气开发利用财政补贴政策的通知》，规定 2016—2020 年，中央财政对页岩气开采企业给予补贴，其中：2016—2018 年的补贴标准为 0.3 元/立方米；2019—2020 年补贴标准为 0.2 元/立方米。财政部、国家能源局将根据产业发展、技术进步、成本变化等因素适时调整补贴政策。

2. 财政部出台《可再生能源发展专项资金管理暂行办法》

2015 年 4 月 27 日，为促进可再生能源开发利用，优化能源结构，保障能源安全，财政部制定《可再生能源发展专项资金管理暂行办法》，规定可再生能源专项资金重点支持范围包括：可再生能源和新能源重点关键技术示范推广和产业化示范、可再生能源和新能源规模化开发利用及能力建设、可再生能源和新能源公共平台建设、可再生能源、新能源等综合应用示范及其他经国务院批准的有关事项。专项资金根据项目任务、特点等情况采用奖励、补助、贴息等方式支持并下达地方或纳入中央部门预算。资金分配主要采用竞争性分配、因素法分配和据实结算等方式。对据实结算项目，主要采用先预拨、后清算的资金拨付方式。

3. 财政部发布《关于推进水污染防治领域政府和社会资本合作的实施意见》

2015 年 4 月 27 日，财政部和环境保护部联合发布《关于推进水污染防治领域政府和社会资本合作的实施意见》，一要明晰项目边界。逐步将水污染防治领域全面向社会资本开放，推广运用 PPP 模式，鼓励对项目有效整合，打包实施 PPP 模式，提升整体收益能力，扩展外部效益。二要健全回报机制。综合采用使用者付费、政府可行性缺口补助、政府付费等方式，分类支持经营性、准公益性和公益性项目。三要规范操作流程。根据财政部关于 PPP 工作的统一指导和管理办法规范推进，地方各级财政部门会同环境保护部门抓紧研究制定符合当地实际情况的操作办法，实现规范化管理。

4. 国务院部署完善消费品进出口相关政策等事项

2015 年 4 月 28 日，国务院总理李克强主持召开国务院常务会议，部署完善消费品进出口相关政策，一是对国内消费者需求大的部分国外日用消费品，于 2015 年 6 月底前开展降低进口关税试点，逐步扩大降税商品范围。二是结合税制改革，完善服饰、化妆品等大众消费品的消费税政策，统筹调整征税范围、税率和征收环节。三是增设和恢复口岸进境免税店，合理扩大免税品种，增加一定数量的免税购物额。四是进一步推进境外旅客购物通关和退税便利化，严格落实进境物品依法主动申报纳税要求。五是加快推进中国产品品牌提升工程，支持实体店发展。此外，为进一步推进清费立税，理顺资源税费关系，从 2015 年 5 月 1 日起，将稀土、钨、钼资源税由从量计征改为从价计征。同时，进一步清理和规范收费，将稀土、钨、钼的矿产资源补偿费费率降为零，停止征收相关价格调节基金，取缔省以下地方政府违规设立的相关收费基金。研究建立矿产资源权益金制度。

5. 四部门出台 2016—2020 年新能源汽车推广应用财政支持政策

2015 年 4 月 29 日，财政部、科技部、工业和信息化部、发展改革委联合发布《关于 2016—2020 年新能源汽车推广应用财政支持政策的通知》，中央财政对购买新能源汽车给予补助，实行普惠制。补助对象是消费者。新能源汽车生产企业在销售新能源汽车产品时按照扣减补助后的价格与消费者进行结算，中央财政按程序将企业垫付的补助资金再拨付给生产企业。中央财政补助的产品是纳入“新能源汽车推广应用工程推荐车型目录”的纯电动汽车、插电式混合动力汽车和燃料电池汽车。

二、数据盘点

1. 中央财政下拨 2015 年城乡义务教育补助经费 1305.8 亿元

2015 年 4 月 29 日，财政部发布数据显示，中央财政于近期下拨了 2015 年城乡义务教育补助经费 1305.8 亿元，比 2014 年增加约 80.9 亿元，增长 6.6%。中央财政进一步加大投入力度，适当提高中西部地区校舍维修改造单位面积补助标准，中部地区每平方米由 600 元提高到 800 元，西部地区每平方米由 700 元提高到 900 元。此外，从 2014 年 10 月 1 日起提高特岗教师工资性标准，年人均西部由 2.7 万元提高到 3.1 万元、中部由 2.4 万元提高到 2.8 万元。

2. 银行业金融机构总资产逾174万亿元

2015年4月28日，银监会发布数据显示，截至2015年3月末，中国银行业金融机构总资产为174.3674万亿元，同比增长11.9%，增速下降0.6个百分点；总负债为161.4464万亿元，同比增长11.3%，增速下降0.9个百分点。具体来看，大型商业银行总资产为70.2620万亿元，在银行业金融机构占比40.3%，同比下降1.8个百分点；股份制商业银行总资产为32.1300万亿元，占比18.4%，同比上升0.2个百分点；城市商业银行总资产为18.7984万亿元，占比10.8%，同比上升0.6个百分点；农村金融机构总资产为23.4158万亿元，占比13.4%，同比上升0.3个百分点；其他类金融机构总资产为29.7611万亿元，占比17.1%，同比上升0.7个百分点。

3. 2015年1—3月全国规模以上工业企业利润总额同比下降2.7%

2015年4月27日，国家统计局发布数据显示，2015年1—3月，全国规模以上工业企业实现利润总额12543.2亿元，同比下降2.7%，降幅比2015年1—2月份收窄1.5个百分点。在规模以上工业企业中，国有控股企业实现利润总额2496.4亿元，同比下降29.3%；集体企业实现利润总额106.3亿元，下降1.3%；股份制企业实现利润总额8072.4亿元，下降5.2%；外商及港澳台商投资企业实现利润总额3195.9亿元，增长6.2%；私营企业实现利润总额4503.8亿元，增长6.8%。规模以上工业企业实现主营业务收入242073.4亿元，同比增长2%；发生主营业务成本207617亿元，增长2.2%。3月末，规模以上工业企业资产总计911949.8亿元，同比增长8.2%；负债合计521643.1亿元，增长6.4%；所有者权益合计390306.7亿元，增长10.6%。

三、地方财政

1. 深圳市改革对公立医疗机构经常性补助方式

深圳市财政委会同深圳市卫生计生委、深圳市医管中心出台了《深圳市属公立医疗机构基本医疗服务补助实施细则（暂行）》，明确从2014年起，财政通过"以事定费"、"购买服务"的方式，对市属公立医疗机构在政府医疗服务指导价标准内提供的门诊及住院诊疗服务，按照服务数量、质量及满意度等因素核定补助。新的补助方式主要体现了以下几方面特点：一是强化引导，转变机制。将财政投入与基本医疗服务数量、质量和满意度挂钩。二是分类补助，支持专科。按医疗机构提供的医疗服务技术含量和风险程度，分类测算医疗机构补助标准，综合医疗机构统一补助标准。三是优化结构，分级诊疗。积极推进分级诊疗制度，建立补助动态调整机制，按照医疗技术水平的难易程度，对门诊和住院补助设置不同的发展系数，进一步拉开住院、门诊补助水平。

2. 青海省财政积极支持推动大众就业万众创新

2015 年 4 月 28 日，青海省财政厅发布消息显示，青海省财政积极应对经济下行压力加大给就业创业工作带来的不利影响，继续实施更加积极的创业就业政策，一是实施失业保险支持企业稳岗政策。配合相关部门制定印发了失业保险支持企业稳定职工就业岗位实施意见，从失业保险基金中给予稳岗补贴。同时将失业保险费率由 3% 降至 2%。二是对享受城乡居民最低生活保障家庭和残疾高校毕业生，毕业年度内给予一次性求职补贴，补贴标准由每人 900 元提高到每人 1000 元。三对创业成功正常经营 1 年以上的高校毕业生给予一次性创业奖励，奖励标准由每人 5000 元提高到 10000 元。四是建立省级创业扶持资金。从失业保险基金滚存结余中按一定比例提取资金，建立省级创业扶持资金。五是积极推进创业型城市创建和创业孵化基地建设。

四、财政时论

楼继伟：中国经济面临下行压力但政府政策工具充足

财政部部长楼继伟在国际货币基金组织和世界银行春季年会期间接受采访时表示，虽然中国经济面临下行压力，但中国政府拥有充足的政策工具。从财政政策来看，要继续推进“营改增”，在适当降低地方债的同时保持一定的新增建设规模，创造就业机会。2015 年还要着力推进一些既促进当前增长又有利于长远发展的改革，如促进政府和社会资本的合作。未来中国经济的增长要立足于全要素生产率的提高。正在进行的一系列改革都有利于提高全要素生产率，如 2014 年出台的户籍改革、农村土地承包经营权流转改革以及建立的知识产权法院和地区巡回法院，有利于维护市场统一和司法公正。中国确实面临劳动力短缺、人口老龄化导致潜在增长率下降的现实。但是，只要认真将改革落实到位，中国就能实现 7% 左右的经济增长目标。

五、国外视角

美智库：中国国企应更好，而非更大

美智库布鲁金斯发表文章称，中国铁路、核电及其他产业的国企进行了大规模合并，虽然合并有利于市场改革，但中国经济并不需要规模庞大的国企，而是能更好发挥作用的国企。当前国企仍对中国经济扮演重要角色，贡献中国近 1/3 的

GDP，并享有信贷优先权。中国政府认为，国企合并能增强互补能力，提高企业效率和竞争力。然而，中国国有企业合并并不能带来积极效应，而是会造成运营效率低下且造成更大挑战。其根本问题在于合并是政府行为，而并非市场行为。中国政府应削减国企优先获得银行贷款的特权，开放市场以增加竞争性，针对企业破产和资本自由化建立规范化和透明化流程，而不仅仅是合并或政府援救。此外，政府应开展有针对性的改革以完善监管体制和激励机制，如实施绩效奖，对实现生产力和利润的高管给予奖励。但相反，中国政府已宣布削减国企高层领导工资。此举可能会迎合民众情绪，但无法对高层起到激励效应。中国改革成功与否取决于政府是否真正放开对市场的控制，若政府仍控制市场力量，代价将远超改革成本。

第 18 期 （2015 年 5 月 1 日—2015 年 5 月 8 日）

一、政策发布

1. 财政部发布关于小额担保贷款财政贴息资金管理信息系统正式运行有关事宜通知

2015 年 5 月 4 日，财政部发布消息称，财政部决定正式运行“下岗失业人员小额担保贷款财政贴息资金管理信息系统”。现通知如下：一是充分认识信息系统运行的重要意义。小额担保贷款政策是国家积极就业政策的重要组成部分，对缓解就业压力、促进社会和谐起到了积极作用。二是认真做好信息系统运行各项工作。各级地方财政部门自行下载相关资料，包括系统介绍、用户手册、单机版系统软件等。三是严格信息系统数据报送管理。四是切实做好信息系统运行保障工作。

2. 财政部发布关于 2015 年财税库银税收收入电子缴库横向联网有关工作事项通知

2015 年 5 月 6 日，财政部发布关于 2015 年财税库银税收收入电子缴库横向联网有关工作事项通知：一是进一步提高对横向联网工作重要意义的认识。二是主要工作安排：第一，进一步扩大横向联网覆盖范围。第二，拓展横向联网创新业务推广应用；第三，强化横向联网系统运行维护。第四，深化财税信息共享和分析利用。第五，推进相关制度修订完善工作。第六，做好税务系统金税三期工程系统上线工作。三是有关工作要求：完善协调机制、夯实工作基础、加强宣传培训、注意跟踪反馈。

3. 财政部关于支持开展小微企业创业创新基地城市示范工作的通知

2015 年 5 月 6 日，财政部关于支持开展小微企业创业创新基地城市示范工作的通知：一是开展小微企业创业创新基地城市示范工作的重要性。二是总体要求：

第一，以党的十八大、十八届三中、四中全会精神为指引，深入贯彻落实国务院领导同志一系列重要指示精神。第二，基本原则：地方为主，中央引导；营造环境，公平竞争；创新机，探索经验。三是小微企业创业创新基地城市示范奖励政策及城市选择：第一，中央财政给予示范城市奖励支持。第二，对示范城市实行绩效考核，建立退出机制。第三，采取竞争性评审方式选择示范城市。

4. 财政部全面启动2014年度全国国有企业财务决算会审工作

2015年5月6日，财政部发布消息称，日前，财政部启动了一年一度的全国国有企业财务决算会审工作，按照《财政部关于印发〈加强企业财务信息管理暂行规定〉的通知》和《财政部关于印发2014年度企业财务会计决算报表的通知》等要求，对中央部门企业、中央管理企业和地方国有企业上报的2014年度国有企业财务决算进行集中会审和汇总分析，全面掌握全国国有企业“家底”变化情况，为建立全口径资产管理、完善国有资本经营预算制度以及深化国有企业改革提供数据支撑。

5. 国务院常务会议决定试点对购买商业健康保险给予个人所得税优惠

财政部发布消息称，国务院总理李克强2015年5月6日主持召开国务院常务会议。会议指出，发展商业健康保险，与基本医保衔接互补，有利于促进现代服务业发展和扩内需、调结构。会议决定，借鉴国际经验，开展个人所得税优惠政策试点，鼓励购买适合大众的综合性商业健康保险。

二、数据盘点

1. 2015年4月份制造业PMI为50.1%

2015年5月1日，国家统计局发布数据显示，2015年4月份制造业PMI为50.1%，与2015年3月持平，连续两个月高于临界点。大型企业PMI为50.6%，环比下降0.9个百分点，中、小型企业PMI分别为49.8%和48.4%，环比均上升1.5个百分点。生产指数为52.6%，环比上升0.5个百分点。新订单指数为50.2%，环比持平。从业人员指数为48.0%，环比下降0.4个百分点。原材料库存指数为48.2%，环比上升0.2个百分点。供应商配送时间指数为50.4%，环比上升0.3个百分点。

2. 2015年一季度国家为小微企业减税240亿元

2015年5月6日，国家税务总局发布数据显示，2015年一季度，国家为小微企业累计减税240亿元，其中，享受所得税减半征收政策的小微企业有216万户，受惠面在 90% 以上，减免税额 51 亿元；享受暂免征收增值税和营业税政策的小微企业和个体工商户共有 2700 万户，减税 189 亿元。继 2014 年 10 月增值税和营业税暂免征收的月销售额提高至 3 万元后，2015 年以来，小微企业减半征收企业所得税的年应纳税所得额从 10 万元上调至 20 万元。

三、地方财政

1. 广东着力完善制度机制扎实推进盘活财政存量资金工作

2015 年 5 月 5 日，广东省财政厅发布消息称，广东省财政厅积极贯彻落实国务院和财政部有关部署要求，以及省委、省政府有关工作安排，积极采取有效措施，建立健全各项制度机制，扎实推进盘活财政存量资金工作。一是建立财政存量资金正常收回制度；结转结余资金动态监控制度；预算编制与盘活财政存量资金相衔接的制度；盘活财政存量资金督查和问责制度。二是建立财政存量资金定期报告制度，各地要跟踪监控本级财政存量资金情况。三是建立盘活财政存量资金长效机制。以加快预算执行为核心，建立盘活财政存量资金长效机制。细化完善预算编制，实施中期财政规划管理，推行财政预算项目库管理，提高预算执行的时效性和均衡性。

2. 广西巧做“加减法”助力中小微企业“快跑”

2015 年 5 月 6 日，广西壮族自治区财政厅发布消息称，近年来，广西巧做财税“加减法”，助力中小微企业“快跑”，中小微企业已逐渐成长为地方经济新常态下最活跃的动力因子。一是财政发力，缓解企业“融资难”问题。通过多渠道多方式撬动金融资本：发放政府债券融资贴息、实施小微企业贷款和担保风险补偿、支持区域性股权交易市场服务中小微企业。二是税收减负，企业轻装上阵增活力。认真落实中央减免税政策，简化行政审批流程。三是政策配套，助力企业创业创新：第一，鼓励小微企业参与政府采购。第二，创新新办微型企业资本金补助方式。第三，支持中小企业技术创新。第四，用活创业投资引导基金。第五，缓解企业社保缴纳负担。

四、财政时论

刘尚希：完善“土地财政”的制度安排，是当前发展转型面临的重大改革任务

2015 年 5 月 5 日，财科所所长刘尚希发表文章称，“土地财政”是中国的一种特殊现象，作为实行土地公有制的国家，传统土地所有权观念抑制中国转向现代

土地产权制度的构建，并在“土地财政”问题上产生了许多误解。按照十八届三中全会精神，当前开展土地制度改革试点，缩小征地范围，允许农村集体经营性建设用地出让、租赁、入股，实行与国有土地同等入市、同权同价。随着土地制度改革全面推开，国有土地增量减少，其出让收入也会随之变化。与此相应，集体土地出让扩大，出让收入增加，政府需用于补偿性支出将相应减少。这意味着地方“土地财政”将会发生重大的结构性转换，同时也会产生更复杂的治理问题。前几年，政府土地出让收入使用是3∶7，70%是用于农民补偿、拆迁补偿、土地出让前期开发整理等方面，30%是净收入；而现在变成了2∶8，用于补偿的份额提高了10个百分点，土地净收入只有20%。这说明政府承担的征地拆迁补偿、出让前期开发整理等成本越来越高，让集体经营性建设用地直接入市，则可相应化解这方面压力。国有土地和集体土地都以市场方式来配置，既可以缓解越来越尖锐的利益矛盾，也可为经济社会建设，尤其是城镇化健康发展探索一种新方式。国有、集体土地都是公共土地，其在利益上的公共性程度有差异，但一旦纳入城镇化之中，其用途上的公共性程度则无差别。这面临公共性与市场化及其利益分配的复合治理问题。从这个角度来观察，“土地财政”问题依然存在，而且更为复杂。

五、国外视角

欧智库：中国货币宽松政策“问题多于方法”

2015年5月5日，欧洲智库布鲁盖尔研究所发表文章称，中国央行几个月来一直施行货币宽松政策并很可能继续保持，但鉴于中国经济形势日益疲软和通缩压力不断加大，过度宽松货币政策可能只会损害中国经济。中国曾在21世纪初银行系统坏账高企时期推行过改革，但今天局面却更棘手。第一，中国整体债务水平已超过其2007年水平的三倍。第二，全球金融危机和相关经济刺激计划只是债务迅速积累的部分原因。第三，私营部门以前所未有速度急剧成长。第四，中国名义增长几乎较峰值水平减半。尽管中国经济拥有独特缓冲模式（无论是在国际储备还是公众资产私有化方面），但实际资金成本已随中国潜在增长率下降而大幅增加。中国经济正在温和放缓，昂贵的资金成本更多源于中国进一步推动宽松的货币政策。问题是，资金成本不仅取决于货币政策立场，更取决于高杠杆经济导致的高信用风险，这种较高的信用风险不会被宽松货币政策所抵消。毫无疑问，中国央行有足够的工具降低资金成本，问题是中国将为此付出怎样的代价。总之，中国央行过度宽松政策只能导致金融脆弱性。如果金融稳定成为关键问题，中国亟须推迟改革进程，以优先处理金融脆弱性问题。

第 19 期（2015 年 5 月 9 日—2015 年 5 月 15 日）

一、政策发布

1. 国务院发布关于税收等优惠政策相关事项通知

2015 年 5 月 11 日，国务院发布关于清理规范税收等优惠政策通知，相关事项通知如下：一是国家统一制定的税收等优惠政策，要逐项落实到位。二是已经出台的优惠政策，有规定期限的，按规定期限执行；没有规定期限又确需调整的，由地方政府和相关部门设立过渡期，在过渡期内继续执行。三是各地与企业已签订合同中的优惠政策，继续有效；对已兑现的部分，不溯及既往。四是各地区、各部门今后制定出台新的优惠政策，涉及税收或中央批准设立的非税收入的，应报国务院批准后执行；其他由地方政府和相关部门批准后执行，其中安排支出一般不得与企业缴纳的税收或非税收入挂钩。

2. 财政部发布 2015 年本期国债的票面利率及提前兑取分档利率调整情况公告

2015 年 5 月 11 日，财政部发布关于 2015 年本期国债的票面利率及提前兑取分档利率调整情况公告：一是 2015 年 5 月 11 日（含）以后购买的本期国债，其票面利率为 3 年期 4.67%、5 年期 5.07%。二是 2015 年 5 月 11 日（含）以后购买的本期国债，从购买之日起，本期国债持有时间不满半年不计付利息，满半年不满 1 年按年利率 1.41% 计息，满 1 年不满 2 年按 3.14% 计息，满 2 年不满 3 年按 4.16% 计息；5 年期本期国债持有时间满 3 年不满 4 年按 4.66% 计息，满 4 年不满 5 年按 4.8% 计息。三是 2015 年 5 月 10 日购买的本期国债，其票面利率和提前兑取分档利率仍按中华人民共和国财政部公告 2015 年第 27 号执行。

3. 财政部发布关于开展商业健康保险个人所得税政策试点工作通知

2015 年 5 月 12 日，财政部发布关于开展商业健康保险个人所得税政策试点工作通知：一是对试点地区个人购买符合规定的商业健康保险产品的支出，允许在当年（月）计算应纳税所得额时予以税前扣除，扣除限额为200元/月。二是适用商业健康保险税收优惠政策的纳税人包括个人、个体工商户业主、个人独资企业投资者、合伙企业合伙人和承包承租经营者。三是符合规定的商业健康保险产品，是指由保监会研发并会同财政部、国家税务总局联合发布的综合性健康保险产品。四是北京、上海、天津、重庆四个直辖市全市试点，各省、自治区分别选择一个人口规模较大且具有较高综合管理能力的试点城市。

4. 国务院常务会议部署推广政府和社会资本合作模式

2015年5月13日，国务院总理李克强主持召开国务院常务会议。会议认为，在交通、环保、医疗、养老等领域，推广政府和社会资本合作模式，以竞争择优选择社会资本，扩大公共产品和服务供给，并依据绩效评价给予合理回报，是转变政府职能、激发市场活力、打造经济新增长点的重要改革举措。会议要求，一要多措并举吸引社会资本参与公共产品和服务项目的投资、运营管理。二要鼓励项目运营主体利用资本市场直接融资。三要建立公共服务价格和补贴动态调整机制，坚持补偿成本、优质优价、公平负担，保证社会资本和公众共同受益。四要完善制度，规范流程，加强质量监管，提高公共产品和服务供给能力与效率。

5. 财政部发布关于完善城市公交车成品油价格补助政策，加快新能源汽车推广应用通知

2015年5月14日，财政部发布关于完善城市公交车成品油价格补助政策，加快新能源汽车推广应用通知：一是调整现行城市公交车成品油价格补助政策。费改税补助作为基数保留，不作调整。涨价补助以2013年作基数，逐年调整。二是涨价补助数额与新能源公交车推广数量挂钩。三是调整后的城市公交车成品油价格补助资金由地方统筹使用。四是中央财政对完成新能源公交车推广目标的地区给予新能源公交车运营补助。

二、数据盘点

1. 商业银行2015年一季度净利润4436亿元

2015年5月11日，银监会发布数据显示，中国商业银行2015年一季度累计实现净利润4436亿元，同比增长3.73%，比2014年同期下滑12.21个百分点。此外，商业银行信用风险继续上升，不良贷款率为1.39%，环比上升0.15个百分点。2015年一季度末，商业银行贷款损失准备余额为20826亿元，环比增加1274亿元；拨备覆盖率为211.98%，环比下降20.08个百分点。

2. 中国2015年1—4月进出口额达7.5万亿元

2015年5月11日，海关总署发布数据显示，2015年前4个月，中国进出口总值7.5万亿元，同比下降7.3%。贸易顺差9653.7亿元，扩大3.4倍。2015年4月份，中国进出口总值1.96万亿元，下降10.9%。其中，出口1.08万亿元，下降6.2%，降幅较2015年3月份收窄8.4个百分点；进口8739亿元，下降16.1%；贸易顺差2102.1亿元，扩大85.2%。2015年4月份，中国外贸出口先导指数为35.9，环比下降2.3个点，连续2个月下滑；出口经理人指数为39.5，环比下降0.5个点；新增出口订单指数、出口经理人信心指数、出口企业综合成本指数分别回落0.8、0.3、0.5至39.6、46、26.2。

3. 2015年1—4月中国吸收外资金额增11.1%

2015年5月12日，商务部发布数据显示，2015年1—4月，中国实际使用外资金额2736.1亿元，同比增长11.1%；新设立外商投资企业7790家，同比增长17%；合同外资金额6219亿元，同比增长51%。其中，服务业新设外商投资企业5636家，实际使用外资281.4亿美元，同比分别增长32.1%和24.8%，占吸收外资比重分别为72.4%和63.2%；通信设备计算机及其他电子设备制造业、交通运输设备制造业实际使用外资同比分别增长9.9%和2.4%。此外，共计2262家外商投资企业终止，746家外商投资企业减资，同比分别下降14.5%和26%，涉及合同外资金额分别为99.9亿美元和52亿美元，同比分别下降11.9%和16.8%。

4. 2015年财政部将在香港发行280亿元人民币国债

2015年5月12日，财政部发布数据显示，2015年财政部将在香港分两次发行共280亿元人民币国债。其中，2015年5月20日面向机构投资者、国外中央银行、地区货币管理当局发行140亿元，具体期限结构在发行前公布。2015年下半年面向机构投资者和香港居民发行140亿元，具体发行时间和期限结构届时再公布。2015年人民币国债发行后，将继续在香港联合交易所挂牌上市交易。

5. 2015年4月份财政收支情况

2015年5月14日，财政部发布数据显示，2015年4月份，中国一般公共预算收入13502亿元，同比增长8.2%。其中，中央一般公共预算收入6285亿元，增长8.1%；地方本级一般公共预算收入7217亿元，增长8.2%。全国一般公共预算收入中的税收收入11727亿元，同比增长5.8%。2015年4月份，中国一般公共预算支出12535亿元，同比增长33.2%。其中，中央本级一般公共预算支出2307亿元，增长 19.7%；地方一般公共预算支出 10228 亿元，增长 36.7%。

三、地方财政

1. 青海省财政多措并举助力解决小微企业融资难

2015 年 5 月 11 日，青海省财政厅发布消息称，2015 年以来，青海省财政厅全面贯彻落实关于财政支持金融发展改革的政策措施，支持解决小微企业融资难融资贵问题，充分发挥“财金联动”作用。一是全面落实财政支持金融发展改革政策措施。继续对在该省新设总部性、区域性金融机构实行奖励，支持壮大金融业总体规模。通过融资奖励、中介费用补贴，鼓励企业上市融资或运用各种创新工具融资，扩大企业直接融资规模等。二是加大对企业的财政投入。2015 年，省财政预算安排工业经济转型升级、企业技术创新、商贸流通及服务业发展引导资金 8.1 亿元。三是加快建立财政资金竞争性存储管理机制。采取将财政资金开户通过政府采购招标选择代理银行，调剂财政存量资金在新进银行存储等措施，积极支持我省金融机构扩大信贷规模。四是继续加大对信用担保平台的支持。设立更多由政府出资控股参股的融资担保机构，完善再担保体系，通过风险补偿、注资、补贴等政策措施加大支持力度。五是发挥财政信贷风险补偿资金作用。省级财政已投入 2 亿元，建立了财政信贷风险补偿资金。

2. 山西财政强化“三公”经费管理，严格财经纪律

2015 年 5 月 14 日，山西省财政厅发布消息称，山西省财政要求各市和省直各部门，严格遵守“三公”经费消费纪律，严控“三公”经费支出。一是严格因公出境管理。使用财政资金的部门和单位因公出境实行经费财政先行审核制度，财政部门一律不得审批无出国经费预算安排的团组。二是严格公务接待管理。公务接待实行报批和登记制度，派出单位公函、接待报批单和按程序审签的接待清单要作为财务报销的凭证。不得报销无公函和无实质内容的接待费用。不得在接待费中列支应当由接待对象承担的差旅、会议、培训等费用。不得超范围、超标准进行公务接待。三是严格公务用车管理。公务用车保险、维修、加油要按照政府采购程序实行定点管理。要实行公务用车单车成本核算和单位内部单车成本公示制度。四是严格“三公”经费预算执行。各部门各单位应当遵循先有预算、后有支出的原则，严格执行“三公”经费预算，严禁超预算或者无预算安排“三公”经费支出。五是严格“三公”经费公开。各级财政部门负责本级汇总“三公”经费预决算的公开，各部门负责本部门“三公”经费预决算的公开。

四、财政时论

刘昆：以法治方式进一步加强和改进财政监督工作

财政部副部长刘昆在全国财政监督工作会议上表示，为做好今后一个时期的财政监督工作，一是加强预算监督，切实维护《预算法》权威。各级财政部门要从维护《预算法》权威的角度，重视预算监督工作，切实将监督的重心转移到加强预算编制和执行的监督检查。二是严肃财经纪律，保障重大财税政策落到实处。确保国家财税政策得到有效贯彻实施，有赖于良好的财经纪律和财经秩序。要继续严肃财经纪律，选择财政改革发展的目标任务、税收政策执行情况和重点民生领域专项资金开展调研和检查，保障中央重大财税政策的贯彻执行。三是切实履行会计监督职责，整顿规范市场经济秩序。要坚持以服务财政中心工作为核心，重点研究如何充分发挥注册会计师社会监督的辐射作用。把握好维护国家利益和履行国际义务之间的平衡点。四是全面实施内部控制，构建财政内部权力制约机制。各地财政部门要根据实际情况建立内控管理架构。五是有效开展内部监督，促进完善内部管理。各级财政部门要进一步加强对内部各职能机构履行财政业务管理情况的监督检查，积极开展领导干部经济责任审计工作，加强对领导干部行使权力的制约和监督。

五、国外视角

美智库：亚投行为中国风险平衡工具

2015年5月13日，美智库布鲁金斯学会发表文章称，亚投行（AIIB）既非意料之外的倡议，也非全球金融治理的威胁，而是中国十年风险平衡战略的最新组成部分。为避免对现有国际组织的过度依赖，中国正建立规避风险的平衡战略。为实现这一战略，中国建立了地区性的补充组织，并保持与以七国集团（G7）为核心的国际组织（如世界银行）的合作关系。虽然AIIB是中国重塑现行国际货币秩序的尝试，但它是与现行国际及区域组织相互兼容的。AIIB得到了国际社会广泛正面回应，这一举措将带来分散化、多层次的全球金融治理，而舆论对此趋势持有疑虑是可以理解的。全球治理的分散化模式也许并不完美，但可以带来一些好处。对全球性、区域性、双边性的机构而言，只要其主要参与方愿意共同追求公共产品，则这些机构内部将形成有效合作。分权化治理可能带来权力制衡的效果，换句话说，将鼓励提供公共产品。一个举足轻重的国际机构如果出现权力的高度集权化，将可能导致滥用权力而带来风险。此外，分权化体系还将对建立后全球经济危机时代规范性结构带来重要影响，也反映出国际社会对“一刀切”方案持有的普遍怀疑。多层次的国际金融治理将适用于区域多样化和国家资本形式多样化。分权化趋势看似混乱，但这一趋势是我们应当接受的新现实。跨地区势力的普及，和由此带来的更多反对方可能会使国际共识更难达成。我们应适应中国不断发展的风险平衡战略和由此带来的分权化国际金融治理。

第 20 期（2015 年 5 月 16 日—2015 年 5 月 22 日）

一、政策发布

1. 财政部发布关于使用新能源车船的车船税优惠政策通知

2015 年 5 月 18 日，财政部发布关于使用新能源车船的车船税优惠政策通知：一是对节约能源车船，减半征收车船税。二是对使用新能源车船，免征车船税。三是符合上述标准的节约能源乘用车、商用车，以及使用新能源汽车，由财政部、国家税务总局、工业和信息化部不定期联合发布《享受车船税减免优惠的节约能源 使用新能源汽车车型目录》（以下简称《目录》）予以公告。四是汽车生产企业或进口汽车经销商生产或进口符合上述标准的汽车的，可自愿向工业和信息化部提出将其产品列入《目录》的书面申请，并按照有关要求填写书面报告，通过工业和信息化部节能汽车税收优惠目录申报系统、新能源汽车税收优惠目录申报系统提交申报资料。

2. 国务院发布关于城市公立医院综合改革试点指导意见

2015 年 5 月 18 日，国务院发布关于城市公立医院综合改革试点指导意见：一是改革公立医院管理体制。建立高效的政府办医体制；落实公立医院自主权；建立以公益性为导向的考核评价机制；强化公立医院精细化管理；完善多方监管机制。二是建立公立医院运行新机制。破除以药补医机制；降低药品和医用耗材费用；理顺医疗服务价格；落实政府投入责任。三是强化医保支付和监控作用。深化医保支付方式改革；逐步提高保障绩效。四是建立符合医疗行业特点的人事薪酬制度。深化编制人事制度改革；合理确定医务人员薪酬水平；强化医务人员绩效考核。五是构建各类医疗机构协同发展的服务体系。优化城市公立医院规划布局；推进社会力量参与公立医院改革；强化分工协作机制；加强人才队伍培养和提升服务能力。

3. 国务院发布关于加快高速宽带网络建设推进网络提速降费指导意见

2015 年 5 月 20 日，国务院发布关于加快高速宽带网络建设推进网络提速降费指导意见：一是加快基础设施建设，大幅提高网络速率。加快推进全光纤网络城市和第四代移动通信（4G）网络建设；提升骨干网络容量和网间互通能力。适度超前建设高速大容量光通信传输系统，持续提升骨干传输网络容量；加强应用基础设施建设；深入推进电信基础设施共建共享。二是有效降低网络资费，持续提升服务水平。电信企业要增强服务能力，多措并举，实现网络资费合理下降；提高电信企业运营效率；有序开放电信市场；加强电信市场监管；提升公共服务水平。

4. 中央财政下拨 2015 年中央财政城镇保障性安居工程专项资金 1243 亿元

2015 年 5 月 20 日，财政部发布消息称，中央财政下拨 2015 年中央财政城镇保障性安居工程专项资金 1243 亿元，支持地方统筹用于低收入住房困难家庭租赁补贴、公共租赁住房以及城市棚户区改造。至此，中央财政城镇保障性安居工程专项资金预算已下达完毕。财政部要求各地区于 2015 年 5 月 31 日前，将中央财政城镇保障性安居工程专项资金下达到市（县），并适当向城镇保障性安居工程任务较重的资源枯竭型城市和三线企业比较集中的城市倾斜。同时，要求市（县）财政部门按照工作（工程）进度及时拨付资金，确保资金专款专用。

5. 财政部、中国人民银行与银监会联合印发《关于 2015 年采用定向承销方式发行地方政府债券有关事宜的通知》

2015 年 5 月 15 日，财政部、中国人民银行与银监会联合印发《关于 2015 年采用定向承销方式发行地方政府债券有关事宜的通知》。《通知》明确，定向承销方式发行的地方债分为一般债券和专项债券，一般债券期限为 1 年、3 年、5 年、7 年和 10 年，专项债券期限为 1 年、2 年、3 年、5 年、7 年和 10 年。定向承销方式和公开发行方式发行的地方债规模之和不得超过财政部下达的 2015 年本地区地方债限额。采用定向承销方式发行的地方债，发行利率区间下限不得低于发行日前 1 至 5 个工作日相同待偿期记账式国债收益率平均值，上限不得高于发行日前 1 至 5 个工作日相同待偿期记账式国债收益率平均值上浮 30%。符合条件的地方政府债券，按中国人民银行规定，可纳入部分货币政策操作的抵（质）押品范围，纳入商业银行质押贷款的抵（质）押品范围，并可按规定开展回购交易。

二、数据盘点

1. 财政部在香港顺利发行 140 亿元人民币国债

2015 年 5 月 20 日，财政部发布数据显示，财政部在香港特别行政区发行 140

亿元人民币国债。其中，面向机构投资者招标发行 120 亿元，包括 3 年期 50 亿元、5 年期 30 亿元、7 年期 15 亿元、10 年期 15 亿元、15 年期 5 亿元、30 年期 5 亿元，中标利率分别为 2. 8%、3%、3. 36%、3. 39%、3. 6%、4. 1%；面向 6 家国外中央银行和地区货币管理当局发行 20 亿元，包括 3 年期 17. 5 亿元、5 年期 2. 5 亿元，发行利率为上述同期限国债中标利率。

2. 2015 年 4 月份金融市场运行情况

2015 年 5 月 21 日，中国央行发布数据显示，2015 年 4 月份，债券市场共发行各类债券 1. 6 万亿元，同比增加 33. 0%，环比增加 12. 4%。其中，国债发行 2384. 1 亿元，金融债券发行 3910. 1 亿元，公司信用类债券发行 5748. 8 亿元，信贷资产支持证券发行 10. 4 亿元，同业存单发行 3659. 8 亿元。货币市场成交量共计 34. 8 万亿元，环比增加 14. 4%。其中，质押式回购成交 28. 5 万亿元，环比增加 13. 4%；买断式回购成交 1. 9 万亿元，环比增加 19. 8%；同业拆借成交 4. 4 万亿元，环比增加 19. 2%。沪市日均交易量为 8317. 8 亿元，环比增加 61. 2%，深市日均交易量为 6026. 1 亿元，环比增加 38. 8%。

3. 2014 年移动支付金额 8. 24 万亿元，同比增约 6 倍

2015 年 5 月 22 日，中国支付清算协会发布数据显示，2014 年，支付机构共处理互联网支付业务 215. 30 亿笔，业务金额 17. 05 万亿元，分别比 2014 年增长 43. 52% 和 90. 29%，整体保持平稳高效运行，其中移动支付行业表现最为亮眼，业务规模实现爆发式增长，2014 年全年支付机构共处理移动支付业务 153. 31 亿笔，8. 24 万亿元，同比分别增长 305. 9% 和 592. 44%。

三、地方财政

1. 重庆创新重点领域投融资机制鼓励社会投资

重庆市财政局发布消息称，通过放开市场准入，完善投资环境，进一步鼓励和吸引社会资本。一是确立社会资本投资建设和运营的优先地位。优先吸引社会资本投资，享受与国有投资项目同等待遇。二是深入推广政府和社会资本合作模式。加强与社会资本对接，加快推进项目建设，强化政策保障。三是扩大政府购买服务。公开购买服务项目和内容，以公开、公平竞争方式择优选择公共服务供给方。四是积极盘活存量资源。采取股权投资基金等方式聚合社会资本，以股权转让、股权融资、公私合营等方式吸引社会资本。五是鼓励发展重点领域投资基金。鼓励社会资本与市内企业合作，发起设立产业投资基金和创业投资基金，重点投向现代物流、生态环保、基础设施、区域开发、战略性新兴产业、先进制造业等领域。六是落实重点领域优惠政策。切实落实国家对社会资本发展公益性事业的税收优惠政策。七是建立标准规范的市场合约制度。八是形成公平公正的监护机制。

2. 天津市财政加大购买养老服务力度

2015 年 5 月 21 日，天津市财政局发布消息称，为进一步提高老年人社区养老服务水平，2015 年天津市将试点范围扩大至 45 个社区，打通社区养老服务“最后一公里”。一是调整服务定位。社区养老日间照料中心以满足行动不便、高龄、独居等困难老人需求为重点，对行动不便、家庭困难的老年人还将提供免费送货服务。二是创新运营机制。按照“管办分离”原则，采用“政府搭建平台、专业化管理、市场化运营”模式。三是完善补贴政策。市区两级财政以购买服务方式给予每个社区养老日间照料中心平均 9 万元的年运营补贴并对日间照料护理人员给予相应的社会保险补贴和培训补贴。

四、财政时论

刘昆：实现财政国库工作提质增效

2015 年 5 月 19 日，财政部副部长刘昆发表讲话称，中国经济发展进入新常态，财政国库工作面临的形势越来越复杂，面临的挑战越来越大。一是财政收入增幅下降，财政支出压力加大。二是财政经济形势复杂多变，预算执行分析能力仍然不足。三是地方库款总规模持续增加，部分地区支付保障水平出现下降。四是存量债务消化规范任务重，新增债务依法管理要求高。五是权责发生制政府综合财务报告制度改革全面启动，制度建设和配套措施保障问题需要加快解决。六是国库集中收付范围扩大，管理能力和内控水平有待提高。七是国库现金管理稳步实施，顺畅的管理机制亟待建立。做好财政国库工作必须坚持问题导向，紧跟形势、紧扣主线、紧抓落实，用法治的理念、改革的担当、管理的创新，迎接各种挑战，战胜各种困难，实现财政国库工作提质增效。下一步要按照强化财政国库分析反映、依法理财、保障支撑、资产负债管理四项功能的要求，采取更加有效管用的措施，切实抓好重点工作任务的落实，切实抓出应有的工作成效。一是完善国库集中收付运行机制，促进“增收节支”工作开展。二是全面强化库款管理，盘活存量资金促进经济稳定增长。三是加强地方债发行管理，建立高效的地方政府融资机制。四是加快推进政府综合财务报告制度改革，全面反映政府“家底”。五是加强现金流量预测，稳步推进国库现金管理。六是强化履职尽责，坚决贯彻落实财政国库改革与发展各项任务。

五、国外视角

欧智库：新兴经济体能否从中国贷款模式中获益

2015 年 5 月 19 日，欧洲智库布鲁盖尔研究所撰文称，中国过去几年推出一系列宏大计划，成为全球针对发展项目的最大贷款国，不但牵头成立了亚洲基础设施投资银行（第一个总部设在中国的多边金融机构），还推出了“一带一路”战略并牵头成立了金砖国家开发银行，这三大机构的资本共计 2400 亿美元。来自中国的贷款对无法确保从亚洲开发银行或世界银行获得资金支持的国家来说无疑是个福音。中国贷款条款大致上符合市场利率，且相较其他贷款国更具灵活性，借款国有时可采用商品代替现金偿还贷款，这对新兴经济体更具吸引力。在条件允许情况下，地缘政治因素可能使中国接受更宽松的贷款条件。毋庸置疑，新兴经济体发展被布雷顿森林体系限制，其繁文缛节和多如牛毛的条件多为国际机构主要股东把控项目而设立。若中国主导的开发银行在发展援助方面设法做到为世界带来更多竞争力，这将是一件好事。新兴经济体将有更多融资选择，但应警惕隐性成本，并学习中国的实用主义：在考虑是否接受贷款时，应把经济摆在重要位置，而不是无所作为，守株待兔。

第21期（2015年5月23日—2015年5月29日）

一、政策发布

1. 国务院办公厅转发《关于在公共服务领域推广政府和社会资本合作模式指导意见的通知》

2015年5月22日，财政部发布消息称，国务院转发由财政部、发改委和人民银行联合发布的《关于在公共服务领域推广政府和社会资本合作模式指导意见的通知》。在公共服务领域推广政府和社会资本合作模式，是转变政府职能、激发市场活力、打造经济新增长点的重要改革举措。广泛采用政府和社会资本合作模式，对统筹做好稳增长、促改革、调结构、惠民生、防风险工作具有战略意义。各地区、各部门要按照简政放权、放管结合、优化服务的要求，简化行政审批程序，推进立法工作，进一步完善制度，规范流程，加强监管，多措并举，在财税、价格、土地、金融等方面加大支持力度，保证社会资本和公众共同受益，通过资本市场和开发性、政策性金融等多元融资渠道，吸引社会资本参与公共产品和公共服务项目的投资、运营管理，提高公共产品和公共服务供给能力与效率。

2. 中国将降低部分日用消费品进口关税

2015年5月25日，财政部发布消息称，自2015年6月1日起，中国将降低部分服装、鞋靴、护肤品、纸尿裤等日用消费品的进口关税税率，平均降幅超过50%。在本次调整中，西装、毛皮服装等的进口关税将由14－23%降低到7－10%，短统靴、运动鞋等的进口关税由22－24%降低到12%，纸尿裤的进口关税由7.5%降低到2%，护肤品的进口关税由5%降低到2%。扩大国内消费需求是稳增长、调结构的重要举措。服装、鞋靴、护肤品、纸尿裤等商品境外消费量大、消费者购买意愿较强，降低关税应有利于合理增加进口，促进国内消费升级，满足消费者多样化个性化的消费需求，对保就业、惠民生，推动国内产业升级也有积极作用。

3. 财政部与亚洲开发银行完成新疆塔城边境城镇发展项目谈判

2015 年 5 月 27 日，财政部发布消息称，财政部与亚洲开发银行完成新疆塔城边境城镇发展项目谈判。项目总投资约 17.29 亿元人民币，拟利用亚行贷款 1.5 亿美元，其余资金由地方配套解决。该项目建设地点位于新疆塔城地区，涉及塔城市、额敏县、托里县和裕民县，主要建设内容包括：新改建道路，新建供水管网，新建排水管网，新建供热管网及换热站，治理河道，种植防护林，建设防洪抢险道路和跨河交通桥梁，以及购置环卫设备和车辆等。该项目的实施将改善新疆塔城边境地区城镇环境和基础设施条件，促进当地经济社会发展和稳定。

4. 财政部发布关于印发《全国农业可持续发展规划（2015—2030 年）》通知

2015 年 5 月 28 日，财政部发布关于印发《全国农业可持续发展规划（2015—2030 年）》通知指出，中国农业农村经济取得巨大成就的同时，可持续发展面临重大挑战。一是资源硬约束日益加剧，保障粮食等主要农产品供给的任务更加艰巨。二是环境污染问题突出，确保农产品质量安全的任务更加艰巨。三是生态系统退化明显，建设生态保育型农业的任务更加艰巨。四是体制机制尚不健全，构建农业可持续发展制度体系的任务更加艰巨。当前重点任务：一要优化发展布局，稳定提升农业产能。二要保护耕地资源，促进农田永续利用。三要节约高效用水，保障农业用水安全。四要治理环境污染，改善农业农村环境。五要修复农业生态，提升生态功能。

5. 世行执董会批准安徽淮南采煤塌陷区综合治理项目

2015 年 5 月 28 日，财政部发布消息称，世行执董会批准了中国利用世行贷款安徽淮南采煤塌陷区综合治理项目。这是世行在中国支持的首个采煤塌陷区修复治理项目。该项目创新在于：一是将塌陷区的环境生态修复与开发相结合。二是将生态环境项目内容与居民就业、创业相结合。三是塌陷区短期治理和长期可持续发展相结合。项目总投资 10.27 亿元人民币，其中，利用世行贷款 1 亿美元，贷款期限 34 年（其中包括 6 年宽限期），预计项目执行期为 2015 年 10 月至 2021 年 6 月。

二、数据盘点

1. 2015 年 1—4 月国有企业经济运行情况

2015 年 5 月 25 日，财政部发布数据显示，2015 年 1—4 月，国有企业营业总收入 138766.8 亿元，同比下降 6%。其中，中央企业 84643.9 亿元，同比下降

7.2%；地方国有企业54122.9亿元，同比下降3.9%。营业总成本134583.6亿元，同比下降5.5%。其中，中央企业80650.9亿元，同比下降6.8%；地方国有企业53932.7亿元，同比下降3.5%。利润总额7040.6亿元，同比下降5.7%。其中，中央企业5344.4亿元，同比下降7.2%；地方国有企业1696.2亿元，同比下降0.8%。应交税金12296.4亿元，同比增长1%。其中，中央企业9697.3亿元，同比增长0.7%；地方国有企业2599.1亿元，同比增长2.6%。截至2015年4月末，国有企业资产总额1065156.2亿元，同比增长11.5%；负债总额692191.3亿元，同比增长11.2%；所有者权益合计372964.9亿元，同比增长12.1%。

2. 中国博物馆总数已达4510家

2015年5月26日，国家文物局发布数据显示，截至2014年底，全国博物馆总数达到4510家，同比增加345家。为支持构建现代公共文化服务体系，保障广大人民群众基本文化权益，仅中央财政2014年就下达了全国博物馆、纪念馆、美术馆、公共图书馆、文化馆（站）免费开放专项资金49.57亿元，当年共支持地方1815个博物馆、纪念馆，1005个市级和5542个县级美术馆、公共图书馆和文化馆，以及34706个乡镇文化站面向社会免费开放，并提供基本公共文化服务。

3. 2015年1—4月中国规模以上工业企业利润总额同比下降1.3%

2015年5月27日，国家统计局发布数据显示，2015年1—4月，中国规模以上工业企业实现利润总额17341.3亿元，同比下降1.3%，降幅比2015年1—3月份收窄1.4个百分点。其中，国有控股企业实现利润总额3525.3亿元，同比下降24.7%；集体企业实现利润总额144.2亿元，下降1.5%；股份制企业实现利润总额11149.4亿元，下降3.4%；外商及港澳台商投资企业实现利润总额4484.4亿元，增长6.4%；私营企业实现利润总额6105.4亿元，增长6.1%。2015年4月末，规模以上工业企业资产总计923307.7亿元，同比增长7.9%；负债合计528664.6亿元，增长6%；所有者权益合计394643.1亿元，增长10.7%。应收账款103425.1亿元，同比增长8.6%；产成品存货37160.5亿元，增长7%。

4. 2014年城镇非私营单位就业人员年平均工资56339元

2015年5月27日，国家统计局发布数据显示，2014年中国城镇非私营单位就业人员年平均工资为56339元，同比名义增长9.4%。其中，在岗职工年平均工资57346元，同比名义增长9.5%。分行业门类看，年平均工资最高的三个行业分别是金融业108273元，是全国平均水平的1.92倍；信息传输、软件和信息技术服务业100797元，是全国平均水平的1.79倍；科学研究和技术服务业82220元，是全国平均水平的1.46倍。从登记注册类型看，外商投资企业的年平均工资最高，为

69678元，是全国平均水平的1.24倍；其次为股份有限公司，为67421元，是全国平均水平的1.20倍；第三位是国有单位，为57296元，是全国平均水平的1.02倍。

三、地方财政

1. 广西财政强机制，严管理推进乡镇财政资金监管

2015年5月25日，广西壮族自治区财政厅发布消息称，广西财政强机制严管理推进乡镇财政资金监管。一是健全信息通达机制。要求县级财政部门和乡镇财政所配备专人担任信息联络员，负责整理乡镇财政资金相关信息。二是明确监管工作责任。充分发挥乡镇财政就近就地监管优势，因地制宜细化了乡镇财政资金监管内容，制定了乡镇财政监管责任制度。三是严格村级财务管理。大力推行“村账乡代理”制度，严格审批权限和责任，实现村级账务的专账、专人、专户核算。四是积极开展交叉评审。采取集中评审与各地自评相结合的方式，重点针对全区各地2014年乡镇财政资金监管工作情况进行检查评比。五是创新乡镇财政资金检查制度。创建了乡镇财政资金监管激励机制。

2. 云南昆明市财政六项措施强化行政事业单位资产管理

2015年5月26日，云南省财政厅发布消息称，云南省昆明市财政局采取六项措施强化行政事业单位资产管理。一是加快推进资产管理与预算管理深度融合。加快资产配置制度和配置标准体系建设，配合预算提出编制资产预算的科学方法，促进资产管理与预算管理的深度融合。二是制定国有资产配置管理措施。制定出台了《昆明市市级行政事业单位国有资产配置管理暂行办法》。三是继续做好国有资产产权登记核发工作。对事业单位及其所办企业国有资产进行产权登记，严格按照有关规定办理产权变更登记。四是推进资产管理与财务管理相结合。研究制定并组织实施行政事业单位国有资产管理基础工作规范化考核标准，督促单位建立、健全和完善资产管理内部控制制度。五是继续推进资产管理信息系统建设。全面启用行政事业单位资产信息系统，开展资产管理业务工作。六是不断提高资产的科学化精细化管理水平。以市本级行政事业单位资产管理为重点，完善资产处置审批工作机制。

四、财政时论

楼继伟：深入推进收费清理改革，切实减轻企业和个人负担

2015年5月28日，财政部部长楼继伟接受新华社采访时表示，2013年以来，各级政府采取了一系列措施，积极推进收费清理，取消、减免收费项目，减轻企业和个人负担。同时，加强和规范收费项目的清单管理。对依法合规设立的行政事业性收费和政府性基金建立了目录清单制度，在财政部和省级财政部门的门户网站上向社会常态化公开，并依法从严控制新设立收费基金项目。收费项目并不是越少越好，政府提供的普遍性服务要通过税收来筹集资金，但对特定企业、个人提供的非普遍性服务，让一般纳税人来提供资金是不公平的，所以要向特定收益人收费。虽然近年来收费清理取得了积极成效，但收费管理仍存在一些突出问题：一是少数地方和部门仍然存在违规设立收费基金项目等乱收费现象。二是一些强制垄断性的经营服务性收费多、收费不合理问题突出。三是一些行业协会商会不合理收费对企业干扰也很大。为此，2015 年将深入推进七项措施进行收费清理改革：一是严格落实国家明令取消、停征和减免收费基金的规定。二是坚决取缔违规设立的收费基金项目。三是清理规范按规定权限设立的收费基金。四是清理规范具有强制垄断性的经营服务性收费。五是整顿规范行业协会商会收费。六是实行收费目录清单管理。七是加强收费监管。

五、国外视角

美前财长：美中应当相互倾听

2015 年 5 月 20 日，美国两位前财长亨利·保尔森与罗伯特·鲁宾与美国智库外交关系协会（CFR）联合撰文称，中美一直处于合作与竞争关系，但最近两国之间地缘政治局势紧张，如中国在东海和南海的行为，以及美国对中国近海的抵近侦察。此外，经济关系也较为紧张。中美在讨论经济议题时，经常首先表达对对方的不满。如美国批评中国汇率管理、补贴国有企业、为美国公司在华运营设置壁垒、保护知识产权不力以及对美国企业知识产权的网络黑客行为。中国则严厉批评美国不负责任的财政政策、对中国企业投资美国公司和基础设施进行政治阻碍、限制有潜在军事用途的技术出口。在经济方面互相批评之外，中美应积极改善各自经济，努力建立互信，避免刺激双边关系。中美两国均面临类似的内部挑战：医疗费用不断上升、社会保障资金不足、中央和地方财政问题、收入分配不均等，在中东稳定，气候变化，核扩散等方面有着共同目标。因此，中美双方应相向而行。若中美两国共同行动，将产生政治上和道德上的说服力，有助于引导国际行动，帮助国际机构应对这些挑战。双方近期的气候协定承诺减排，表明中美合作带来的好处。中美合作将为有效跨国合作行动、处理世界棘手问题带来希望。

第22期 （2015年6月6日—2015年6月12日）

一、政策发布

1. 国务院发布《乡村教师支持计划（2015—2020年）》

2015年6月8日，国务院发布《乡村教师支持计划（2015—2020年）》，其主要举措有：一是全面提高乡村教师思想政治素质和师德水平。二是拓展乡村教师补充渠道。三是提高乡村教师生活待遇。全面落实集中连片特困地区乡村教师生活补助政策，依据学校艰苦边远程度实行差别化的补助标准，中央财政继续给予综合奖补。四是统一城乡教职工编制标准。中央财政通过相关政策和资金渠道，重点支持中西部乡村教师队伍建设。地方各级人民政府要积极调整财政支出结构，加大投入力度，大力支持乡村教师队伍建设。要制定严格的经费监管制度，规范经费使用，加强经费管理，强化监督检查。

2. 国务院常务会议明确推进财政资金统筹使用措施

2015年6月10日，国务院总理李克强主持召开国务院常务会议，会议确定，一是对地区和部门结余资金及连续两年未用完的结转资金，一律收回统筹用于重点建设。二是推进科技、教育、农业等重点科目资金整合，加快消化结转结余资金。三是建立动态调整机制，对项目预算执行慢的，同级财政可按一定比例收回用于其他方面。四是清理整合专项转移支付，将资金分配、项目确定权交给地方，允许地方在统筹使用上先行先试。五是加强部门内和跨部门资金统筹协调，避免重复安排支出和固化投向。六是将尚未使用的地方政府存量债务资金纳入预算管理，与新增债务资金统筹使用。七是对政府性基金和专项收入实行目录清单管理，加大政府性基金和国有资本经营预算调入一般公共预算统筹使用力度。八是统筹协调预算编制和执行，各级财政要严格控制代编预算，确需代编的事项要在当年6月30日前下达。建立跨年度预算平衡机制，在水利、社保等领域开展滚动财政规划试点。

3. 财政部发布关于高新技术企业职工教育经费税前扣除政策的通知

2015 年 6 月 11 日，财政部发布关于高新技术企业职工教育经费税前扣除政策的通知：一是高新技术企业发生的职工教育经费支出，不超过工资薪金总额 8% 的部分，准予在计算企业所得税应纳税所得额时扣除；超过部分，准予在以后纳税年度结转扣除。二是本通知所称高新技术企业，是指注册在中国境内、实行查账征收、经认定的高新技术企业。

4. 财政部发布关于推广中关村国家自主创新示范区税收试点政策有关问题的通知

2015 年 6 月 11 日，财政部发布关于推广中关村国家自主创新示范区税收试点政策有关问题的通知：一是对示范地区内的高新技术企业转化科技成果，给予本企业相关技术人员股权奖励。二是有限合伙制创业投资企业的法人合伙人可按照其对未上市中小高新技术企业投资额的 70% 抵扣该法人合伙人从该有限合伙制创业投资企业分得的应纳税所得额。三是转让技术的所有权或 5 年以上（含 5 年）许可使用权取得的所得不超过 500 万元的部分，免征企业所得税；超过 500 万元的部分，减半征收企业所得税。四是以未分配利润、盈余公积、资本公积向个人股东转增股本时，个人股东应按照“利息、股息、红利所得”项目，适用 20% 税率征收个人所得税。

5. 财政部发布《中央部门预算绩效目标管理办法》

2015 年 6 月 11 日，财政部发布《中央部门预算绩效目标管理办法》。一是绩效目标要符合国民经济和社会发展规划、部门职能及事业发展规划等要求，细化量化，合理可行，相应匹配。二是绩效目标设定要对项目的功能进行梳理，依据项目的功能特性，对项目支出总体目标进行细化分解，通过收集相关基准数据，确定绩效标准。三是财政部或中央部门对相关部门或单位报送的绩效目标进行审查核实，并将审核意见反馈相关单位，指导其修改完善绩效目标的过程。四是对一般性项目，由财政部或中央部门结合部门预算管理流程进行审核，提出审核意见。五是绩效目标确定后，一般不予调整。预算执行中因特殊原因确需调整的，应按照绩效目标管理要求和预算调整流程报批。

二、数据盘点

1. 2015 年中央财政农业综合开发安排 49.33 亿元

2015 年 6 月 8 日，国家农业综合开发办公室发布数据显示，2015 年中央财政农业综合开发安排 49.33 亿元，带动地方财政投入资金 25.84 亿元，引导项目单位自筹、银行贷款等资金 103.85 亿元，计划扶持农业产业化经营项目 4238 个，其中，种植基地项目 1445 个，养殖基地项目 1369 个，加工项目 914 个，流通设施项目 290 个，龙头企业带动产业发展试点项目 92 个，“一县一特”产业发展试点项目 128 个。

2. 2015 年 5 月份工业生产者出厂价格同比下降 4.6%

2015 年 6 月 10 日，国家统计局发布数据显示，2015 年 5 月份全国工业生产者出厂价格环比下降 0.1%，同比下降 4.6%。工业生产者购进价格环比持平，同比下降 5.5%。2015 年 1—5 月平均，工业生产者出厂价格同比下降 4.6%，工业生产者购进价格同比下降 5.5%。

3. 2015 年 5 月份居民消费价格同比上涨 1.2%

2015 年 6 月 10 日，国家统计局发布数据显示，2015 年 5 月份全国居民消费价格总水平同比上涨 1.2%。其中，城市上涨 1.3%，农村上涨 1.0%；食品价格上涨 1.6%，非食品价格上涨 1.0%；消费品价格上涨 0.9%，服务价格上涨 2.1%。2015 年 1—5 月平均，全国居民消费价格总水平比 2014 年同期上涨 1.3%。2015 年 5 月份全国居民消费价格总水平环比下降 0.2%。其中，城市下降 0.2%，农村下降 0.1%；食品价格下降 0.9%，非食品价格上涨 0.2%；消费品价格下降 0.3%，服务价格上涨 0.1%。

4. 财政部发布 2015 年 5 月份财政收支情况

2015 年 6 月 11 日，财政部发布数据显示，2015 年 5 月份全国一般公共预算收入 14355 亿元，比 2014 年同月增长 5%；2015 年 5 月份全国一般公共预算支出 13124 亿元，比 2014 年同月增长 2.6%。2015 年 1—5 月全国政府性基金预算累计收入 14143 亿元，比 2014 年同期下降 35.7%；2015 年 1—5 月全国政府性基金预算累计支出 13004 亿元，比 2014 年同期下降 22%。

三、地方财政

1. 山东省出台 20 项政策措施推动转方式调结构稳增长

2015 年 6 月 9 日，山东省财政厅发布消息称，山东省政府在全面落实年初确定的各项政策基础上，又制定出台了 5 方面财政政策措施。一是聚焦关键节点，加快推进经济转型升级。对当前山东省产业结构调整遇到困难的投资项目，以及存在某种市场失灵的特殊领域，实施定向支持和精准调节，促进经济转型升级、节能减排和提质增效。二是支持创业创新，着力打造经济增长新引擎。围绕促进大众创业、万众创新，进一步创新政策、加大实施力度，加快培育新的经济增长点。三是增加公共产品和服务供给，切实解决群众反映强烈的突出问题。进一步创新公共服务供给机制和投入方式，加大重点基础设施建设和重大民生工程投入力度。四是创新体制机制，努力解决融资难融资贵问题。注重加强财政与金融配合，发挥财政资金的引导、放大作用，促进金融与实体经济良性互动。五是强化财税支持，营造企业良好发展环境。深入贯彻国务院转变政府职能、加快简政放权的要求，抓好相关政策的贯彻落实，支持打造国内领先的营商环境。

2. 重庆小微企业财政政策加力增效

2015 年 6 月 10 日，重庆市财政局发布消息称，在经济下行压力加大、经济发展动能转换的关键时期，重庆市财政在已出台多轮政策基础上，2015 年来再推五方面措施，进一步激发、释放大众创业万众创新活力。一是立足经济调结构完善补贴办法。重点扶持高校毕业生、返乡农民工、失业人员、军队复员人员创办成长性较高的鼓励类微企。二是扩大政府采购协议供货范围。市级政府采购微型企业协议供货商从 2013 年 50 家增至 300 家，协议供货范围从办公文具扩至装饰材料、花卉苗木、标识标牌、印刷、办公照明设备，市级单位采购上述产品或服务 20 万元以下，在市政府采购协议供货电子交易平台直接与协议供货商交易。三是进一步缓解融资难融资贵问题。会同中小企业局与建行推出固定资产“助保贷—购置贷”，专项解决小微企业固定资产购置初期流动资金紧张难题。四是搭建平台引导小微企业集聚发展。支持利用新建或闲置楼宇培育打造楼宇产业园，对认定的市级楼宇产业园和小企业创业基地给予奖补。五是实施结构性减税和普遍性降费。2015 年 1—4 月免征 29.67 万户小微企业增值税、营业税 2.73 亿元，减半征收 2.2 万户小微企业所得税 0.63 亿元。

四、财政时论

刘尚希：目前面临着三大风险亟须化解

2015 年 6 月 9 日，财政部财科所所长刘尚希在“中国宏观经济论坛”上表示，当前中国面临着三大风险亟须化解，但同时也要考虑财政风险，要平衡三大风险之间的关系，也要平衡财政风险与公共风险之间的关系。现在面临的最大、最突出的是三个风险，一是经济风险，二是社会风险，三是环境风险。治理经济风险，政府要花钱。现在的矛盾在于，一方面现在要减税，另一方面要投资。治理社会风险财政更要投入，而且这方面支出是刚性的，现有国力、财力均很难支撑。尽管中国财政规模已经达到 17 万亿，但面对这三大凸显的风险，仍需寻求平衡。从财政的角度来说，首先要把这三大风险隔离，否则风险会互相转化、互相叠加，形成更大的系统性风险，导致公共危机。除平衡经济风险、社会风险、环境风险与财政风险之间的关系外，还需平衡公共风险和财政风险自身关系。财政要治理经济风险只有扩大赤字，扩大债务规模。中国实际财政赤字率预算是2.7%，已经超过了2.3%的预算安排。在这个情况下，财政自身风险加大。而为应对目前面临的社会风险，财政支出同样无法降低。所以，总体来说，面对各类公共风险，财政自身风险之间也存在着平衡的问题。中国面临的是一个风险“新常态”，无法逃避，只能权衡风险，使之达到一种平衡。

五、国外视角

美智库：中国进入拉美为经济利益，非战略利益

美智库卡托研究所发表文章称，中国国务院总理李克强2015年5月份访问南美的巴西、哥伦比亚、秘鲁和智利四国，主要目的是发展双边贸易。中拉双边贸易已大幅增长，目前拉丁美洲每年对中国商品出口超过1120亿美元。此外，中国是拉丁美洲主要经济体、特别是巴西和智利的主要投资国。其他证据也表明中国政府越来越关注拉丁美洲。中国商人启动投资500亿美元的“尼加拉瓜大运河”建设项目。尽管存在环境问题，该项目仍获尼加拉瓜左派总统奥尔特加支持。如果项目成功实施，新运河将是巴拿马运河的直接竞争对手，成为中国在中美洲一个重要的经济和战略立足点。2014—2015年，中国也向委内瑞拉提供数十亿美元的贷款。但把中国进入拉丁美洲等同于美国寻求东亚战略支点是不客观的。中国与美国的动机不同。到目前为止，中国在拉丁美洲主要是经济利益，尽管确实存在一些微妙的战略因素。相比之下，美国战略支点的军事性质高于经济利益。虽然中国的拉美政策主要集中于经济层面，美国官方仍然对中国在该地区的存在感到担心，但其试图阻止中国进入拉美的尝试将是无用功，因为拉美国家欢迎中国在该地区带来的利益，尤其是提升双边贸易和带来更多投资。

第 23 期 （2015 年 6 月 13 日—2015 年 6 月 19 日）

一、政策发布

1. 国务院办公厅印发关于促进社会办医加快发展若干政策措施的通知

2015 年 6 月 15 日，国务院办公厅印发关于促进社会办医加快发展若干政策措施的通知：一是进一步放宽准入。清理规范医疗机构设立审批，公开区域医疗资源规划情况，减少运行审批限制，控制公立医院规模，规范公立医院改制。二是拓宽投融资渠道。加强财政资金扶持，丰富筹资渠道，优化融资政策。三是促进资源流动和共享。促进大型设备共建共享，推进医师多点执业，加强业务合作。四是优化发展环境。积极落实社会办医疗机构各项税收政策，将符合条件的社会办医疗机构纳入医保定点范围，执行与公立医疗机构同等政策，提升临床水平和学术地位，规范收费政策，完善监管机制。

2. 国务院发布关于大力推进大众创业万众创新若干政策措施的意见

2015 年 6 月 16 日，国务院发布关于大力推进大众创业万众创新若干政策措施的意见：一是加大财政资金支持和统筹力度。各级财政统筹安排各类支持小微企业和创业创新的资金。二是完善普惠性税收措施。落实扶持小微企业发展的各项税收优惠政策。三是发挥政府采购支持作用。完善促进中小企业发展的政府采购政策，加强对采购单位的政策指导和监督检查。四是优化资本市场。支持符合条件的创业企业上市或发行票据融资，并鼓励创业企业通过债券市场筹集资金。五是创新银行支持方式。鼓励银行提高针对创业创新企业的金融服务专业化水平，不断创新组织架构、管理方式和金融产品。六是丰富创业融资新模式。支持互联网金融发展，引导和鼓励众筹融资平台规范发展，开展公开、小额股权众筹融资试点，加强风险控制和规范管理。

3. 财政部发布关于 2015 年规范教育收费治理教育乱收费工作的实施意见

2015 年 6 月 17 日，财政部发布关于 2015 年规范教育收费治理教育乱收费工作的实施意见：一是重点治理中小学违规补课及其乱收费问题。教育部研究出台严禁中小学和教师违规补课及其乱收费的规定，部署推进专项治理工作。二是深化高校违规招生等突出问题治理。大力整治违规招生、转学等突出问题，保障考试招生制度改革顺利推进。三是严格规范高等学校学费标准的调整。高校学费标准应严格按照不高于生均培养成本25%核定。四是持续巩固规范教育乱收费问题治理成果。五是进一步规范学校服务性收费和代收费行为。严格落实国家对各级各类学校服务性收费和代收费项目和收费标准的管理规定。六是加强中央教育民生工程资金使用情况监督检查。各地要贯彻落实国务院关于加大对公共资金使用情况监督检查的工作部署。

4. 国务院常务会议部署加大重点领域有效投资，发挥稳增长调结构惠民生的多重作用等

2015年6月17日，李克强总理主持召开国务院常务会议。会议决定，一是通过调整结构、盘活存量，增加安排中央投资，重点投向农村电网升级改造、粮食仓储设施、城镇污水处理设施、城区老工业区和独立工矿区改造搬迁等，带动更多地方和社会投资。二是在加快推进水利、中西部铁路等7类重大工程包建设的基础上，积极筹划新兴产业、增强制造业核心竞争力、现代物流、城市轨道交通4类新的工程包。三是引导金融机构建立快速通道，加快重大工程、PPP项目等贷款审批，促进有效投资持续增长。

二、数据盘点

1. 中国2015年1—5月对外投资增长近五成

2015年6月18日，商务部发布数据显示，2015年1—5月，中国境内投资者共对全球146个国家/地区的3426家境外企业进行了直接投资，累计实现非金融类对外投资2783.6亿元，同比增长47.4%。其中，中国对欧盟、东盟、中国香港和美国投资同比增速分别高达367.8%、78.4%、66.7%和37.4%；对日本和俄罗斯投资同比持平；对澳大利亚的投资则下降42%。截至2015年5月底，中国累计非金融类对外直接投资4.5万亿元。2015年1—5月，中国对外承包工程新签合同额达4142.7亿元，同比增长26.6%；完成营业额达3164.9亿元，同比增长10.1%。

2. 中国2015年1—5月累计实现社会消费品零售总额11.7万亿元

2015年6月18日，商务部发布数据显示，中国2015年1—5月累计实现社会消费品零售总额11.7万亿元，同比增长10.4%。其中，2015年5月份同比增长10.1%，比2015年4月加快0.1个百分点，扣除价格因素实际增长10.2%，比

2015 年 4 月加快 0.3 个百分点。2015 年 1—5 月，全国网上商品零售额增长 38.5%，占社会消费品零售总额的比重持续上升，达到 9.5%，较 2015 年一季度提高 0.4 个百分点。限额以上单位通信器材增长 37.6%，已连续 6 个月增速高于 30%。全国餐饮收入同比增长 11.5%，增幅较 2014 年同期加快 1.3 个百分点，其中限额以下餐饮企业收入增长 13.5%，高出限额以上 7.3 个百分点。

三、地方财政

1. 南通财政通过四轮驱动推进区级预算绩效管理

2015 年 6 月 15 日，江苏省财政厅发布消息称，江苏省南通市财政局 2015 年多措并举，提升区级财政预算绩效管理力度，力促市、区财政预算绩效管理一体化联动机制巩固。一是扩面增量，突出重点。围绕市委市政府中心工作，选择一批重点项目作为区级预算绩效管理市重点指导项目，项目数和预算金额同比分别增长 18%、160%。二是强化管理，措施得力。要求各区在工作中应统筹安排、提高效率，严格程度、力求规范，借助外力、完善机制，注重质量、确保实效，加强联系、及时沟通。三是以“辅”补“缺”，形成合力。市财政部门在已经建立市、区财政预算绩效管理联动机制的基础上，加大支持力度，对各区工作进行全面管理，全过程帮助。四是资源共享，提高绩效。服务机构库、专家库、指标库等智库共享，邀请各区参加绩效再评价政府采购，为各区招标工作顺利开展打下基础。

2. 青海省财政多措并举积极支持化解企业融资难题

2015 年 6 月 16 日，青海省财政厅发布消息称，2015 年以来，青海省财政充分发挥财政资金的引导撬动作用，着力缓解企业融资难、融资贵等难题，全力促进实体经济加快发展。一是加大投入，积极破解企业融资难题。通过创业投资基金、产业投资基金等，有效解决初创期中小企业资本金不足的难题。安排扶贫及涉农项目贴息奖补资金 1 亿元。二是多措并举，撬动金融更好支持实体经济发展。继续对在青海省新设总部性、区域性金融机构实行奖励。通过融资奖励、中介费用补贴，鼓励企业上市融资或运用各种创新工具融资，扩大企业直接融资规模。在省财政支持金融发展专项资金中安排社会信用体系建设资金。认真落实国家对融资性担保机构、小微企业等的税收优惠政策，积极推进税制改革，充分发挥税收政策的宏观调控作用。三是持续加力，继续强化信用担保平台功能。进一步规范支农信用担保体系运行管理，继续加大对小微企业融资担保业务的专项资金支持力度。

四、财政时论

朱光耀：当前世界经济复苏进程缓慢而不平衡

2015 年 6 月 16 日，财政部副部长朱光耀在 G20 财政和央行副手会议期间接受新华社记者专访时表示，会议认为总体来看当前世界经济的复苏进程非常缓慢，并且不平衡。2012 年以来，世界银行两次下调对全球经济增长预测。本次会议上，IMF 指出，最近几个月全球经济表现远比预计的疲软。IMF 将在 2015 年 7 月初发布其对 2015 年全球经济增长率的最新预测，存在进一步下调经济预期的可能性。在贸易方面，根据 WTO 的数据，预计 2015 年全球贸易增长量只有 3.3%，比目前 IMF 预测的全球经济 3.5% 的增长率还要低 0.2 个百分点。这是连续三年全球贸易的增长率低于全球经济增长率。这远低于过去 20 年间全球贸易年均 5.2% 的增长水平。全球经济面临的脆弱性挑战非常明显。与此同时，全球金融市场同样面临着脆弱性挑战，不确定因素十分突出，重要原因是全球投资增长率和全要素劳动生产率出现双双下降的态势。因此，要以改革精神、特别是通过深化结构改革来促进可持续增长，有效应对世界经济当前面临的挑战。朱光耀表示，在 G20 各国首先把各自事情做好的前提下，加强宏观经济政策协调变得更加重要。美联储或迟或早将启动提高利率的进程，其外溢性影响、特别是对新兴市场国家的影响必须高度关注。全球经济增长不能单纯地依赖货币政策。有一定财政政策空间的国家应该让财政政策发挥更大的作用，有效促进经济增长。

五、国外视角

美智库：中国将从中美双边投资协定谈判中获益

2015 年 6 月 18 日，美智库彼得森国际经济研究所发表文章称，中美双边投资协定（BIT）谈判已进入新阶段。BIT 是中美即将举行的年度战略与经济对话的焦点。了解中国将通过协定从美国获得何种利益是解答中国为何需要 BIT 的关键。文章从五个方面分析了 BIT 签订可能带来的效应。一是促进国内改革。BIT 有助于中国开放服务行业，进而保持过去 25 年来的高速经济增长势头。部分中国服务行业被国有企业或国有参股公司垄断，尤其是通信、金融、信息技术和医疗保健行业。BIT 将使这些领域对国内的私企和国外私企开放。二是增大审查透明度。中国对美国投资在过去几年中迅速加速。但一些特殊案例使部分中国投资者信心受挫。BIT 有助于提高审查透明度，使美国外资投资委员会对中国民营企业和国有企业的审查标准更清晰。三是增加外国直接投资。美国对华投资约占全球对华总投资不到 3%。生产成本不断上升，监管环境复杂，竞争政策问题，缺乏对知识产权保护以及竞争加剧等因素是主要原因。BIT 可以提高投资中国的吸引力。四是市场经济地位。BIT 或可确保美国不会抵制中国获得市场经济地位。五是美国对华高科技产品出口。中国长期以来一直抱怨美国限制军事相关产品出口。美国应放松这些限制，这在一定程度上会消除中国长期以来对美国的抱怨。中国有信心在全球提高价值链中的地位，为了做到这一点，中国必须营造富有竞争力的商业环境。目前，该协定仍面临许多阻力，其中最重要的是美国参议院必须有超过 2/3 的人同意才能批准协定。中国最近向美国提交“负面清单”。若美方能接受中国的“负面清单”，两国都将受益巨大。但在奥巴马离任前签订 BIT 的可能性很小，因为就“负面清单”达成协议仍存在如知识产权、技术转移、竞争政策和中国努力加强国家安全规定等困难。2015 年 6 月中美战略与经济对话和 2015 年 9 月份的中美峰会将为切实推进 BIT 谈判提供重要机遇。

第 24 期（2015 年 6 月 20 日—2015 年 6 月 26 日）

一、政策发布

1. 国务院发布《推进财政资金统筹使用方案》

2015 年 6 月 19 日，国务院发布《推进财政资金统筹使用方案》：一要推进项目资金的统筹使用。做好项目前期准备，加快项目预算批复和下达，建立项目动态调整机制。二要重点推进科技、教育、农业、节能环保、医疗卫生等重点科目资金的统筹。三要推进部门资金的统筹使用。四要推进政府预算体系的统筹协调。五要推进跨年度预算的统筹协调。建立跨年度预算平衡机制。编制三年滚动财政规划。加快推进重点领域三年滚动财政规划。编制部门三年滚动财政规划。六要推进规范各类收入及其统筹使用。清理压缩政府性基金和专项收入。实行目录清单管理。从严控制设立收入项目。七要推进财政存量资金的统筹使用。全面盘活结转结余资金、预算稳定调节基金、预算周转金等各类存量资金。八要推进预算编制和预算执行的统筹协调。九要推进债务资金的统筹使用。十要推进转移支付资金的统筹使用。

2. 财政部发布《城市管网专项资金管理暂行办法》

2015 年 6 月 24 日，财政部发布《城市管网专项资金管理暂行办法》：一是专项资金由财政部会同住房城乡建设部负责管理。二是专项资金用于支持城镇污水处理设施配套管网及污水泵站建设；海绵城市建设试点；地下综合管廊建设试点；城市生态空间建设等。三是专项资金根据不同的支持事项采取不同方式进行分配。四是财政部会同住房城乡建设部等相关部门根据国家确定的年度支持重点领域，组织地方申报，并评审各地申报方案。五是专项资金采用奖励、补助等方式予以支持。对按规定采用政府和社会资本合作（PPP）模式的项目予以倾斜支持。

3. 财政部发布《京津冀协同发展产业转移对接企业税收收入分享办法》

2015 年 6 月 24 日，财政部发布《京津冀协同发展产业转移对接企业税收收入分享办法》：一是纳入地区间分享范围的税种包括增值税、企业所得税、营业税（以下简称“三税”）。二是由迁出地区政府主导、符合迁入地区产业布局条件且迁出前三年内年均缴纳“三税”大于或等于2000万元的企业，纳入分享范围。三是以迁出地区分享“三税”达到企业迁移前三年缴纳的“三税”总和为上限，达到分享上限后，迁出地区不再分享。四是企业迁移前三年缴纳“三税”情况，由迁出地区省级税务部门负责统计。企业迁移后三年（或五年）缴纳“三税”情况，由迁入地区省级税务部门负责统计。五是通过当年中央和地方结算，办理2014年地区间税收收入划转事宜。

4. 国务院常务会议部署推进“互联网+”行动

2015年6月24日，国务院总理李克强主持召开国务院常务会议，部署推进“互联网+”行动，并确定相关支持措施：一要清理阻碍“互联网+”发展的不合理制度政策，放宽融合性产品和服务市场准入。二要实施支撑保障“互联网+”的新硬件工程，加强新一代信息基础设施建设。三要搭建“互联网+”开放共享平台，加强公共服务，开展政务等公共数据开放利用试点。四要适应“互联网+”特点，加大政府部门采购云计算服务力度，创新信贷产品和服务，开展股权众筹等试点。五是注重安全规范，加强风险监测，完善市场监管和社会管理，保障网络和信息安全，保护公平竞争。

二、数据盘点

1. 2015年1—5月国有企业经济运行情况

2015年6月19日，财政部发布数据显示，2015年1—5月，国有企业营业总收入175732.9亿元，同比下降5.9%。其中，中央企业106631.1亿元，同比下降7.4%；地方国有企业69101.8亿元，同比下降3.3%。国有企业营业总成本170304.8亿元，同比下降5.3%。其中，中央企业101547亿元，同比下降7.1%；地方国有企业68757.8亿元，同比下降2.6%。国有企业利润总额9237.5亿元，同比下降3.3%。其中，中央企业6831.6亿元，同比下降5%；地方国有企业2405.9亿元，同比增长2.1%。国有企业应交税金15533.9亿元，同比增长1.8%。其中，中央企业12161.9亿元，同比增长1.4%；地方国有企业3372亿元，同比增长3.5%。截至2015年5月末，国有企业资产总额1075975.4亿元，同比增长11.9%；负债总额700517.6亿元，同比增长11.5%；所有者权益合计375457.8亿元，同比增长12.6%。

2. 中央财政下拨250亿元支持重大水利工程建设

2015年6月23日，财政部发布数据显示，中央财政下拨中央水利资金250亿元，用于支持有关地区172项重大水利工程中的29项续建或其他具备资金下达条件项目的建设。其中：重大农业节水工程2项112.53亿元、新建灌区工程8项42亿元、重大引调水工程2项22亿元、江河湖泊治理骨干工程17项73.47亿元。

3. 中央财政农田水利设施和水土保持补助资金440.86亿元全部拨付

2015年6月24日，财政部发布数据显示，2015年中央财政安排农田水利设施建设和水土保持补助资金440.86亿元。截至2015年5月底，该项资金已全部拨付。其中：安排100亿元，支持重大水利工程建设；安排216.86亿元，支持农田水利建设和管护；安排50亿元，支持实施全国抗旱规划；安排51亿元，较2014年增加3亿元，加大对河北省地下水超采综合治理试点水利项目的支持力度；安排23亿元，较2014年增加5亿元，加快实施国家水土保持重点建设工程。

三、地方财政

1. 广东财政多措并举助力大学生就业创业

2015年6月23日，广东省财政厅发布消息称，为引导和鼓励大学生创业，广东省财政加大资金投入力度，采取多项措施大力支持大学生就业创业。2015—2018年，省财政共安排专项资金25亿元，统筹用于扶持大学生等城乡劳动者创业。一是一次性创业资助。符合条件的普通高等学校学生创业者可凭相关证明申请5000元的创业资助。二是租金补贴。对入驻各级政府和有关部门主办的创业园区初创企业，按照第一年不低于80%、第二年不低于50%、第三年不低于20%的比例减免租金。三是小额担保贷款贴息。在规定的贷款额度内，按照贷款基准利率最高上浮3个百分点据实给予贴息；劳动密集型和科技型小微贷款，按贷款基准利率的50%给予贴息。四是创业带动就业补贴。初创企业吸纳就业并按规定缴纳社会保险费的，可凭相关证明按其吸纳就业（签订1年以上期限劳动合同）人数申请创业带动就业补贴。五是优秀项目资助。广东省从各地推荐的优秀创业项目中评选一批省级优秀项目，每个项目给予5万元至20万元资助。六是减免有关行政事业性收费和规费、服务收费。

2. 贵州省探索财政专项扶贫资金管理新机制

2015年6月24日，贵州省财政厅发布消息称，近年来，贵州省积极探索财政专项扶贫资金管理新机制，有力推动了扶贫工作开展。一是完善财政专项扶贫资金分配办法。从2014年起，除重大扶贫专项和以奖代补项目资金外，中央和省级安排的其余财政专项扶贫资金主要按因素法分配切块下达到县；进一步简化扶贫项目审批程序；对支持重点产业化的中央和省级扶贫资金实行公开竞争立项分配。

二是整合涉农资金推进重点扶贫开发工作。指导各县按照“渠道不乱、用途不变、优势互补、各记其功”原则统筹整合资金。三是积极探索推进投资收益扶贫试点。引导农户将土地资源、资金等入股合作，鼓励吸收安排贫困户就业，建立健全“风险共担、利益共享”机制，实现资金使用与精准扶贫结合。四是积极稳妥推进乡级财政报账。2014 年，修订并印发《贵州省财政专项扶贫资金报账制实施细则》，推行财政专项扶贫资金乡级报账制，促进提高资金使用时效性。

四、财政时论

楼继伟：打造 21 世纪新型多边开发银行

财政部部长楼继伟发表文章称，亚投行是政府间多边开发银行，其宗旨是促进亚洲地区基础设施建设和互联互通，深化区域合作，实现共同发展。中方将以“开放、包容”的姿态，按多边化原则推进筹建亚投行进程。一是秉持“开放的区域主义”。二是按多边化原则推进筹建进程。三是民主、高效地完成《亚投行协定》谈判。中方坚持国际性、规范性和高标准，将亚投行建成专业、高效、廉洁的基础设施投融资平台。一是在治理结构上，亚投行将按照现代治理模式，设立理事会、董事会、管理层三层管理架构。二是在业务政策上，亚投行将充分尊重和借鉴现有多边开发银行在环境及社会框架、采购政策、项目管理、债务可持续性评价等方面好的经验和做法，制定严格并切实可行的高标准业务政策。三是在人力资源管理上，中方将与各成员国一道，通过首席谈判代表会议机制指导多边临时秘书处加紧制定人力资源政策以及员工选聘程序和标准。四是在项目储备及总部建设上，各方将尽快研究提出基础设施建设备选项目，为亚投行成立后尽早投入运营做好项目准备。

五、国外视角

美智库：S&ED 将为中美拓展共同目标提供重要机会

美智库布鲁金斯学会发表文章称，中美战略与经济对话（S&ED）以及之后 2015 年 9 月份习近平主席的访问将为两国拓展共同目标提供重要机会。中美共同经历了快速的经济增长，面临着金融危机的挑战，是紧密的利益相关者。当前，国内外形势复杂多变，中美亟须重新定义两国关系并追求共同利益。也许这正是中国所说的“新型大国关系”。口号之外，实至名归更重要。中美寄望于通过 S&ED 在以下议题取得进展：双边投资协定，新的网络技术协议，气候和环境议题上的合作，地方和民间交往以及共促全球经济发展。推进这些议题既符合中美自身利益，也将得到两国人民支持，是两国关系发展的不竭动力。作为对话最重要的环节，汪洋副总理希望增强双方全球经济战略讨论。希腊债务违约、退出欧元区以及美联储将退出量化宽松政策将是 2015 年经济对话的主题。作为全球最大的两个经济体，就全球经济问题和治理方式达成共识将是此次对话的重中之重。然而，S&ED 也面临挑战。其关键问题是，中美双方已经交换负面清单，中国的清单或较长，这无疑将加大双方未来的谈判难度。

第25期 (2015年6月27日—2015年7月3日)

一、政策发布

1.《亚洲基础设施投资银行协定》签署仪式在北京举行

2015年6月29日，财政部发布消息称，《亚洲基础设施投资银行协定》签署仪式在北京举行。亚投行57个意向创始成员国财长或授权代表出席了签署仪式，其中已通过国内审批程序的50个国家正式签署《协定》，其他尚未通过国内审批程序的意向创始成员国见证签署仪式。根据《协定》规定，此次未签署协定的意向创始成员国可在年底前签署。

2. 财政部发布关于新型墙体材料增值税政策的通知

2015年6月29日，财政部发布关于新型墙体材料增值税政策的通知：一是对纳税人销售自产的列入本通知所附《享受增值税即征即退政策的新型墙体材料目录》（以下简称《目录》）的新型墙体材料，实行增值税即征即退50%的政策。二是已享受本通知规定的增值税即征即退政策的纳税人，自不符合本通知第二条规定条件的次月起，不再享受本通知规定的增值税即征即退政策。三是纳税人应当单独核算享受本通知规定的增值税即征即退政策的新型墙体材料的销售额和应纳税额。

3. 财政部发布关于石油天然气生产企业城镇土地使用税政策的通知

2015年6月29日，财政部发布关于石油天然气生产企业城镇土地使用税政策的通知：一是地质勘探、钻井、井下作业、油气田地面工程等施工临时用地，企业厂区以外的铁路专用线、公路及输油管道用地，油气长输管线用地暂免征收城镇土地使用税。二是在城市、县城、建制镇以外工矿区内的消防、防洪排涝、防风、防沙设施用地，暂免征收城镇土地使用税。三是享受上述税收优惠的用地，用于非税收优惠用途的，不得享受本通知规定的税收优惠。四是工矿区范围内的油气生产、办公、生活用地，其税额标准不得高于相邻的县城、建制镇的适用税额标准。

4. 财政部发布《环保“领跑者”制度实施方案》

2015年7月1日，财政部发布《环保“领跑者”制度实施方案》：一是建立标准动态更新机制。根据行业环保状况、清洁生产技术发展、市场环保水平变化等情况，建立环保“领跑者”指标的动态更新机制，不断提高环保“领跑者”指标要求。二是加强管理。定期发布环保“领跑者”产品名录及环保“领跑者”名单，树立环保标杆。加强对第三方机构的监督管理，环保“领跑者”称号实行动态化更新管理。三是完善激励政策。财政部会同有关部门制定激励政策，给予环保“领跑者”名誉奖励和适当政策支持。

5. 全国人大常委会批准金砖国家新开发银行协议

2015年7月1日，财政部发布消息称，第十二届全国人大常委会第十五次会议批准了2014年7月15日由财政部部长楼继伟代表中华人民共和国政府在巴西福塔雷萨签署的《成立新开发银行的协议》。截至目前，金砖五国立法机构均已批准该协议。根据金砖五国商定的计划，金砖银行2015年7月7日将在俄罗斯召开第一次理事会会议，任命董事会成员和首任管理层（包括行长和4位副行长），制定理事会和董事会议事规则，商讨银行5年发展战略。首任管理层将于2015年7月中旬赴上海就任。金砖银行预计将于2015年年底或2016年年初启动运营。

6. 国务院发布关于进一步做好城镇棚户区和城乡危房改造及配套基础设施建设有关工作的意见

2015年7月1日，国务院发布关于进一步做好城镇棚户区和城乡危房改造及配套基础设施建设有关工作的意见：一是加快城镇棚户区改造。二是完善配套基础设施。三是推进农村危房改造。明确目标任务、资金安排和政策措施。四是推动政府购买棚改服务。统筹考虑财政承受能力等因素，制定本地区政府购买棚改服务的管理办法。五是在城市基础设施建设运营中积极推广特许经营等各种政府与社会资本合作模式。六是构建多元化棚改实施主体。鼓励多种所有制企业作为实施主体承接棚改任务。各地原融资平台公司可通过市场化改制，实现市场化运营。七是发挥开发性金融支持作用。可依据政府购买棚改服务协议、特许经营协议等政府与社会资本合作合同进行市场化融资，开发银行等银行业金融机构据此对符合条件的实施主体发放贷款。

7. 中央财政安排12亿元支持畜牧良种补贴工作

2015年7月2日，财政部发布消息称，为支持提高畜牧良种化水平，促进畜牧产业持续健康发展，2015 年，中央财政通过现代农业生产发展资金安排 12 亿元支持畜牧良种补贴工作，鼓励养殖者购买牲畜良种冻精和种公畜进行牲畜品种改良。2015 年，中央财政在继续实施生猪、奶牛、肉牛、羊和牦牛良种补贴的基础上，探索奶牛胚胎补贴试点。

二、数据盘点

1. 中国 2015 年 5 月份工业利润同比增长 0.6%

2015 年 6 月 28 日，国家统计局发布数据显示，中国 2015 年 5 月份规模以上工业企业利润总额 5207.1 亿元，同比增长 0.6%，增速比 2015 年 4 月份放缓 2 个百分点。据分析，2015 年 5 月份，由于工业产品市场需求不足，规模以上工业企业主营业务收入同比增长 0.5%，增速比 2015 年 4 月份回落 0.1 个百分点。同时，规模以上工业企业投资收益同比增长 33.7%，增速比 2015 年 4 月份回落 12.7 个百分点，投资收益同比增加 95.3 亿元，增加额比 2015 年 4 月份减少 20.8 亿元。数据还显示，2015 年前 5 个月，工业企业利润总额同比下降 0.8%，降幅比 2015 年前 4 个月收窄 0.5 个百分点。

2. 2014 年中央一般公共预算收入 64493.45 亿元

2015 年 6 月 28 日，财政部发布数据显示，2014 年中央一般公共预算收入 64493.45 亿元，为预算的 100.2%，较 2013 年增长 7.1%。加上 2014 年年初从中央预算稳定调节基金调入 1000 亿元，使用的收入总量为 65493.45 亿元。中央一般公共预算支出 74161.11 亿元，完成预算的 99%，较 2013 年增长 8.3%。其中，中央本级支出 22570.07 亿元，完成预算的 100.3%，增长 10.2%；中央对地方税收返还和转移支付支出 51591.04 亿元，完成预算的 99.5%，增长 7.4%。加上用于补充中央预算稳定调节基金 832.34 亿元，支出总量为 74993.45 亿元。中央一般公共预算收支总量相抵，赤字 9500 亿元，与预算持平。2014 年年末中央财政国债余额 95655.45 亿元，控制在国债余额限额 100708.35 亿元以内。

3. 中国 2015 年 5 月份彩票销售情况

2015 年 6 月 30 日，财政部发布数据显示，2015 年 5 月份，中国共销售彩票 321.07 亿元，同比增加 13.13 亿元，增长 4.3%。其中，福利彩票机构销售 180.53 亿元，同比增加 4.04 亿元，增长 2.3%；体育彩票机构销售 140.55 亿元，同比增加 9.09 亿元，增长 6.9%。2015 年 1—5 月累计，全国共销售彩票 1595.54 亿元，同比增加 171.97 亿元，增长 12.1%。其中，福利彩票机构销售 866.61 亿元，同比增加 49.73 亿元，增长 6.1%；体育彩票机构销售 728.93 亿元，同比增加 122.24

亿元，增长20.1%。

4. 中国2015年6月份制造业PMI为50.2%

2015年7月1日，国家统计局发布数据显示，中国2015年6月份PMI为50.2%，环比持平。分企业规模看，大型企业PMI为50.8%，环比微升0.1个百分点；中型企业PMI为50.2%，环比下降0.2个百分点；小型企业PMI为47.5%，环比下降0.4个百分点，收缩幅度连续2个月加大。

三、地方财政

1. 浙江财政多举措推进现代农业生产发展

2015年6月30日，浙江省财政厅发布消息称，浙江省财政厅以现代农业生产发展资金为平台，整合相关支农资金，统筹用于支持现代农业发展，并积极推进机制创新，引导社会资本投入，丰富浙江农民的“米袋子”和“钱夹子”。一是突出发展优势产业。结合农业、林业、水利等行业规划，立足当地实际，进一步优化产业布局和区域布局。二是转变产业支持方式。从主要追求产量和依赖资源消耗的粗放经营转到数量质量效益并重、注重提高竞争力、注重农业科技创新、注重可持续的集约发展上来，走产出高效、产品安全、资源节约、环境友好的现代农业发展道路。三是支持适度规模经营。将支持发展多种形式的适度规模经营作为现代农业生产发展工作的重点内容和支持方向，进一步创新农业生产经营体制，着力提高优势特色主导产业发展的组织化、规模化、集约化水平。推动现代农业生产发展项目与各类新型经营主体的有效对接，创新完善新型经营主体与农民之间的利益联结关系，鼓励和引导农村土地承包经营权有序流转，进一步发展农业适度规模经营。四是加强支农政策统筹。以支持优势特色主导产业发展为平台，加强相关项目间的衔接配合，积极研究深入整合的有效措施。同时，继续做好与整合统筹资金支持国家现代农业示范区建设、木本油料产业发展、“菜篮子”产品生产、“节水增粮行动”、高标准农田建设等相关政策的衔接配合。

2. 江苏财政为职业教育“加油”

2015年7月2日，江苏省财政厅发布消息称，“十二五”以来，江苏各级财政不断加大职业教育投入，充分发挥政府“钱袋子”作用。2013年，全省财政职业教育支出达到146.67亿元，较2010年增加48.83亿元，增长49.9%。2014年，全省财政职业教育支出达到155.26亿元。一是支持职业院校重点和特色品牌专业建设。2012年至今，省财政累计安排专项经费2.5亿元，支持省级高职重点专业群202个、中职品牌特色专业269个、五年制高职品牌特色专业108个，推进课程改革，加强课程体系建设。二是鼓励社会资本进入职业教育领域。省财政厅提出建议，要从立法层面调动企业参与办学或直接办学的积极性。加大财税优惠政策，探索按照学生或者准员工的培养培训数量，“税收减免”和“财政补助”双管齐下，激励企业以多种形式参与职业教育。三是推动职业教育资源和条件共享。省财政大力支持职业院校实训基地建设，落实中央实训基地项目省级配套资金。2011年至今，累计下达专项资金 2 亿余元。

四、财政时论

胡静林：健全制度创新管理，助推支出改革

财政部副部长胡静林发表讲话称，当前，必须深刻认识和准确把握财政政法工作面临的新形势新要求。一要在合理划分政府间事权和支出责任的基础上，推动建立职责明确、管理科学、运转高效的政法经费保障新体制。二是全面推行公务用车制度改革任重道远。落实全面推进依法治国，财政责无旁贷，务必增强法治思维，始终坚持以法治思维推进工作，不断提高依法行政依法理财水平。就预算而言，要增强预算的法制性和约束力，如何解决年初预算编制不细不准、年中预算调整频繁、年末预算结余过多的问题，就需要会同部门建立起“预算即是法”的观念。同时，落实国家重大战略决策正面临政策创新的压力挑战。国家重大决策部署都需要政策支持资金保障，财政都需要参与其中，特别是在顶层设计上要能够提出高质量的意见建议。要建立现代预算制度，就需要创新完善经费预算管理方式。应对支出压力，就要从转变政府职能、调整优化支出结构、建立新的经费保障机制和强化预算管理，提高资金使用效益等方面找对策，力求做到在存量上体现增量。

五、国外视角

美智库：欧中合作日益密切

美智库布鲁金斯学会发表文章称，在第七轮“中美战略与经济对话”结束不久之后，欧中峰会于2015 年 6 月 29 日在布鲁塞尔举行，会议将遵循《中欧合作2020 战略规划》的框架，关注如知识产权、科研与创新、数字经济，以及移民问题等重大议题。峰会议程还包括签署气候变化方面的协议，以及举办题为“中欧周边新发展”的茶话会。目前，中国对欧洲投资仅占欧洲外国直接投资总量的3%。然而，中国在过去五年对欧投资急剧增加，2014 年中国对欧投资额达 550 亿美元。一旦欧中完成双边投资协议，欧中将各自获得更多的投资机会。欧盟于2014 年提出总额为 3150 亿欧元的“欧洲投资计划”，旨在创新、科研、教育、交

通基础设施等领域重塑增长，拉动就业。德国、法国和意大利等欧洲主要国家已对投机计划核心——“欧洲战略投资基金”（EFSI）注资。但该计划仍需更多私人投资者参与。因此，最终的联合声明中，中国对于该计划的态度将扮演重要角色。同时，欧洲对亚投行的兴趣日益浓厚。在英国、德国、法国和意大利成为其创始成员国后，中国也欢迎欧盟作为一个单独成员加入。亚投行正与欧投行等多边组织合作起草相关章程。

第 26 期（2015 年 7 月 4 日—2015 年 7 月 10 日）

一、政策发布

1. 中央财政下拨优抚事业单位补助资金 7.3 亿元

2015 年 7 月 6 日，财政部发布消息称，中央财政下拨 2015 年优抚事业单位补助资金 7.3 亿元，用于对 64 所国家级烈士纪念设施保护单位范围内亟须修缮的堂馆、碑亭、塑像、骨灰堂等设施进行维修改造；对 67 所优抚医院进行部分医疗设备购置、更新，加强康复、精神卫生等重点专业科室能力建设；对 224 所光荣院集中供养对象居住用房、活动室、医务室等基础设施进行维修改造；对 64 所全国重点军供站进行设施维修改造、设备更新，并给予军用饮食补贴。

2. 财政部发布关于做好 2015 年农田水利建设管理有关工作的通知

2015 年 7 月 7 日，财政部发布关于做好 2015 年农田水利建设管理有关工作的通知：一要加快推进东北节水增粮、西北节水增效、华北节水压采、南方节水减排等区域规模化高效节水灌溉。二要细化优化实施方案，及时审查审批，加强施工组织管理，做好建设进度节点控制，确保按期完成建设任务。三要加快推进相关试点工作。四是各省要进一步完善资金使用管理制度和绩效评价制度，强化资金监管，切实管好用好资金，加快预算执行。

3. 国务院发布《关于进一步做好城镇棚户区和城乡危房改造及配套基础设施建设有关工作的意见》

2015 年 7 月 7 日，国务院发布《关于进一步做好城镇棚户区和城乡危房改造及配套基础设施建设有关工作的意见》：一是建立有效的督查制度，加强对农村危房改造补助资金使用的监管，加大考核和问责力度。二是从市场实际出发，统筹考虑住房资源的供应与调配，提出“积极推进棚改货币化安置”。三是进一步拓宽融资渠道，首次提出“推动政府购买棚改服务”、“推广政府与社会资本合作

（PPP）模式”等新措施，依据政府购买棚改服务协议、特许经营协议等政府与社会资本合作合同进行市场化融资，开发银行等银行业金融机构据此对符合条件的实施主体发放贷款。

4. 财政部积极采取措施维护资本市场稳定

2015 年 7 月 8 日，财政部发布消息称，近期境内股票市场出现异常波动，为了促进资本市场持续稳定健康发展，切实维护上市公司各类股东合法权益，财政部将进一步支持国有金融企业发展，加大服务实体经济的力度，提供优质金融服务，提升经营业绩。股市异常波动期间，财政部在履行出资人职责时，承诺不减持所持有的上市公司股票，并要求中央管理的国有金融企业不减持所持有的控股上市公司股票，支持国有金融企业在股价低于合理价值时予以增持。

5. 财政部发布关于调整和完善农业综合开发扶持农业产业化发展相关政策的通知

2015 年 7 月 9 日，财政部发布关于调整和完善农业综合开发扶持农业产业化发展相关政策的通知：一是在工商部门注册 1 年以上、具备可持续经营能力的龙头企业和农民合作社，均可申报产业化经营项目。二是单个财政补助项目的财政资金申请额度不高于自筹资金额度。三是各类资金投入比例，具体包括财政补助与贷款贴息的比例等由各省根据实际情况自行确定。四是鼓励各省实行财政补助项目资金“先建后补”的管理方式。五是有条件的省份，可积极探索采取财政股权投资基金等投入方式，扶持农业产业化发展。六是鼓励部分财政资金的投入由农民或农民通过合作社对龙头企业持股。

6. 财政部、农业部联合部署渔业油价补贴政策调整工作

2015 年 7 月 9 日，财政部、农业部发布《关于调整国内渔业捕捞和养殖业油价补贴政策　促进渔业持续健康发展的通知》。此次对国内渔业捕捞和养殖业油价补贴政策的调整从 2015 年 1 月 1 日起开始实施，按照总量不减、存量调整、保障重点、统筹兼顾的思路，将补贴政策调整为专项转移支付和一般性转移支付相结合的综合性支持政策。以 2014 年清算数为基数，将补贴资金的 20% 部分以专项转移支付形式统筹用于渔民减船转产和渔船更新改造等重点工作；80% 通过一般性转移支付下达，由地方政府统筹专项用于渔业生产成本补贴、转产转业等方面。力争到 2019 年，将国内捕捞业油价补贴降至 2014 年补贴水平的 40%。

二、数据盘点

1. 中央财政拨付优抚对象医疗补助资金 23.8 亿元

2015 年 7 月 7 日，财政部发布数据显示，中央财政在已提前下达 2015 年优抚对象医疗补助资金 16.7 亿元的基础上，再次拨付 7.1 亿元，共计 23.8 亿元，用于落实优抚对象医疗待遇和解决优抚对象医疗困难问题，惠及全国 440.8 万优抚对象。自 2004 年起，中央财政开始安排优抚对象医疗补助资金。2004 年和 2005 年，中央财政每年安排 1 亿元；2006 年和 2007 年提高到每年安排 15.3 亿元；2008 年到 2012 年，每年安排 20 亿元；从 2013 年起，每年安排 23.8 亿元。

2. 2015 年 6 月份居民消费价格同比上涨 1.4%

2015 年 7 月 9 日，国家统计局发布数据显示，2015 年 6 月份中国居民消费价格总水平同比上涨 1.4%。其中，城市上涨 1.4%，农村上涨 1.2%；食品价格上涨 1.9%，非食品价格上涨 1.2%；消费品价格上涨 1.1%，服务价格上涨 2.2%。2015 年上半年，全国居民消费价格总水平同比上涨 1.3%。2015 年 6 月份全国居民消费价格总水平环比持平。其中，城市持平，农村上涨 0.1%；食品价格下降 0.1%，非食品价格上涨 0.1%；消费品价格持平，服务价格上涨 0.2%。

3. 2015 年 6 月份工业生产者出厂价格同比下降 4.8%

2015 年 7 月 9 日，国家统计局发布数据显示，中国 2015 年 6 月份工业生产者出厂价格环比下降 0.4%，同比下降 4.8%。工业生产者购进价格环比下降 0.2%，同比下降 5.6%。2015 年上半年，工业生产者出厂价格同比下降 4.6%，工业生产者购进价格同比下降 5.5%。

三、地方财政

1. 广西财政全力支持就业创业政策实施

2015 年 7 月 7 日，广西壮族自治区财政厅发布消息称，广西壮族自治区财政认真贯彻落实中央和自治区关于进一步做好新形势下就业创业工作的决策部署，全力支持全区大众创业、万众创新政策措施实施。一是对符合条件新开发就业岗位的企业给予社会保险补贴。二是对经认定的众创空间给予房租等适当补贴。鼓励通过各种形式发展和建设一批众创空间，并对经认定为创业孵化基地的众创空间给予 2 年的房租、宽带接入费补助。三是对入驻创业孵化基地的企业新吸纳就业给予补贴和贷款贴息扶持。四是支持扩大高校毕业生到农村基层就业享受学费代偿政策范围。五是进一步提高就业见习补贴标准。由现行的750元/人·月提高至900元/人·月，对见习期满留用率达到50%的，补贴标准提高至1200元/人·月。六是支持创建自治区示范性农民工创业园。鼓励每个设区市创建自治区示范性农民工创业园，由自治区本级农民工创业专项扶持资金给予补助。七是支持举办农民工技能大竞赛活动，提升农民工创业就业技能和就业质量。

2. 青海创新财政投入方式，推进公共服务均等化

2015年7月6日，青海省财政厅发布消息称，2014年以来，青海省财政厅在深入调研的基础上，研究出台了《政府向社会力量购买养老服务实施办法》及《指导目录》，并在政府购买养老、残疾人、城乡劳动力技能培训和食品药品安全协管等领域开始积极试点。一是扎实推进政府购买养老服务试点工作，明确了购买养老服务的项目、方式、程序及支付标准等。二是全面开展政府购买城乡劳动力技能培训工作。三是积极推进政府购买残疾人服务试点工作。支持购买残疾人托养、康复、技能培训、文化、法律援助、无障碍改造等六方面服务。四是积极探索政府购买食品药品协管服务。从目前各地的试点情况看，青海省的政府购买服务工作进展顺利，取得了初步成效。主要表现在：一是实现了财政投入方式的重大转变。通过政府购买服务，强化了政府、市场、社会等多元主体之间的合理定位和良性互动，鼓励和引导社会力量进入公共服务领域。二是促进了政府职能的转变。通过政府购买服务，改变了政府大包大揽的传统做法，使政府各部门集中精力和财力办好该办的事。三是激发了社会组织和服务业的发展。四是促进了基本公共服务均等化。在提高公共服务质量的同时，有效弥补了政府提供公共服务的不足。

四、财政时论

许宏才：增强四个意识，积极推进财税体制改革

财政部部长助理许宏才发表讲话指出，在深化财税体制改革的进程中，财政部门的领导干部要切实增强四个意识，努力创造经得起实践、人民、历史检验的实绩。一是要提升大局意识。财政部门的领导干部要重视并善于从整体、大局、全局上考虑问题，在工作中坚决做到着眼大局、把握大局、服从大局、服务大局，具备从政治上观察、分析和处理财政经济问题的能力。二是要增强担当意识。随着我国经济发展进入新常态，财政收支矛盾突出，财政中长期压力非常大，财政领导干部要把敢于担当作为一种政治责任、一种行为操守、一种思想境界，矢志不移地推进改革，做好各项财政工作。三是要加深学习意识。要加强对政治理论的学习，坚定理想信念；要加强对经济、金融、政治、法律、哲学、科技、历史等多种知识的学习，跳出财政看财政，提高全面分析和科学决策的能力；要加强对国际财政管理经验和国际规则的学习，培养国际财经视野；要多关注国内外的热点、焦点问题，提高做好财政工作的前瞻性和及时性。四是要强化规则意识。许宏才强调，建立现代财政制度离不开一系列规则的制定和制度体系的建立，因此，要将规则意识内化于心，外化于行，工作中要带头遵守规则，按规则办事，讲求程序合法，积极推进各项财政工作的规范化和制度化。

五、国外视角

世行：中国正在适应经济增长减速

世行发布《中国经济简报》称，预计 2015 年中国经济增速将降至 7.1%，2017 年将降至 6.9%，中国正进入增速放慢但更加平衡和可持续的“新常态”。从短期来说，中国经济增长减速意味着政府在结构调整和为解决金融脆弱性所做的政策努力方面正取得进展。从中期来说，这些努力有助于推动中国经济增长模式的逐渐转型，从制造业转向服务业，从投资转向消费，从出口转向内需。政府降低信贷增速、抑制影子银行和限制地方政府债务的政策已导致房地产等行业的投资增速减慢。世行专家指出，平衡兼顾改革措施与短期增长仍是 2015 年的工作重点，大规模的、广泛的刺激措施可能与中期增长的可持续性相矛盾。报告还分析了中国的经济结构正在发生的缓慢变化。一方面经济活动继续受到重工业产能过剩的制约，导致出口增长减速和对非传统融资的监管收紧。房地产市场继续低迷，由于存量过剩而导致大部分城市房价疲软。另一方面，服务业持续表现强劲，尤其是银行、保险等先进服务业。近年来消费增长略快于投资增长。报告指出中国应优化信贷分配，推进金融业改革。原因是投资驱动型增长模式帮助推动了中国的经济起飞，但当前需要改革金融系统，以向那些有助于保持中期合理增长的经济部门提供资金。

第 27 期（2015 年 7 月 11 日—2015 年 7 月 17 日）

一、政策发布

1. 财政部发布关于航天发射有关增值税政策的通知

2015 年 7 月 13 日，财政部发布关于航天发射有关增值税政策的通知：一是境内单位提供航天运输服务适用增值税零税率政策，实行免退税办法。二是境内单位在轨交付的空间飞行器及相关货物视同出口货物，适用增值税出口退税政策，实行免退税办法。其在轨交付的空间飞行器及相关货物免征增值税，相应购进空间飞行器及相关货物取得的进项税额予以退还。三是境内单位凭发射合同或在轨交付合同，发射合同或在轨交付合同对应的项目清单项下购进航天运输器及相关货物和空间飞行器及相关货物的增值税专用发票或海关专用缴款书、接受发射运行保障服务的增值税专用发票，以及主管税务机关要求出具的其他要件，向主管税务机关申请办理退税手续。

2. 财政部关于中国农业银行三农金融事业部涉农贷款营业税优惠政策的通知

2015 年 7 月 14 日，财政部关于中国农业银行三农金融事业部涉农贷款营业税优惠政策的通知：一是自 2015 年 5 月 1 日至 2015 年 12 月 31 日，对中国农业银行纳入“三农金融事业部”改革试点县域支行提供农户贷款、农村企业和农村各类组织贷款取得的利息收入减按 3% 的税率征收营业税。二是本通知所称农户贷款不包括按照《财政部　国家税务总局关于延续并完善支持农村金融发展有关税收政策的通知》规定免征营业税的农户小额贷款。三是中国农业银行纳入“三农金融事业部”改革试点的县域支行应单独核算享受营业税减税政策的贷款利息收入；未单独核算的，不得享受本通知第一条规定的营业税政策。

3. 财政部关于中央和地方国库现金管理商业银行定期存款质押品管理有关事宜的通知

2015 年 7 月 14 日，财政部关于中央和地方国库现金管理商业银行定期存款质押品管理有关事宜的通知：一是在国债基础上，增加地方政府债券作为国库现金管理商业银行定期存款质押品。二是中央和地方国库现金管理商业银行定期存款质押品按债券面值计价，国债、地方政府债券分别按存款金额的 105%、115% 质押。三是财政部门会同中国人民银行加强对国库现金管理商业银行定期存款风险管理。财政部会同中国人民银行总行根据债券市场变化情况，及时调整国库现金管理质押品范围、比例等质押制度，确保存款资金安全。

4. 财政部发布《中央财政支持学前教育发展资金管理办法》

2015 年 7 月 15 日，财政部发布《中央财政支持学前教育发展资金管理办法》：一是学前教育发展资金分为“扩大资源”类项目资金和“幼儿资助”类项目资金。前者用于奖补支持地方多种渠道扩大普惠性学前教育资源，后者用于奖补支持地方健全幼儿资助制度。二是财政部和教育部根据资金总量和学前教育改革发展工作需要，分别确定“扩大资源”和“幼儿资助”两类项目资金的规模。三是项目资金按照因素法进行分配。四是财政部和教育部对学前教育发展资金分类实施目标管理，根据各省工作进展情况，适时组织开展绩效评价。五是地方财政和教育部门要明确职责，分级管理，加强监督，提高资金使用效益。

5. 财政部发布关于加强中央文化企业国有资本经营预算资金管理工作的通知

2015 年 7 月 15 日，财政部发布关于加强中央文化企业国有资本经营预算资金管理工作的通知：一是新组建成立的中央文化企业集团，应加快内部资产、财务整合，以集团名义根据有关规定申报资本预算，预算资金下达到集团账户。二是科学、合理编制资本预算，明确预算支出明细、支出测算依据以及标准。三是按相关规定编制资本预算项目文本，对数据的真实性、完整性和可靠性负责。四是项目预算执行进度将作为下一年财政部资本预算安排的重要参考。五是建立健全资本预算内部控制制度，企业负责人对资本预算项目实施及资金使用负总责。六是及时、足额上缴国有资本收益。七是加强资本预算执行管理，积极采取措施，提高预算执行工作水平。

6. 财政部发布关于完善国家助学贷款政策的若干意见

2015 年 7 月 16 日，财政部发布关于完善国家助学贷款政策的若干意见：一是完善贷款政策，切实减轻借款学生经济负担。学生在读期间利息全部由财政补贴，贷款最长期限从 14 年延长至 20 年，还本宽限期从 2 年延长至 3 年整。二是健全运行机制，促进国家助学贷款持续健康发展。及时足额安排贴息及风险补偿金，完善国家助学贷款考核制度，积极开展诚信教育活动和征信宣传。三是加强组织领导，不断提升国家助学贷款管理水平。进一步落实学费和贷款代偿政策，加强经办机构和人员队伍建设，加大国家资助政策宣传力度。

二、数据盘点

1. 中国 2015 年上半年出口同比增长 0.9%

2015 年 7 月 13 日，海关总署发布数据显示，中国 2015 年上半年进出口总值 11.53 万亿元人民币，同比下降 6.9%。其中，出口 6.57 万亿元，同比增长 0.9%；进口 4.96 万亿元，同比下降 15.5%。贸易顺差 1.61 万亿元，扩大 1.5 倍。

2. 中国 2015 年上半年 GDP 同比增长 7.0%

2015 年 7 月 15 日，国家统计局发布数据显示，中国 2015 年上半年 GDP 为 296868 亿元，按可比价格计算，同比增长 7.0%。分季度看，2015 年一季度同比增长 7.0%，2015 年二季度同比增长 7.0%。分产业看，第一产业增加值 20255 亿元，同比增长 3.5%；第二产业增加值 129648 亿元，同比增长 6.1%；第三产业增加值 146965 亿元，同比增长 8.4%。从环比看，2015 年二季度 GDP 增长 1.7%。

3. 中国 2015 年 6 月份财政收支情况

2015 年 7 月 15 日，财政部发布数据显示，中国 2015 年 6 月份一般公共预算收入 15335 亿元，同比增长 13.9%。其中，中央一般公共预算收入 6454 亿元，同比增长 17.9%；地方本级一般公共预算收入 8881 亿元，同比增长 11.2%。全国一般公共预算收入中的税收收入 11976 亿元，同比增长 10.8%。2015 年 6 月份，全国一般公共预算支出 18814 亿元，同比增长 13.9%。其中，中央本级一般公共预算支出 2251 亿元，同比增长 11.6%；地方一般公共预算支出 16563 亿元，同比增长 14.2%。

三、地方财政

1. 四川省启动库区特殊困难移民整体脱困计划

2015 年 7 月 15 日，四川省财政厅发布消息称，2015 年，四川省启动实施全省库区特殊困难移民整体脱困计划，力争通过 3 年左右的时间，基本解决全省库区特殊困难移民群体脱贫解困问题。一是加大资金投入。2015—2017 年，四川省财政预计将投入约 30 亿元资金，每年投入约 10 亿元。二是创新管理模式。实行“明确方向、额度分配、项目备案、绩效挂钩”的管理模式，“资金、任务、责任、权力”四到县，由县（市、区）自主确定项目，拟定后扶项目实施计划并实行项目分年排序实施，确保移民群众突出问题逐年销号。三是完善工作机制，落实精准扶持措施；加强与农业、扶贫、新农村建设等领域的资金整合；大力推行民办公助、村民自建等项目建设模式，建立项目后期管护制度；建立移民利益联结机制，推行财政投资形成资产量化到人，增加移民财产性收入。

2. 江苏省稳妥有序推进财税改革

2015 年 7 月 16 日，江苏省财政厅发布消息称，2015 年以来江苏省稳妥有序推进财税改革。一是继续完善财政体制。2015 年上半年预拨市县基本财力保障奖补资金 45.7 亿元，纳入市县政府财政预算。继续提高一般性转移支付规模，探索提前下达转移支付。省级政府部门专项资金较 2014 年再减少 1/3 左右。二是积极探索事权划分。理顺省级与市县交通事权关系，将农村公路养护和支出责任落实到市县，并已将农村公路养护补助经费 5.6 亿元下划市县，由市县统筹使用，强化市县主体责任。三是积极探索资金改基金新模式。继续探索专项基金的运作模式。筹措省级铁路建设专项资金 30 亿元推动设立省铁路建设发展基金；构建完善由风险补偿基金、债权投资基金、股权投资基金组成的现代农业产业基金。四是加快推进税费改革。按国家部署加强税收等优惠政策执行管理，严格监控各地新出台的优惠政策。及时贯彻落实国家促进小微企业发展的企业所得税、营业税、增值税和印花税等税收减免政策。

四、财政时论

李克强：以更精准有效的举措推动经济稳中向好，在稳增长与调结构平衡中实现升级发展

国务院总理李克强主持召开了座谈会，并发表讲话。李克强表示，科学判断经济形势，既要看到当前世界经济复苏一波三折、不确定性增多，其影响需要高度重视，又要看到中国经济呈现产业结构不断优化、发展动力加快转化、地区和行业走势分化的明显特征。虽然一些多年积累的结构性矛盾进一步显现，但经济长期向好的基本面没有改变，仍具有巨大的韧性、潜力和回旋余地。中国经济增长动力和下行压力并存，要继续按照中央经济工作会议精神，落实政府工作报告部署，立足当前，着眼长远，坚持宏观调控正确取向，实施积极的财政政策和稳健的货币政策，把创新宏观调控与推进结构性改革有机结合，更加精准有效地实施定向调控和相机调控，防范和化解风险，确保经济运行在合理区间，实现增长、物价、就业、收入、环保多重目标协调发展，也为各类市场健康稳定发展创造条件。要深入推进简政放权、放管结合、优化服务，更好发挥市场的决定性作用，既着力深挖传统产业升级的潜力，又积极释放新产业新业态蓬勃发展的潜力，在实现稳增长、调结构双赢和促进经济行稳致远上持续发力。中国经济升级发展根本靠改革创新。企业是市场主体，也是创新主体，要继续实施创新驱动战略，抓住国家推出“中国制造 2025”、“互联网 +”行动和推进“一带一路”、国际产能合作的机遇，面向市场，贴近需求，着力提升核心竞争力和品牌塑造能力。要大力推动大众创业、万众创新，支持创新型企业特别是创新型小微企业发展，让各种创新资源向企业集聚，让更多金融产品和服务对接创新需求，用创新的翅膀使中国企业飞向新高度。

五、国外视角

欧智库：中国对外直接投资持续增长

欧智库布鲁盖尔发表文章称，中国 2014 年对外直接投资（ODI）总额有望首次超过外商直接投资（FDI）总额。但中国 ODI 额占世界 ODI 总额比仍处于低位。离岸中心如香港和加勒比海或为主要原因，2013 年中国约 70% 的 ODI 流向离岸中心。中国商务部仅要求公司登记跨境贸易第一目的地，但不登记资本反向流动，因此很难确定中国 ODI 最终范围和分布情况。评估报告显示，中国 ODI 存量和流量的地理分布更加趋于平衡，北美和欧洲所占比重高于预期。亚洲仍然是中国 ODI 主要目的地，但份额由此前估计的 70% 降至 50%。欧洲是中国 ODI 第二目的地，2013 年欧洲占中国 ODI 存量和流量比分别为 19% 和 17%。拉美是中国 ODI 唯一下降的地区。然而，若排除离岸中心的影响，这一地区 ODI 存量同样有所增长。总体而言，未来中国 ODI 将持续扩大，主要原因为：一是简化 ODI 申请手续将推进中国资本账户自由化。二是中国企业需国际化以提高生产力和解决产能过剩问题。加大对东盟国家 ODI 有助于中国转移产能过剩产业。劳动密集型产业也将通过投资海外市场以获得较低成本劳动力，从而实现边际收益最大化。三是中国大量外汇储备需转换成多种高收益率资产。四是中国政府正在推动如“21 世纪海上丝绸之路”等宏伟计划。

第 28 期（2015 年 7 月 18 日—2015 年 7 月 24 日）

一、政策发布

1. 财政部发布关于加强中央部门预算评审工作的通知

2015 年 7 月 20 日，财政部发布关于加强中央部门预算评审工作的通知：一是理顺预算评审职责。中央部门和财政部按照部门预算管理权限，分别组织开展预算评审工作。二是划分预算评审范围。预算评审主要针对部门预算中的项目支出预算。三是明确预算评审内容。四是把握预算评审环节。各部门要按照“先评审后入库”的原则，对部门本级及所属单位申报的项目进行预算评审。五是规范预算评审方式。根据预算管理级次的不同，各部门可实行集中评审或分级评审，具体形式由部门自行确定。六是保障预算评审经费。预算评审遵循“谁委托谁付费”的原则，委托开展评审工作所需经费由委托单位承担，评审机构和专家不得向被评审单位收取任何费用。

2. 国务院常务会议确定全面实施城乡居民大病保险，更好守护困难群众生命健康

2015 年 7 月 22 日，国务院总理李克强召开国务院常务会议，会议决定：一是从城镇居民基本医保和新农合基金中划出一定比例或额度作为大病保险资金，到 2017 年，建立比较完善的大病保险制度。二是按照收支平衡、保本微利的要求，原则上由政府招标选定商业保险机构承办大病保险，保费实行单独核算，确保资金安全和偿付能力。三是与医疗救助等紧密衔接，对经大病保险支付后自付费用仍有困难的患者，由医疗救助、慈善救助等给予帮助，共同发挥托底保障功能，有效防止发生家庭灾难性医疗支出。

3. 财政部发布关于中央财政科技计划管理改革过渡期资金管理有关问题的通知

2015 年 7 月 23 日，财政部发布关于中央财政科技计划管理改革过渡期资金管理有关问题的通知：一是 2015 年年初预算中通过取消、规范支持范围、规范预算管理渠道三种方式进行。对于取消的，除经审核保留的延续拨款外，不再安排新项目；对于支持某一产业或领域发展的专项资金，主要规范其支持范围，不再支持科技研发工作；对于规范预算管理渠道的，2015年先划转渠道并加快优化整合，整合到位前管理方式暂按现有办法执行。二是从2016年起，现有相关资金渠道将不再立项安排新的项目，在严格审核的基础上，只安排在研项目的后续拨款，在研项目仍按照原管理方式管理。

二、数据盘点

1. 中央财政下拨138.9亿元扶贫资金支持农村扶贫开发

2015年7月20日，财政部发布数据显示，日前，中央财政下拨扶贫资金138.9亿元，支持农村贫困地区扶贫开发。2015年，预算安排扶贫资金补助地方部分460.9亿元，比2014年增长8%，主要包括：发展资金370.1亿元，少数民族发展资金40亿元，以工代赈资金41亿元，“三西”资金3亿元，国有贫困林场扶贫资金4.2亿元，国有贫困农场扶贫资金2.6亿元。

2. 中央财政下拨农发资金4.08亿元支持良种繁育项目建设

2015年7月21日，财政部发布消息称，中央财政下拨农业综合开发资金4.08亿元，用于支持良种繁育项目建设，涉及30个省（自治区、直辖市）的130个良种繁育基地。项目主要支持原种扩繁基地、良种繁育及加工基地、马铃薯良种繁育基地、牧草种子繁育基地和园艺作物种子（种苗）繁育基地建设。项目建成后，将进一步提高我国良种供应能力，有效保障区域内用种安全，促进国家粮食安全和农产品有效供给。

3. 2015年1—6月国有企业经济运行情况

2015年7月21日，财政部发布数据显示，2015年上半年国有企业营业总收入217689.8亿元，同比下降5.8%。其中，中央企业132120亿元，同比下降7.1%；地方国有企业85569.8亿元，同比下降3.7%。2015年上半年国有企业利润总额12332.9亿元，同比下降0.1%。其中，中央企业8724.3亿元，同比下降3.1%；地方国有企业3608.6亿元，同比增长8.2%。2015年上半年国有企业应交税金18719.1亿元，同比增长1.5%。其中，中央企业14554.6亿元，同比增长1.3%；地方国有企业4164.5亿元，同比增长2%。

4. 中央财政下拨农发资金2.09亿元支持林业生态示范项目建设

2015年7月22日，财政部发布消息称，中央财政下拨农业综合开发资金2.09

亿元，用于支持林业生态示范项目建设，项目建设范围涉及山西、内蒙古等23个省（自治区、直辖市）的169个县，项目主要建设内容为人工造林（草）、封山（沙）育林（草），飞播造林、低效林改造等。项目建成后，预计可控制水土流失面积50万亩，新增有林地面积43万亩，治理沙化土地23万亩。

5. 中央财政下拨专项彩票公益金9亿元支持革命老区农村扶贫开发

2015年7月22日，财政部发布消息称，中央财政下拨地方2015年度专项彩票公益金9亿元，支持革命老区推进农村扶贫开发工作。上述资金将重点用于支持贫困革命老区县生产性小型基础设施建设，改善贫困村生产生活条件，帮助贫困群众发展生产、增收致富。为促进提升资金使用效益，中央财政在明确资金使用范围和重点的基础上，切实下放项目审批权限，引导地方整合资金解决贫困革命老区经济社会发展面临的突出问题。同时，中央财政着重加强资金监管和项目指导，确保资金使用安全、项目有序实施。

三、地方财政

1. 重庆落实积极财政政策有效服务稳增长

2015年7月22日，重庆市财政局发布消息称，遵照中央决策部署，重庆稳步推出增支、正税、清费等系列财政调控政策，加快项目安排、资金拨付、政策兑现，提速全市经济发展动能转换。2015年1—6月，全市一般公共预算支出1667.8亿元，增长19.6%，比2014年同期提高0.4个百分点，支出规模和支出进度明显加快。一是增加合理有效投资，着力构建工商产业占50%左右、基础设施和房地产各占25%左右的投资格局。二是加大正税清费力度，既利用税费杠杆激活经济，又不制造“税费洼地”。三是扩大社会消费需求。立足通过消费结构升级和产业结构优化扩大内需。四是促进外贸稳定增长。积极参与“一带一路”、长江经济带建设，整合设立9.2亿元商务发展专项资金，完善落实出口退税负担机制，支持渝企“走出去”。五是加速经济转型升级，培育新兴产业，整合工业振兴、民营经济、商务、小微企业等专项资金26亿元，设立800亿元战略性新兴产业发展基金，重点用于发展战略性新兴产业。六是释放创新驱动活力，着力扭转阻碍创新的机制体制。七是完善市县财政关系，充分调动市和区县共同稳增长的积极性。

2. 湖南岳阳稳步推进PPP助力建设增长极

2015年7月23日，湖南省财政厅发布消息称，2015年以来，湖南省岳阳市坚持统筹谋划，稳步推进，以PPP模式推广运用助推湖南新增长极建设。一是机制先行抓谋划。积极争取市委、市政府对PPP工作的高度重视，市政府成立PPP工作领导小组，市财政局成立PPP中心，建立协调机制，统筹协调全市PPP工作。从市场准入、政府采购、预算管理、风险分担、流程管理、绩效评价和争议解决等方面，健全制度机制，制定PPP项目入库申报及评审程序，明确PPP项目操作规则，确保项目推进有章可依，有序可行。同时，通过政府采购方式向社会公开征集PPP项目中介机构。二是注重引导抓宣传。充分利用报刊、电视、网络等多种媒体，大力宣传PPP理念、政策，增强了社会和公众的理解和共识。三是聚焦项目抓推进。建立2015年PPP项目库，入库项目20个，总投资约332.2亿元。建立中长期项目库，积极申报省级示范项目，加快试点项目落地。

四、财政时论

刘昆：要努力开创财政经建工作新局面

2015年7月22日，财政部副部长刘昆在全国财政经建工作会议上发表讲话称，当前我国经济发展的内外部环境正在发生深刻变化，财政经建工作相应地面临着国内经济发展进入新常态的全新的形势；财税体制改革不断深化对经建工作提出的新的要求；财政部内设机构和职责调整给经建工作带来的新的任务。做好财政经建工作要重点把握好以下四个原则：一是立足当前和着眼长远相结合。经建工作要深度参与相关领域的政策顶层设计，体现财政工作的有关要求。特别是要以“十三五”规划编制工作为契机，加强对投资和消费、产业发展、能源革命、交通基础设施建设、粮食安全、生态环境保护等领域发展趋势和关键问题的分析，做到心中有数。二是资金保障和建立机制相结合。财政资金投入要循序渐进、量力而行，不能大包大揽，着重解决有关领域制度碎片化问题，即“花钱买机制”。三是盘活存量和用好增量相结合。要统筹考虑经济建设领域存量和增量资金情况，释放积极财政政策的有效作用，支持重点工作开展。对地方沉淀多年的专项资金，要充分摸底，分门别类提出处理方案。四是政策创新与加强管理相结合。在继续注重政策创新的同时，要进一步提高管理水平。政策制定要尽量公开透明，主动向社会公众征求意见，提高政府公信力；着力完善相关制度办法、推动资金分配规范、透明、有效，减少自由裁量权；建立绩效评价和风险防范机制，加强对专项资金的追踪问效等。刘昆强调，下一步要重点推动做好以下六个方面工作：落实积极的财政政策，稳定投资扩大消费；支持产业升级和中小企业发展；切实加强生态环境保护；加快构建综合交通运输体系；推进粮食及主要农产品补贴政策改革；加强内控管理和干部队伍建设。

五、国外视角

美智库：中国应更重视实体经济发展

2015 年 7 月 16 日，美智库布鲁金斯学会发表文章称，中国股市“过山车”式波动或因金融改革滞后造成，中国应更重视发展实体经济。长期以来，中国经济增长主要依赖出口和投资，但这两个增长引擎正在失去动力。出口方面，作为全球最大出口国，其出口增速难以大幅超出全球贸易增速。2015 年 6 月份，中国出口同比增长 2.1%。投资方面，中国信贷快速扩张导致整体产能过剩。现代服务业是中国现阶段经济增长引擎。中国经济发展使得服务业消费需求加大。但服务业发展面临两方面问题：一是产业保护。在 G20 国家中，中国在电信、媒体、航空、物流、金融服务、健康和教育等领域的开放程度最低。二是户籍制度限制。中国的户籍制度限制了劳动力的流动。服务业需要非技术劳动力，但更需要高技能劳动力。劳动力市场缺乏有效流动性，阻碍了劳动生产率的提高，尤其不利于现代服务业的发展。中国新的领导层发布了一系列改革措施，如开放服务市场、逐步取消户籍制度，但进展缓慢。金融市场改革或许可以对其他部门改革发挥辅助作用。中国利率受政府管制，难以在资本配置中发挥实质作用。但过去两年，中国金融市场改革明显提速：利率管制有所放松；允许私人银行进入市场；公司更容易进入资本市场；引入融资融券交易等。然而，金融市场改革并未得到实体经济改革的有力支持，国内私企和外资企业中相对健康的企业并未得到有效扩张。短期看，股票市场和实体经济并无紧密联系。即便进行全面改革，中国经济仍可能存在泡沫。但长期看，企业的健康发展对实体经济和股市的发展至关重要。过去几周股市大幅下跌后，政府放弃了基于市场的改革转而使用行政控制，如禁止大股东未来 6 个月内减持股份，同时允许超半数的上市公司停盘。当前重要问题是此轮股市波动是否会导致领导层对实体经济改革更加谨慎，抑或意识到中国需要新的增长模式并加速改革以支持经济增长。中国应专注于实体经济改革，若改革顺利实施，市场将能得到良性发展。

第 29 期（2015 年 7 月 25 日—2015 年 7 月 31 日）

一、政策发布

1. 财政部发布关于做好政府采购信息公开工作的通知

2015 年 7 月 24 日，财政部发布关于做好政府采购信息公开工作的通知：一是采购项目信息，包括采购项目公告、采购文件、采购项目预算金额、采购结果等信息，由采购人或者其委托的采购代理机构负责公开。二是监管处罚信息，包括财政部门作出的投诉、监督检查等处理决定，对集中采购机构的考核结果，以及违法失信行为记录等信息，由财政部门负责公开。三是法律、法规和规章规定应当公开的其他政府采购信息，由相关主体依法公开。四是各级财政部门、各部门、各单位要建立政府采购信息公开工作机制，落实责任分工，切实履行政府采购信息公开的责任和义务。五是各级财政部门要将政府采购信息公开作为监督检查的重要内容。

2. 财政部发布关于科研机构进口医疗检测、分析仪器有关税收事项的通知

2015 年 7 月 27 日，财政部发布关于科研机构进口医疗检测、分析仪器有关税收事项的通知：一是免税进口医疗检测、分析仪器仍按《科学研究和教学用品免征进口税收暂行规定》和《科技开发用品免征进口税收暂行规定》执行。二是取消对非医药类院校、专业和非医药类科学研究、科技开发机构免税进口医疗检测、分析仪器及其附件的主体资格限制。三是科研机构进口医疗检测、分析仪器及其附件的功能及数量应当与其科学研究、教学领域和任务相适应。四是财政部会同有关部门对科研机构免税进口医疗检测、分析仪器的情况进行事中或事后核查。

3. 国务院发布关于促进进出口稳定增长的若干意见

2015 年 7 月 27 日，国务院发布关于促进进出口稳定增长的若干意见：一是坚决清理和规范进出口环节收费。深入开展全国范围内的涉企收费集中整治专项行

动。二是保持人民币汇率在合理均衡水平上基本稳定。完善人民币汇率市场化形成机制，扩大人民币汇率双向浮动区间。三是加大出口信用保险支持力度。进一步扩大短期出口信用保险规模，加大对中小微企业及新兴市场开拓的支持力度。四是加快推进外贸新型商业模式发展。五是继续加强进口工作。六是进一步提高贸易便利化水平。进一步简政放权，提高服务效率。七是切实改善融资服务。加大对有订单、有效益企业的融资支持。

4. 财政部发布《中小企业发展专项资金管理暂行办法》

2015 年 7 月 28 日，财政部发布《中小企业发展专项资金管理暂行办法》：一是实行专款专用，专项管理，确保资金使用规范、安全和高效。二是财政部负责专项资金的预算管理和资金拨付，并对专项资金的管理情况和实施效果等开展预算监管和绩效管理。三是财政部会同相关部门适时适当调整专项资金支持的重点领域，并通过发布工作指南等组织实施。四是专项资金补助对象按照政府机构、事业单位和企业等分类。五是财政部会同相关部门建立定期评价和退出机制，根据实际工作需要组织开展绩效评价，并加强绩效评价结果的应用。六是财政部会同相关部门加强预算监管，对监管发现的问题及时督促整改。

5. 国务院常务会议确定促进旅游投资和消费的政策措施

2015 年 7 月 28 日，国务院总理李克强主持召开国务院常务会议，确定促进旅游投资和消费的政策措施：一要改善旅游消费环境。支持加强中西部地区支线机场、连通景区道路、停车场、旅游厕所等建设，规范旅游市场价格和经营秩序。二要发展个性化、特色化乡村旅游，支持大学毕业生、返乡农民工等通过乡村旅游自主创业。三要挖掘旅游消费新热点。放宽在线度假租赁、旅游租车等“互联网 +”新业态的准入和经营许可，推动各地落实带薪休假制度。四要加大政府投入，调动社会力量，鼓励采取 PPP 等模式投资建设和运营旅游项目，拓宽旅游企业融资渠道，鼓励金融机构加大信贷支持。

二、数据盘点

1. 中国 2015 年上半年规模以上工业企业实现利润总额 28441.8 亿元

2015 年 7 月 28 日，国家统计局发布数据显示，中国 2015 年上半年规模以上工业企业实现利润总额 28441.8 亿元，同比下降 0.7%。2015 年 6 月份规模以上工业企业实现利润总额 5885.7 亿元，同比下降 0.3%，其中，国有控股企业实现利润总额 5980.2 亿元，同比下降 21.2%；集体企业实现利润总额 235.3 亿元，下降 0.1%；股份制企业实现利润总额 18552.6 亿元，下降 1.7%；外商及港澳台商投资企业实现利润总额7216.7亿元，增长4.2%；私营企业实现利润总额9771.3亿元，增长6.3%。

2. 中国2015年上半年小微企业获税收优惠486亿元

2015年7月28日，经济日报发布数据显示，2015年上半年税务部门共组织税收收入59373亿元（已扣减出口退税），同比增长6.3%，与经济增长基本协调。同时，2015年上半年分别减税1102亿元、486.31亿元。分季度看，2015年一季度和二季度税收收入分别增长3.4%和8.8%，增幅回升明显。分产业看，2015年上半年二产和三产税收收入同比分别增长3.1%和6%，三产税收增速和比重持续明显高于二产。

3. 中国2015年6月份彩票销售情况

2015年7月29日，财政部发布数据显示，2015年6月份，中国共销售彩票281.2371亿元，同比减少79.30亿元，下降22%。其中，福利彩票机构销售161.83亿元，同比减少6.31亿元，下降3.8%；体育彩票机构销售119.41亿元，同比减少72.99亿元，下降37.9%。2015年1—6月累计，共销售彩票1876.78亿元，同比增加92.68亿元，增长5.2%。其中，福利彩票机构销售1028.44亿元，同比增加43.43亿元，增长4.4%；体育彩票机构销售848.34亿元，同比增加49.25亿元，增长6.2%。

4. 中国2014年政府采购简要情况

2015年7月30日，财政部发布数据显示，中国2014年政府采购规模为17305.34亿元，比2013年增加924.24亿元，增长5.6%，增幅下降11.6个百分点，占全国财政支出和GDP的比重分别为11.4%和2.7%。其中，工程类采购金额10141.11亿元，占采购总规模的58.6%，比2013年增长2.2%，增幅下降16.3个百分点。货物类采购金额5230.04亿元，占采购总规模的30.2%，比2013年增长6.3%，增幅下降5.8个百分点。因实施公务用车制度改革，全国公务用车采购金额比2013年减少77.94亿元，下降27.6%。服务类采购金额1934.25亿元，比2013年增长26.1%，占采购总规模的11.2%，比2013年提高1.8个百分点。批量集中采购金额实现2001.31亿元，占全国集中采购金额11734.5亿元的17.1%。

5. 中央财政下拨农机购置补贴资金236.45亿元

2015年7月30日，财政部发布数据显示，2015年，中央财政下拨农机购置补贴资金236.45亿元。自2004年农机购置补贴政策实施以来，中央财政不断加大支持力度，截至2015年，已累计安排1435.07亿元，对调动农民购买和使用农机的积极性、调整优化农机装备结构、提升农机化作业水平，促进农业机械化和农机工业又好又快发展发挥了积极推动作用。

三、地方财政

1. 山西财政："点石成金"助力中小企业发展

2015 年 7 月 27 日，山西省财政厅发布消息称，2015 年 7 月上旬，山西省财政出资引导设立的山西中小企业创投基金已培育 2 家企业进入新三板挂牌，探索出财政资金支持中小企业发展的新模式。一是从"输血"到"造血"探索财政投入新模式。发挥财政资金撬动社会资本的杠杆作用，创新政府投资方式、放大财政资金乘数效应，是山西省推进金融振兴的重要内容。山西中小企业创投基金近期的探索，正遵循了这样的路径。首批股权投资企业进入新三板，一种财政投入新模式已然成形。如果说过去的"输血"模式只能解一时之急，那么创投基金进入之后，在带来长期资金的同时，也使企业自身的融资能力得到增强。二是通过市场引导资金流向助力经济转型。作为山西省第一只政策性引导基金，山西中小企业创投基金从设立起就坚持按照市场化原则运作。创投基金从项目的选择、投资、管理、退出，都由专业团队负责，确保基金投得出、可退出、有收益，实现滚动发展，服务更多中小企业。要想"投得出"，就要找到好项目。自 2013 年创投基金设立以来，山证基金管理有限公司对全省 11 市企业进行了"拉网"式搜索，挖掘企业 867 家，形成项目储备库。同时，基金管理公司联合山西证券在省内举办 300 余场专项培训，动员企业主动对接资本市场。截至目前，已优选了近 50 家中小企业，其中有 44 个项目完成了尽职调查，33 个项目已在中小企业创投基金立项，5 个项目已完成投资。

2. 山东省出台办法积极推进专项资金信息公开

2015 年 7 月 29 日，山东省财政厅发布消息称，山东省制定出台了《山东省省级财政专项资金信息公开暂行办法》，着力解决专项资金信息公开中存在的内容不完整、职责不明确、进度不平衡等问题，切实维护公众的知情权、参与权和监督权。一是明确公开范围。按照"公开为常态、不公开为例外"的原则，除涉密性信息外，所有省级专项资金都要公开。二是扩大公开内容。根据资金分配管理流程，对专项资金实行全链条公开，公开内容涵盖专项资金目录、管理制度、申报指南、分配公式和因素、分配结果、绩效评价结果等，使各方面能够全面、完整地获取专项资金信息。三是理顺公开渠道。坚持"谁主管、谁负责、谁公开"，明确财政部门和业务主管部门的公开职责。具体公开渠道以主管部门门户网站为主，也可以采取文件通报、政务微博微信、张榜公示等方式，切实提高公开的针对性和时效性。四是严格公开程序。专项资金目录、管理制度和绩效评价结果，在公开信息生成后 20 个工作日内公开；申报指南由省业务主管部门在发布之日公开；分配结果由省业务主管部门或市县有关部门在分配结果确定或文件印发后 5 个工作日内公开。对省直部门直接使用的资金，相关信息随部门预算、决算一并公开。

四、财政时论

楼继伟：金砖银行应注重创新，成为 21 世纪的新型多边开发机构

财政部部长楼继伟发表讲话称，金砖银行作为新型发展伙伴，在充分借鉴现有多边开发银行经验的同时，也要汲取教训，少走弯路，注重通过创新降低成本，提高效率，更好地适应不同发展阶段客户的动态需求和不断变化的世界经济形势。一是创新发展理念。应坚持求同存异、开放包容、互利共赢的理念，支持各国探索适合自身特点的发展实践和模式，促进发展理念的多样化、经验的学习与借鉴。二是创新服务模式。积极为发展中国家提供量身定做的产品和服务，为实现跨越式经济发展和共同繁荣提供所需要的资金支持和经验借鉴。三是创新组织结构。设计精简和扁平化的组织架构、灵活高效的业务运作流程，不断提高机构决策和运行效率。四是创新金融工具。不断拓展投融资渠道，丰富融资方式，降低融资成本，并积极稳妥地推动公私合作伙伴关系模式的广泛应用。五是创新国际实践。发展是一个动态的过程，并没有所谓的“最佳实践”。金砖银行要在借鉴现有多边开发机构好的做法基础上，勇于创新，努力追求更好的国际实践。

五、国外视角

美智库：中国经济发展进入新阶段

美智库布鲁金斯学会发表文章称，为应对全球金融危机导致的经济增速放缓，中国通过推出一系列举措已使经济发展进入新阶段。中国当前 GDP 增速已下降至 7%，较危机前下降 4 个百分点。为此，中国采取加大投资方式避免经济增速进一步放缓。近几年，投资 GDP 占比已超 50%。但是，该方式已造成以下三个问题：一是以全要素生产率（TFP）衡量，中国技术发展缓慢。二是资本边际产出下降，如房屋和机场大量闲置、制造业产能过剩等。三是消费 GDP 占比过低，特别是家庭消费，仅占 GDP 1/3。为有效应对经济增速放缓，中国从内外两方面推出一系列举措。对外，中国发起亚投行、金砖银行和“一带一路”倡议。成立亚投行的主要原因是现有国际金融机构治理改革进程过于缓慢。“一带一路”旨在强化中国至中亚以及中国至东南亚、南亚、非洲和欧洲两条路线的基础设施建设。这些举措能促进亚洲经济一体化，但无法解决中国产能过剩难题。对内，中共十八届三中

全会提出一系列改革措施应对产能过剩问题：一是户籍制度改革。二是财税体制改革。三是金融市场自由化。四是服务业开放。这些措施将有效控制投资浪费，提高创新和生产率，促进消费，并使中国经济在未来十年或更长时间持续增长。TPP 谈判或于 2015 年年底前完成。澳大利亚、新加坡、韩国、越南等亚洲主要经济体希望同时加入亚投行、“一带一路” 和 TPP。事实上，中美双方的倡议存在互补性。中方倡议的基础设施建设是投资和贸易的“硬件”，但并不足以推动一体化。而 TPP 则是“软件”，如减少贸易壁垒，开放贸易和投资服务，协调贸易监管壁垒等。虽然中美在亚洲的竞争存在导致区域贸易一体化受阻或瓦解的风险，但更可能加强亚太地区机构建设和一体化进程。

第30期 （2015年8月1日—2015年8月7日）

一、政策发布

1. 财政部、农业部、银监会发布《关于财政支持建立农业信贷担保体系的指导意见》

2015年8月3日，财政部、农业部、银监会发布《关于财政支持建立农业信贷担保体系的指导意见》，三部门指出，力争用3年时间建立健全具有中国特色、覆盖全国的农业信贷担保体系框架。三部门要求，各地在组建农业信贷担保机构过程中，要致力于切实降低农业信贷风险和成本，突出农业信贷担保机构的政策性、独立性和专注性，加强专业人才队伍建设。三部门强调，要强化农业信贷担保机构的市场主体地位，建立健全农业信贷担保机构的风险内控制度，制定农业信贷担保机构的考核标准体系，加强农业信贷担保机构的经营风险监管。

2. 财政部发布关于重新发布中央管理的人力资源社会保障部门行政事业性收费项目的通知

2015年8月3日，财政部发布关于重新发布中央管理的人力资源社会保障部门行政事业性收费项目的通知：一是地方人力资源社会保障部门所属职业技能鉴定向报名参加考试的人员收取考试费。人力资源社会保障部所属职业技能鉴定中心向地方职业技能鉴定机构收取考务费。二是专业技术人员职业资格考试，由其所属人事考试中心向地方相关考试机构收取考务费，地方相关考试机构向报名参加考试的人员收取考试费。三是收费单位应按隶属关系分别使用财政部或省级财政部门统一印制的票据。四是人力资源社会保障部所属职业技能鉴定中心和人事考试中心的收费收入，应全额上缴中央国库，纳入中央财政预算管理。

3. 财政部发布《关于支持多种形式适度规模经营促进转变农业发展方式的意见》

2015年8月3日，财政部发布《关于支持多种形式适度规模经营促进转变农业发展方式的意见》：一是调整完善农业补贴政策，突出资金投向和使用重点，进一步加大对适度规模经营的政策倾斜力度。二是强化支农项目对接，大力支持家庭农场、种养大户、农民合作社和农垦改革发展，着力促进新型经营主体提升适度规模经营能力。三是创新规模经营有效实现形式，加强财政与金融协调合作，支持引导有利于适度规模经营的体制机制创新。四是切实加强涉农资金使用管理，加大财政支农信息公开力度，不断提高财政资金使用效益。

4. 国务院发布关于全面实施城乡居民大病保险的意见

2015 年 8 月 3 日，国务院发布关于全面实施城乡居民大病保险的意见：一是完善大病保险筹资机制。科学测算筹资标准，稳定资金来源，提高统筹层次。二是提高大病保险保障水平。全面覆盖城乡居民，逐步提高支付比例。三是加强医疗保障各项制度的衔接。强化基本医保、大病保险、医疗救助、疾病应急救助、商业健康保险及慈善救助等制度间的互补联动，建立大病信息通报制度。四是规范大病保险承办服务。支持商业保险机构承办大病保险，规范大病保险招标投标与合同管理，建立大病保险收支结余和政策性亏损的动态调整机制，不断提升大病保险管理服务的能力和水平。

5. 财政部发布《中央财政服务业发展专项资金管理办法》

2015 年 8 月 4 日，财政部发布《中央财政服务业发展专项资金管理办法》：一是专项资金主要用于支持创新现代商品流通方式，改善现代服务业公共服务体系，推动流通产业结构调整，促进城乡市场发展，扩大国内消费。二是专项资金优先采取股权投资、建立产业基金、PPP 等市场化方式。三是专项资金原则上以因素法分配，确需考虑专业规划布局、项目特点的，采取项目法分配。

二、数据盘点

1. 2015 年 7 月中国制造业 PMI 为 50.0%

2015 年 8 月 1 日，国家统计局发布数据显示，2015 年 7 月份，中国制造业 PMI 为 50.0%，环比下降 0.2 个百分点。分企业规模看，大、中、小型企业 PMI 均有所回落。其中，大型企业 PMI 为 50.6%，环比下降 0.2 个百分点；中型企业 PMI 为 50.0%，环比下降 0.2 个百分点；小型企业 PMI 为 46.9%，环比下降 0.6 个百分点。此外，2015 年 7 月份中国非制造业商务活动指数为 53.9%，环比上升 0.1 个百分点。

2. 财政部决定发行 2015 年第七期和第八期储蓄国债

2015 年 8 月 3 日，财政部发布数据显示，财政部决定发行 2015 年第七期和第八期储蓄国债，两期国债均为固定利率、固定期限品种，最大发行总额400亿元。第七期期限3年，票面年利率4.5%，最大发行额200亿元；第八期期限5年，票面年利率4.87%，最大发行额200亿元。两期国债发行期均为2015年8月10日至8月19日，2015年8月10日起息，按年付息，每年8月10日支付利息。第七期和第八期分别于2018年8月10日和2020年8月10日偿还本金并支付最后一年利息。

3. 中国2014年电子商务交易额突破16万亿元

2015年8月3日，国家统计局发布数据显示，中国2014年电子商务交易额达16.39万亿元，同比增长59.4%。其中，在企业自建的电商平台上实现的交易额为8.72万亿元，同比增长65.9%；在为其他企业或个人提供商品或服务交易的电商平台上实现的交易额为7.01万亿元，同比增长53.8%；在既有第三方又有自营的混营平台上实现的交易额为0.66万亿元，同比增长41.1%。

4. 中国2015年7月份小微企业运行指数为47.0

2015年8月5日，经济日报发布数据显示，中国2015年7月份小微企业运行指数为47.0，环比微降0.2个点。其中，成本指数上升0.7个点，信心指数环比持平，市场指数、采购指数、绩效指数、扩张指数、融资指数、风险指数略微下降。七大行业小微指数有所分化，农林牧渔业、交通运输业和住宿餐饮业小微企业指数小幅上升，分别上升0.1%、0.4%和0.3个点。其他制造业、建筑业、批发零售业和服务业行业小微企业运行状况依然处于下滑趋势。

5. 中央财政2015年安排16亿元支持湿地保护与恢复

2015年8月7日，财政部发布数据显示，2015年，中央财政进一步加大对湿地保护的支持力度，安排湿地补贴16亿元，其中包括：湿地保护与恢复支出6.8亿元、退耕还湿支出1.15亿元、湿地生态效益补偿支出4.05亿元、湿地保护奖励支出4亿元。

三、地方财政

1. 浙江支持耕地保护补偿机制建设试点显成效

2015年8月4日，浙江省财政厅发布消息称，通过几年的实践和探索，耕地保护补偿机制建设试点成效显现：一是大部分试点县初步建立了耕地保护补偿资金机制。二是试点政策对耕地保护责任主体给予补偿，直接增加了农村集体经济组织和农民收入。三是通过试点政策宣传和政策激励约束提高了耕地保护意识。

各试点县将耕地保护补偿与土地管理工作绩效，有效遏制了违法用地现象。四是对农村集体经济组织补助资金，提高了耕地质量和粮食生产综合生产能力。部分试点县将补助政策与种植粮食作物相挂钩，有效促进了粮食作物的种植。

2. 河北省将在全省各级全面施行绩效预算管理

2015 年 8 月 5 日，河北省财政厅发布消息称，河北省提出了在全省范围内全面推行绩效预算管理：一是预算编制有目标。政府预算将围绕政府行政目标来确定，部门预算围绕部门职责来编制，项目预算以绩效高低为标准来确定。二是预算执行有监控。形成预算编制、执行、绩效评价、结果应用为主要环节的管理闭环，绩效信息、项目指标贯穿全程、动态监控、即时管理。三是预算完成有评价、评价结果有应用、绩效缺失有问责。财政监督的重点将转向合规性检查与绩效监督、绩效评价并重。完善绩效评价报告制度和绩效问责制度，加大绩效信息公开力度。

四、财政时论

楼继伟：积极发挥财政职能作用，着力促进经济稳定增长

财政部部长楼继伟发表讲话称，当前中国经济运行缓中趋稳、稳中向好，但下行压力仍然较大。下一步，财政部门要按照党中央、国务院的决策部署，继续坚持稳中求进工作总基调，立足当前，着眼长远，将创新宏观调控与推进结构性改革有机结合起来。一是加力增效，落实好积极财政政策的各项措施。加大力度推进重大项目建设；大力推进财政资金统筹使用；加大降税清费力度。二是加快 PPP 模式的推广运用。加快完善法律制度和政策扶持体系；强化市场理念和风险意识；规范推进 PPP 项目实施。三是统筹稳增长和防风险，进一步规范地方政府债务管理。抓紧推动融资平台公司市场化转型改造；依法规范地方政府举债行为。四是发挥好各类投资引导基金的作用。设立各类投资引导基金，创新运作方式，引导民间资本投入经济社会发展的关键领域和薄弱环节。五是深入推进财税体制改革。全面推进预算公开，完善政府预算体系，实行中期财政规划管理，改革和完善财政转移支付制度，积极推进预算绩效管理，加快推进权责发生制政府综合财务报告制度建设；抓紧推进营改增改革，推进消费税改革，抓紧完善资源税制度，积极推进落实税收法定原则；研究完善中央和地方事权与支出责任划分；继续推进专员办转型。

五、国外视角

美智库：中欧深化合作有利于全球经济

美智库布鲁金斯学会发表文章称，中欧经济合作日益密切，双方合作前景充满机遇和挑战。近年来，中国与欧洲经济合作关系日益紧密。其主要表现在以下几方面：一是双边贸易快速增长。中欧贸易于 2000 年开始增长，金融危机后明显加速。二是投资组合多样化。从单一购买美国国债转为增持欧洲债券。三是中国远洋运输集团赢得希腊比雷埃夫斯港两个码头的 35 年特许经营权，使中国成为希腊的主要投资者。虽然中欧单日贸易额已超 10 亿欧元，但如何保证中欧关系完全符合欧洲长期以来建立的规范和实践是欧洲各成员国共同面临的战略议题。当前，中欧磋商议题包括加强知识产权保护，签署新的科技协议，签署具有里程碑意义的海关协议，在 2015 年 12 月份巴黎会议前发表关于气候变化的声明等。其中，围绕 3150 亿欧元“欧洲投资计划”的政策磋商对双方长期合作至关重要。中国意识到，“一带一路”计划与“欧洲投资计划”具有互补性。但是欧盟对中国与中东欧国家的“16 + 1”倡议感到不满，进而影响其对中国“一带一路”计划的认可。中国希望通过连接新“丝绸之路”与欧洲基础设施建设计划增强在欧影响力，并增强其在全球经济中的重要性。但未来全球贸易秩序存在不确定性，欧洲必须充分意识到其潜在后果。因此，欧盟必须加强内部协商以应对中国雄心勃勃的经济意图。中国认为，全球规制应真实反映全球经济实力。而欧洲应清晰表明，未来的经济秩序应基于规则，合作应基于既有原则。

第 31 期 （2015 年 8 月 8 日—2015 年 8 月 14 日）

一、政策发布

1. 财政部、海关总署和国家税务总局联合发布《关于对化肥恢复征收增值税政策的通知》

2015 年 8 月 10 日，财政部、海关总署和国家税务总局联合发布《关于对化肥恢复征收增值税政策的通知》，规定自 2015 年 9 月 1 日起，对纳税人销售和进口的化肥，统一按 13% 税率征收增值税，原有的增值税免税和先征后返政策相应停止执行。国家对有机肥仍然在生产流通全环节实行免征增值税政策，有利于鼓励有机肥的生产和使用，优化用肥结构，促进农业可持续发展。此外，由于国家设有农资综合补贴并动态调整等制度安排，即使化肥价格出现一些波动，调整化肥增值税优惠政策对正常的农业生产和农民增收不会产生大的影响。

2. 国务院发布关于进一步促进旅游投资和消费的若干意见

2015 年 8 月 11 日，国务院发布关于进一步促进旅游投资和消费的若干意见：一是实施旅游基础设施提升计划，改善旅游消费环境。着力改善旅游消费软环境；完善城市旅游咨询中心和集散中心；加强连通景区道路和停车场建设；加强中西部地区旅游支线机场建设；大力推进旅游厕所建设。二是实施旅游投资促进计划，新辟旅游消费市场。加快自驾车房车营地建设；推进邮轮旅游产业发展；培育发展游艇旅游大众消费市场；大力发展特色旅游城镇；积极发展“互联网 + 旅游”。三是加大改革创新力度，促进旅游投资消费持续增长。加大政府支持力度；落实差别化旅游业用地用海用岛政策；拓展旅游企业融资渠道。

3. 财政部发布关于一年期以上返还性人身保险产品营业税免税政策的通知

2015 年 8 月 13 日，财政部发布关于一年期以上返还性人身保险产品营业税免税政策的通知：一是对保险公司开办的一年期以上返还性人身保险产品取得的保费收入免征营业税。二是保险公司应当对免税的人身保险产品单独核算，未单独核算的，不得享受营业税免税政策。三是已列入此前财政部和国家税务总局发布的免征营业税名单的一年期以上返还性人身保险产品，继续免征营业税。保险公司在2014年10月1日及其之后开办的一年期以上返还性人身保险产品，符合免税条件的，可向主管税务机关办理备案手续。人身保险产品的开办时间，以中国保险监督管理委员会出具的备案回执或批复文件上注明的备案日期为准。

4. 国务院发布关于促进融资担保行业加快发展的意见

2015年8月13日，国务院发布关于促进融资担保行业加快发展的意见：一是发挥政府支持作用，提高融资担保机构服务能力。大力发展政府支持的融资担保机构；加强融资担保机构自身能力建设。二是发挥政府主导作用，推进再担保体系建设。加快再担保机构发展；完善再担保机制；改进完善对政府性融资担保和省级再担保机构的考核机制。三是政银担三方共同参与，构建可持续银担商业合作模式。建立政银担三方共同参与的合作模式；完善银担合作政策；优化银担合作环境。四是有效履行监管职责，守住风险底线。加快监管法治建设；明晰地方监管责任；加强行业自律和人才建设。五是加强协作，共同支持融资担保行业发展。落实财税支持政策；营造支持发展的良好环境。

二、数据盘点

1. 中国2015年7月份居民消费价格同比上涨1.6%

2015年8月9日，国家统计局发布数据显示，2015年7月份全国居民消费价格总水平同比上涨1.6%。其中，城市上涨1.7%，农村上涨1.5%；食品价格上涨2.7%，非食品价格上涨1.1%；消费品价格上涨1.4%，服务价格上涨2.2%。2015年1—7月平均，全国居民消费价格总水平比2014年同期上涨1.3%。2015年7月份全国居民消费价格总水平环比上涨0.3%。其中，城市上涨0.3%，农村上涨0.3%；食品价格上涨0.7%，非食品价格上涨0.1%；消费品价格上涨0.2%，服务价格上涨0.5%。

2. 中央财政追加下达2015年农村危房改造补助资金50亿元

2015年8月12日，财政部发布数据显示，财政部会同国家发展改革委、住房城乡建设部在已下达315亿元的基础上，追加下达2015年中央农村危房改造补助资金50亿元，专门用于地震高烈度设防地区农房抗震改造。2015年，中央财政共下达农村危房改造补助资金365亿元，支持完成贫困农户危房改造任务432万户，分别比2014年增加135亿元和166万户。其中，按照国务院关于统筹推进农房抗震改造的要求，安排地震高烈度设防地区农房抗震改造任务 126 万户。

3. 中国 2015 年 7 月份一般公共预算收入 14249 亿元

2015 年 8 月 12 日，财政部发布数据显示，2015 年 7 月份全国一般公共预算收入 14249 亿元，比 2014 年同月增长 12.5%，同口径增长 9.1%。全国一般公共预算支出 12732 亿元，比 2014 年同月增长 24.1%，同口径增长 22.4%。2015 年 1—7 月累计，全国一般公共预算收入 93849 亿元，比 2014 年同期增长 7.5%，同口径增长 5.4%。全国一般公共预算支出 90020 亿元，比 2014 年同期增长 13.4%，同口径增长 12.1%，完成预算的 52.5%，比 2014 年同期进度加快 0.6 个百分点。

4. 中国 2015 年 7 月份规模以上工业增加值增长 6.0%

2015 年 8 月 12 日，国家统计局发布数据显示，2015 年 7 月份规模以上工业增加值同比实际增长 6.0%，比 2015 年 6 月份回落 0.8 个百分点。从环比看，2015 年 7 月份，规模以上工业增加值比 2015 年 6 月增长 0.32%。2015 年 1—7 月，规模以上工业增加值同比增长 6.3%。

5. 中国 2015 年 1—7 月全国房地产开发和销售情况

2015 年 8 月 12 日，国家统计局发布数据显示，2015 年 1—7 月，全国房地产开发投资 52562 亿元，同比名义增长 4.3%，增速比 2015 年 1—6 月份回落 0.3 个百分点。2015 年 1—7 月，商品房销售面积 59914 万平方米，同比增长 6.1%，增速比 2015 年 1—6 月提高 2.2 个百分点。商品房销售额 41171 亿元，增长 13.4%，增速提高 3.4 个百分点。其中，住宅销售额增长 16.8%，办公楼销售额增长 2.1%，商业营业用房销售额下降 1.9%。2015 年 7 月份，房地产开发景气指数为 93.03，比 2015 年 6 月提高 0.4 个百分点。

6. 中国 2015 年 7 月份社会消费品零售总额增长 10.5%

2015 年 8 月 12 日，国家统计局发布数据显示，2015 年 7 月份社会消费品零售总额 24339 亿元，同比名义增长 10.5%。其中，限额以上单位消费品零售额 11005 亿元，增长 7.3%。2015 年 1—7 月，社会消费品零售总额 165916 亿元，同比增长 10.4%。其中，限额以上单位消费品零售额 77265 亿元，增长 7.3%。

三、地方财政

1. 重庆财政补贴农业生产全程社会化服务试点显现成效

2015 年 8 月 11 日，重庆市财政局发布消息称，按照相关要求，重庆立足发展实际、加大创新力度、深入探索实践，及时编制试点方案、系统谋划试点内容、不断强化工作指导，成效开始显现。在补贴制度设计上有三个突出特点：补贴对象发生变化、补贴环节更具灵活性、补贴比例不搞一刀切。试点工作取得了五项阶段性成果。一是种粮从不赚钱向有“钱途”转变。试点区域农户以财政补贴水稻全程化社会服务加权平均算，理论成本节支 50%。二是种粮从零散向规模化、集约化转变。三是种粮从传统化向现代化转变，从根本上解决了如何科学种田的难题。四是种粮从传统收益向延伸效益转变，由此前“种吃的”延伸为“种看的”，提升了农业附加值。五是种粮从无人干向“香饽饽”转变，财政有补贴、农民参与度高，服务机构在各环节都有收益。

2. 广西财政大力推动农业综合开发改革创新

2015 年 8 月 12 日，广西壮族自治区财政厅发布消息称，2015 年以来，广西按照财税体制改革的总体要求，认真贯彻落实中央关于“三农”的各项方针政策，自觉把农业综合开发工作放在“三农”工作大局中去谋划推进，通过农业综合开发机制体制的改革创新，不断推动农业综合开发发展，使农业综合开发更具活力。一是积极推进适度规模经营。筑巢引凤，推动生产经营方式转变；两类结合，合力推进产业化发展；调整方式，提高项目资金使用效率。二是激发市级农发部门活力，注重发挥市级农发部门的管理职能作用，充分调动市级农发部门工作的积极性，在进一步简政放权的同时，理顺各级农发机构工作职责。三是创新立项方式，探索农业综合开发项目新机制，建立共同选项合作机制。

四、财政时论

金立群：中国如何跨越“中等收入陷阱”

金立群发表文章称，目前中国已处在中高等收入发展阶段，既面临前所未有的向高收入国家行列跃升的机遇，也面临落入“中高收入陷阱”的危险。在充分认识风险和挑战的同时，也应看到中国所具备的有利条件和优势。一是人力资本在未来 10 年会加速增长，从而大大抵消劳动力供给下降的负面效应，使中国有望赶在 2030 年人口红利完全消失前迈入高收入国家行列。二是随着“营改增”等财税体制方面改革的推进，其促进企业、行业转型升级的效应开始显现。三是近几年金融体制改革的深化，特别是资本市场改革，有助于推动金融在支持研发创新和优化资源配置方面发挥更大作用。四是国家淘汰落后和过剩产能的相关政策正倒逼企业转型升级。五是国际金融危机以来对基础设施的大规模投资对整体经济效率的外溢效应将在未来 10 年逐渐显现，有利于进一步提高潜在增长率。当然，潜在增长率不会自动转化为实际增长。要使这一潜在能力变为现实，必须通过改革清除障碍。除了加大教育和研发方面的投入，政府还应在以下几方面积极发挥作用：一是加快户籍制度改革，提高城镇化水平，打破劳动力市场城乡分割，推动劳动力从生产率较低的农业部门转移到工业和服务业部门。纵观世界，成功跨越“中等收入陷阱”的国家都在城乡结构上实现了根本转变，完成了工业化、城镇化和农业现代化的历史任务，使农业劳动生产率赶上社会平均劳动生产率，城乡居民人均收入水平大体相当。二是加大对知识产权的保护力度。创新的主体是企业，创新的土壤是机制和环境。政府应为企业提供创新环境和制度保障，激励大众创业、万众创新。此外，应通过坚持不懈反腐败、整顿吏治，通过加快转变政府职能，特别是通过全面推进依法治国，为企业营造法治化经营环境。

五、国外视角

美智库：人民币汇率将由市场主导

2015 年 8 月 11 日，美智库彼得森国际经济研究所发表文章称，中国央行调整人民币中间价报价或为实现汇率市场化的重要一步。中国央行下调中间价并非货币操控以支持经济增长，而极可能是希望通过此举促使人民币加入 IMF 特别提款权（SDR）货币篮子。IMF 执行委员会将于 2015 年 11 月份决定是否将人民币纳入 SDR 货币篮子中。IMF 于上周发布的评估报告指出，中国在岸汇率与离岸汇率存在偏差，进一步推动在岸市场市场化将使这一问题得到解决。同时，期待中国央行在不久将来进一步放宽对特别提款用户的准入，便于进入在岸交易市场。调整人民币汇率中间价并非货币操控，而是使人民币波动随汇率市场变化浮动。数月来，人民币汇率中间价持续下跌，但央行每日设定的中间价几乎维持不变。同时，央行通过抛售美元、购买人民币等措施，防止每日人民币汇率浮动超出 2% 区间。而当前，央行宣布将参考前日收盘汇率、外汇市场供求状况以及国际主要货币汇率变动等指标，设定人民币汇率中间价。因此，2015 年 8 月 11 日的汇率中间价较 2015 年 8 月 10 日下调 200 个基点。长期以来 IMF 和美国财政部多次呼吁中国采取更加市场化的汇率政策，中国此举与其建议相符，并有望扩大人民币兑美元双向浮动区间。

第32期（2015年8月15日—2015年8月21日）

一、政策发布

1. 财政部发布关于加快推进中央本级项目支出定额标准体系建设的通知

2015年8月18日，财政部发布关于加快推进中央本级项目支出定额标准体系建设的通知：一是对于已纳入建设计划但未按期完成的项目支出定额标准，务必于2016年6月底前完成。二是编制支出标准应以市场难以发现支出标准、可量化、经常性的支出项目为重点，坚持急用先行。三是对于支出内容相同或相近的同类项目，可按类别采取相互协调等方式共同编制。四是建立动态管理机制。五是健全标准应用机制。六是优化标准管理流程。将标准管理工作全面嵌入部门预算管理过程，项目支出定额标准建设计划的申报、审核和批复等工作与部门预算申报、审核和批复等工作同步进行。七是加强基础管理工作。

2. 国务院常务会议决定进一步加大对小微企业的税收优惠

2015年8月19日，国务院总理李克强主持召开国务院常务会议指出，继续实施定向调控，进一步加大对小微企业的税收扶持，在落实好已出台税收优惠政策的同时，一是从2015年10月1日起到2017年年底，依法将减半征收企业所得税的小微企业范围，由年应纳税所得额20万元以内（含20万元）扩大到30万元以内（含30万元）。二是将月销售额2万元至3万元的小微企业、个体工商户和其他个人免征增值税、营业税的优惠政策执行期限，由2015年年底延长至2017年年底。

3. 财政部发布关于国家铁路局行政事业性收费项目的通知

2015年8月20日，财政部发布关于国家铁路局行政事业性收费项目的通知：一是国家铁路局在组织铁路机车车辆驾驶资格考试时，向报名参加考试的考生收取考试费。二是国家铁路局收取铁路机车车辆驾驶资格考试费应使用财政部统一印制的票据。三是铁路机车车辆驾驶资格考试费应全额上缴中央国库，纳入中央财政预算管理。国家铁路局组织实施铁路机车车辆驾驶资格考试考务所需经费，由中央财政统筹安排。四是国家铁路局应严格按上述规定执行，不得擅自增加收费项目、扩大收费范围，并自觉接受财政、价格、审计部门的监督检查。

二、数据盘点

1. 中国 2015 年 1—7 月国有企业经济运行情况

2015 年 8 月 19 日，财政部发布数据显示，2015 年 1—7 月，国有企业营业总收入 253659.4 亿元，同比下降 6.1%；营业总成本 246115.6 亿元，同比下降 5.6%；利润总额 14157.9 亿元，同比下降 2.3%。应交税金 21890.4 亿元，同比增长 2.9%。资产总额 1094219.4 亿元，同比增长 11.5%；负债总额 712606.7 亿元，同比增长 11.2%；所有者权益合计 381612.7 亿元，同比增长 12.1%。

2. 中央财政 2015 年安排 209.8 亿元支持构建现代公共文化服务体系

2015 年 8 月 19 日，财政部发布数据显示，2015 年一般公共预算安排公共文化服务体系相关资金 209.8 亿元，比 2014 年增加 1.73 亿元。资金重点使用情况如下：一是安排资金 51.57 亿元，用于深入推进公益性文化设施向社会免费开放。二是安排资金 130.06 亿元，重点支持地方公共文化体育设施维修与设备购置、广播电视覆盖、公共数字文化建设等。三是安排资金 3.1 亿元，加快推进边远贫困地区、边疆民族地区和革命老区文化人才队伍建设。四是安排资金 25.08 亿元，支持党中央国务院确定的少数民族地区重点文化工程、计划、项目建设等。

3. 中国 2015 年上半年服务进出口同比增加 13.3%

2015 年 8 月 20 日，商务部发布数据显示，2015 年 1—6 月，中国累计实现服务进出口总额 3188 亿美元，同比增长 13.3%。服务进出口增速连续两个季度运行在 10% 以上，2015 年一、二季度同比分别增长 10.6%、15.7%。2015 年 1—6 月，我国服务进出口占对外贸易总额比为 14.5%，同比增长 0.6 个百分点。对外投资方面，2015 年 1—7 月，中国企业共对“一带一路”沿线的 48 个国家进行了直接投资，投资额合计 85.9 亿美元，同比增长 29.5%。

三、地方财政

1. 广东省财政积极推进基本公共服务均等化综合改革试点

2015 年 8 月 18 日，广东省财政厅发布消息称，要进一步扩大基本公共服务均等化综合改革试点地区范围，同时，结合本地实际认真制定改革试点具体实施方案，积极稳妥推进改革。一是健全投入机制。进一步调整和优化公共财政支出结构，完善财政转移支付制度、国有资本经营预算制度。二是创新供给方式。深化政府购买社会服务改革，放宽基本公共服务投资的准入限制，建立基本公共服务多元化供给机制。三是完善管理机制。建立健全区域基本公共服务均等化协调机制，加强对异地务工人员的基本公共服务供给。四是探索民主决策机制。积极探索在重大民生政策和项目决策、实施过程中引入征询社会公众意见机制。五是完善绩效考评机制。加大各项基本公共服务在政绩考核中的权重，建立绩效评估机制。

2. 四川省财政多措并举支持推动就业创业工作

2015 年 8 月 19 日，四川省财政厅发布消息称，2015 年，四川省切实加大财政投入，全力支持实施更加积极的就业政策，积极推动就业创业。一是加大就业专项资金投入。下达就业专项中央和省补助资金 21.06 亿元，支持落实社保补贴、公益性岗位补贴等就业援助与就业促进政策。二是支持高校毕业生就业创业。将高校毕业生创业补贴资金和高校毕业生创业专项资金，统一整合为高校毕业生创业补助资金，并下达资金 3 亿元。三是发挥失业保险促进就业作用。对在实施兼并重组、化解产能严重过剩、淘汰落后产能过程中，稳定就业岗位的企业，由失业保险基金给予稳定岗位补贴。

四、财政时论

高培勇：三个层面变化必须引入宏观调控视野

财经战略研究院院长高培勇发表文章称，经济形势越是趋于严峻，就越是需要政府加强宏观调控。然而，经济发展新常态下的宏观调控不可与以往同日而语，以下三个层面的变化必须引入宏观调控视野：一是立足于中国经济正在向形态更高级、功能更齐全、作用更完整、结构更合理的阶段演化的新判断，有关宏观经济政策的抉择必须与新常态相契合，建立在主动适应并引领新常态的基础之上。二是鉴于建立在新形势、新判断基础上的治国理政思路已经发生变化，有关宏观经济政策的抉择必须同新的经济工作理念相对接，根据新理念创新宏观调控的方式和方法。三是即便宏观经济政策的基本面亟待在扩张方面加力增效，也必须在兼顾稳增长、保就业、防风险、调结构、稳物价、惠民生、促改革等多重目标的前提下，围绕逆周期调节和推动结构调整两个方面的功能作用，妥善安排好宏观经济政策的新格局。当前宏观经济形势极为错综复杂，凭借以往的知识结构和研究经验难以作出清晰阐释。对于宏观调控的新路子，还需在不断探索中逐步走上正常轨道。面对这一系列挑战，应以超出以往的精力和气力投入，走出一条“增密度”和“精细化”的新路子；还应当确认，对于事关当前稳增长政策成效的宏观经济政策分析，不仅要“冷静观察，谨慎从事，谋后而动，看清楚再下手”，而且要以此为基础，抓住主要矛盾和突出问题，在加强政策研究的“针对性”和操作反应的“及时性”上下功夫。总之，应当全面而适时地调整以往习以为常的理念、思维和做法，以与以往不同理念、思维和做法，推动宏观经济理论和实践的转型。以此为基础，全面构建适应并引领新常态的宏观经济分析工作新格局。

五、国外视角

IMF：中国经济“新常态”更加安全可持续

2015 年 8 月 14 日，IMF 发表文章称，中国正在进入“新常态”，其特点是增长减缓，但是更加安全和可持续。预计中国 2015 年增速为 6.8%，较 2014 年的 7.4% 有所下降，符合政府约 7% 的增长目标。中国在减少脆弱性方面取得重大进展。信贷增长过去几年显著放缓，影子银行已得到控制。受住宅房地产增长下降影响，投资正在降温。中国还通过了新预算法以解决预算外借款问题。但是，在降低住宅房地产投资水平，通过多年去杠杆过程消除信贷缺口，以及开展中期财政整顿等方面需进一步取得进展，使脆弱性不断下降。在中国 2015 年预计达到增长目标、通胀前景有利的情况下，货币政策应采取等待观望方式，特别是由于显著放松货币政策有可能加剧信贷和投资脆弱性。此外，应保持宽松财政政策，并从 2016 年起逐渐整顿财政以提高公共财政可持续性。中国结构性改革上已经取得良好进展，但是，中国需进一步实施大刀阔斧改革，以转向更加开放和市场化的经济。其一是金融体系改革。金融体系市场化意味着银行根据市场状况和商业条件设定其存款利率、贷款利率和贷款政策。其二是国企改革。在私人和公共企业之间创造公平竞争环境至关重要，以便为私人部门增长创造空间，进而推动未来增长和创造就业机会。其他改革包括增加红利支付、加强治理并最终允许失去生存力的国企退出市场等。按购买力平价衡量，中国目前是世界上最大经济体。但是，中国仍有相当大的增长空间。正如其过去的成就一样，中国未来的成功将取决于宏观政策和改革实施进程。进展越快，促进经济增长的好处就能越早实现。

第33期（2015年8月22日—2015年8月28日）

一、政策发布

1. 国务院发布《基本养老保险基金投资管理办法》

2015年8月24日，国务院发布《基本养老保险基金投资管理办法》：一是养老基金限于境内投资。投资范围包括：银行存款、中央银行票据、国债、养老金产品、股票、国债期货等。二是养老基金可以通过适当方式参与投资国家重大工程和重大项目建设。三是国有重点企业改制、上市，养老基金可以进行股权投资。四是投资股票、股票基金、混合基金、股票型养老金产品的比例，合计不得高于养老基金资产净值的30%；投资国家重大项目和重点企业股权的比例，合计不得高于养老基金资产净值的20%。五是养老基金资产参与股指期货、国债期货交易，只能以套期保值为目的。

2. 财政部发布关于取消有关水运涉企行政事业性收费项目的通知

2015年8月25日，财政部发布关于取消有关水运涉企行政事业性收费项目的通知：一是自2015年10月1日起，取消船舶港务费、特种船舶和水上水下工程护航费、船舶临时登记费等中央级设立的行政事业性收费。二是各省（区、市）财政、价格部门要对省级设立的水运涉企行政事业性收费项目进行清理。三是相关部门和单位依法履行职能和事业发展所需经费，由同级财政预算予以统筹安排，保障工作正常开展。四是有关执收部门和单位要到财政部门办理财政票据缴销手续。

3. 国务院发布关于开展农村承包土地的经营权和农民住房财产权抵押贷款试点的指导意见

2015年8月26日，国务院发布关于开展农村承包土地的经营权和农民住房财产权抵押贷款试点的指导意见：一是落实“两权”抵押融资功能，加大金融对“三农”的支持力度。二是金融机构要结合“两权”的权能属性，在贷款利率、期限、风险控制等方面加大创新支持力度，扎实推进“两权”抵押贷款业务。三是建立抵押物处置机制，做好风险保障。四是试点地区要加快推进农村土地承包经营权、宅基地使用权和农民住房所有权确权登记颁证，探索对通过流转取得的农村承包土地的经营权进行确权登记颁证。五是加大扶持和协调配合力度，增强试点效果。

4. 国务院常务会议部署进一步清理和规范进出口环节收费为企业发展减负

2015 年 8 月 27 日，国务院常务会议部署进一步清理和规范进出口环节收费，为企业发展减负：一是降低中央管理的进出口环节部分收费，重新核定地方管理的经营服务收费标准，原则上只降不升。合并取消关检环节重复、交叉收费。二是统一内外贸港口计费规定，建立定期成本监审和公开制度，规范港口码头收费。推行进出口环节收费目录清单公示制度。三是禁止进出口环节强制、指定服务和收费行为，推进竞争性服务准入和收费市场化。查处借垄断地位或权力擅立收费项目。

二、数据盘点

1. 中国 2015 年 7 月份彩票销售情况

2015 年 8 月 24 日，财政部发布数据显示，2015 年 7 月份，全国共销售彩票 270.47 亿元，同比减少 101.62 亿元，下降 27.3%。其中，福利彩票机构销售 155.77 亿元，同比减少 18.55 亿元，下降 10.6%；体育彩票机构销售 114.70 亿元，同比减少 83.07 亿元，下降 42.0%。2015 年 1 月至 7 月累计，全国共销售彩票 2147.25 亿元，同比减少 8.94 亿元，下降 0.4%。其中，福利彩票机构销售 1184.21 亿元，同比增加 24.88 亿元，增长 2.1%；体育彩票机构销售 963.04 亿元，同比减少 33.82 亿元，下降 3.4%。

2. 中央财政下拨 2015 年学前教育发展资金 150 亿元

2015 年 8 月 24 日，财政部发布数据显示，中央财政下拨 2015 年支持学前教育发展专项资金 150 亿元，采取以奖代补方式，引导和支持地方通过新建、改扩建、购买服务、在偏远农村地区实施巡回支教试点等多种方式扩大普惠性学前教育资源。据统计，2011—2015 年，中央财政共安排支持学前教育发展中央专项资金 719.3 亿元。

3. 中国央行下调存贷款基准利率并降低存款准备金率

2015 年 8 月 25 日，中国央行发布数据显示，自 2015 年 8 月 26 日起，下调金融机构人民币贷款和存款基准利率。其中，金融机构一年期贷款基准利率下调 0.25 个百分点至 4.6%；一年期存款基准利率下调 0.25 个百分点至 1.75%；其他各档次贷款及存款基准利率、个人住房公积金存贷款利率相应调整。自 2015 年 9

月6日起，下调金融机构人民币存款准备金率0.5个百分点。同时，额外降低县域农村商业银行、农村合作银行、农村信用社和村镇银行等农村金融机构准备金率0.5个百分点。额外下调金融租赁公司和汽车金融公司准备金率3个百分点。

三、地方财政

1. 云南省昆明财政四项措施加强财政支出管理

2015年8月24日，云南省财政厅发布消息称，云南省昆明市高度重视财政支出管理工作，采取促进度、保平衡、压支出、严追加四项措施，有效提高了预算支出管理效率。一是促进度。按照均衡支出要求，加快资金支出进度，完善预算动态监控机制。二是保平衡。坚持量入为出的原则，严格执行年初人大审议通过的年度预算。三是压支出。严格按照中央、省、市的厉行节约的有关规定，认真落实“八项规定”及相关要求，严格控制“三公”经费增长。四是严追加。严把预算执行关，市级除落实上级新出台增支政策、突发自然灾害等特殊事项和市委、市政府明确批示必办事项外，原则上不再追加一般性支出，各县区也要参照执行。

2. 重庆财政为“打扫扶贫”战场再开良方

2015年8月27日，重庆市财政局发布消息称，要确保新增财力的75%以上用于区县和基层，重点向贫困区县倾斜；确保一般性转移支付增量主要用于贫困区县；确保贫困区县人均财力增幅高于全市平均增幅。一是变“反向激励”为“正向激励”，具体而言就是“三个不”政策：不减力度、不断调养期、不要配套。二是变“政策大一统”为“精准政策制导”。建立“转移支付与人口转移支付挂钩”机制，建立“人走财留”的资金沉淀机制，建立“销号奖补”机制。三是变“九龙治水”为“集合发力”。按照责、权、利相统一的原则，把投向相近、性质相似的专项逐步整合到一个部门，实行集中打捆使用，做到“一个龙头，一个目标，一套体系，全程问效”。

四、财政时论

夏杰长：以产业融合推动产业升级

财经战略研究院副院长夏杰长发表文章称，我国制造业目前正受到双重挤压，即部分高端制造业向发达国家回流，一些劳动密集型制造业向劳动成本、商务成本更低的发展中国家转移。现代产业界限日益模糊，工业服务化，服务产品化，产业融合是产业发展重要特征与趋势。推动实现“中国制造2025”战略目标，需要跨界融合理念，即在制造业中嵌入知识含量较高的生产性服务业，实现生产性服务业与制造业融合互动发展。推进生产性服务业与制造业融合互动发展，发挥生产性服务业对制造业升级转型作用，建议从以下四个方面着手：一是鼓励制造业分离发展服务业。国际国内经验表明，推动生产性服务环节专业化、社会化发展与做强做专做精制造业密切相关。这样做，既能释放服务市场需求，培育专业化服务供应商，又可让制造业企业专注“主业”，是“一举两得”的选择。二是推动制造业延伸产业链，在最终产品中增加更多服务元素，实现服务化经营，从而增加制造业盈利空间。三是改变过去制造业“重物质要素、轻服务要素”投入的传统做法，更加注重投入“研发设计、软件信息、质量控制、现代物流、供应链管理、检验检测、融资租赁、节能环保解决方案”等知识密集型服务要素，给制造业装上“聪明的大脑”，助推“中国制造”走向“中国智造”。四是改革工业化与信息化融合方式。过去强调较多的是在工业制造环节运用信息技术，但这有明显局限。不仅要重视制造生产过程信息化、智能化，更要把信息化渗透于生产价值链全过程，并实现网络立体式深度融合，将研发设计、加工制造、营销服务产前、产中和产后三大产业环节整合在共同网络化信息平台上，并以此为基础打造若干智能制造产业集群，依托这个平台推动服务与制造全价值链深度融合，使生产性服务业成为支撑“工业 4.0”、落实“中国制造 2025”的重要推力。

五、国外视角

美智库：零售业销售数据不是中国消费支出的可靠指标

美智库彼得森国际经济研究所（PIIE）发表文章称，零售业销售数据不能很好地反映中国私人消费支出情况。其原因如下：一是零售业销售数据包括政府和其他公共机构采购数据。二是很大一部分私人消费集中在服务业，且这部分在不断增长，但服务业并未被纳入零售业销售数据统计范畴。根据中国国家统计局开展的城市居民家庭调查，中国城市居民家庭消费支出中服务支出所占比重从 1995 年的 20% 升至 2013 年的 40%。但是，针对农村家庭的类似调查并未提供足够多的分类数据，部分调查类别同时包括商品支出和服务支出。PIIE 预估了中国农村家庭消费总支出中服务支出比重，包括实物性消费。预估上限包含了消费支出中“家庭设备用品和服务”和“其他商品和服务”类别的价值，预估下限则剔除了上述两个混合类别。从每年预估结果可以看出两点：一是农村居民服务支出比重稍低于城市居民，这在预料之中，因为农民收入远低于城市居民，而服务支出比重随收入增加而上升。二是服务支出占农村家庭支出比重似乎也在 1995—2013 年翻了一番。中国国家统计局在 2013 年修改了家庭支出调查范围和方法，开始根据全国人均私人消费支出来报告数据，统计类别略有不同。这些数据表明 2014 年私人消费支出中服务支出比重持续增长。

第 34 期 （2015 年 8 月 29 日—2015 年 9 月 4 日）

一、政策发布

1. 四部委联合发布《关于鼓励上市公司兼并重组、现金分红及回购股份的通知》

2015 年 9 月 1 日，财政部、证监会、国资委、银监会四部委联合发布《关于鼓励上市公司兼并重组、现金分红及回购股份的通知》：一是大力推进上市公司兼并重组。优化兼并重组市场化定价机制，进一步简化行政审批程序，优化审核流程，鼓励上市公司兼并重组支付工具和融资方式创新。二是积极鼓励上市公司现金分红。上市公司应建立健全现金分红制度，结合本公司所处行业特点、发展阶段和盈利水平，增加现金分红在利润分配中的占比。三是大力支持上市公司回购股份。支持上市公司通过发行优先股、债券等多种方式，为回购本公司股份筹集资金。国有控股上市公司应鼓励其控股股东、实际控制人结合自身状况，积极增持上市公司股份。

2. 国务院常务会议决定设立国家中小企业发展基金

2015 年 9 月 1 日，国务院总理李克强主持召开国务院常务会议。会议决定，建立总规模为 600 亿元的国家中小企业发展基金，通过设立母基金、直投基金等，用市场化的办法，重点支持种子期、初创期成长型中小企业发展。基金原则上采取有限合伙制，其募资、设立、管理、收益分配、到期退出等均按市场化原则操作。通过社会出资人优先分红、国家出资收益适当让利等措施，更多吸引社会资本，激发中小企业“双创”活力。

3. 财政部发布关于继续实施物流企业大宗商品仓储设施用地城镇土地使用税优惠政策的通知

2015 年 9 月 2 日，财政部发布关于继续实施物流企业大宗商品仓储设施用地城镇土地使用税优惠政策的通知：一是自 2015 年 1 月 1 日起至 2016 年 12 月 31 日止，对物流企业自有的大宗商品仓储设施用地，减按所属土地等级适用税额标准的 50% 计征城镇土地使用税。二是物流企业的办公、生活区用地及其他非直接从事大宗商品仓储的用地不属于本通知规定的优惠范围。三是非物流企业的内部仓库不属于本通知规定的优惠范围。四是本通知印发之日前已征的应予减免的税款，在纳税人以后应缴税款中抵减或者予以退还。

4. 财政部发布关于加强大气污染防治专项资金管理提高使用绩效的通知

2015 年 9 月 2 日，财政部发布关于加强大气污染防治专项资金管理提高使用绩效的通知：一是抓紧专项资金预算执行。抓紧细化预算安排。对重点大气污染防治项目，应由省直接安排。建立预算执行通报制度。对重点项目资金实行动态跟踪。二是强化大气治理重点任务资金政策保障。各地应按照轻重缓急安排专项资金，优先保障国家确定的重点治理任务。围绕重点任务加强统筹协调。三是加强专项资金管理使用的指导和考核。财政部、环境保护部将及时总结、推广专项资金管理使用好的做法及经验。加强专项资金管理使用绩效考核，对成绩突出的给予奖励，对治理效果不好的扣减专项资金，真正实现奖优罚劣。

5. 财政部发布关于进一步扩大小型微利企业所得税优惠政策范围的通知

2015 年 9 月 2 日，财政部发布关于进一步扩大小型微利企业所得税优惠政策范围的通知：一是自 2015 年 10 月 1 日起至 2017 年 12 月 31 日，对年应纳税所得额在 20 万元到 30 万元之间的小型微利企业，其所得减按 50% 计入应纳税所得额，按 20% 的税率缴纳企业所得税。二是本通知规定的小型微利企业，其 2015 年 10 月 1 日至 2015 年 12 月 31 日间的所得，按照 2015 年 10 月 1 日后的经营月份数占其 2015 年度经营月份数的比例计算。三是继续执行《财政部　国家税务总局关于小型微利企业所得税优惠政策的通知》。

二、数据盘点

1. 中国 2015 年 8 月份发用电 4633.49 亿千瓦时

2015 年 8 月 31 日，中国政府网发布数据显示，2015 年 8 月 1—28 日，中国发用电 4633.49 亿千瓦时，同比增长 2.97%，增速较 2014 年同期回升 6.54 个百分点，比 2015 年 7 月增速回升 4.97 个百分点。分旬看，2015 年 8 月上、中旬，中国发用电增速分别为 1.89% 和 5.78%；2015 年 8 月下旬 21—28 日增速为 0.95%。分区域看，2015 年 8 月上、中旬，华北、华东、华中、西北、南方区域均保持正增长，日均用电量同比分别增长 1.39%、6.87%、6.56%、3.55%、0.37%；东北为同比下降1.15%。华东、华中区域对全国发用电增长的贡献率达81.3%，合计拉高全国发用电增速2.86个百分点。

2. 中国2015年8月份非制造业商务活动指数为53.4%

2015年9月1日，国家统计局发布数据显示，中国2015年8月份非制造业商务活动指数为53.4%，环比下降0.5个百分点，仍高于临界点3.4个百分点，表明我国非制造业总体继续保持稳定增长态势。其中，服务业商务活动指数为52.6%，环比下降0.2个百分点；建筑业商务活动指数为57.8%，环比下降2.3个百分点。

3. 中国2015年8月份制造业PMI为49.7%

2015年9月1日，国家统计局发布数据显示，中国2015年8月份制造业PMI为49.7%，环比下降0.3个百分点，降至临界点下方。分企业规模看，大型企业PMI为49.9%，环比下降0.7个百分点，年内首次落至临界点下方；中型企业PMI为49.8%，环比下降0.2个百分点，低于临界点；小型企业PMI为48.1%，环比上升1.2个百分点，继续位于收缩区间，但收缩幅度有所减小。

三、地方财政

1. 山东省财政多措并举保障居民养老保险制度平稳运行

2015年8月31日，山东省财政厅发布消息称，自新型农村社会养老保险试点以来，以资金投入为重点，通过强化资金监管，支持提升经办能力，保障了居民养老保险制度平稳运行。一是加大财政投入。2009年以来，省财政不断加大对居民养老保险投入力度，累计筹集资金300亿元，年均增长23.1%。2012年以来连续4年提高基础养老金标准。二是强化资金管理。省财政认真履行监管职责，及时跟进加强监督检查和追踪问效，强化财务管理，确保资金使用和基金运行安全、高效。三是提升经办能力。省财政先后筹集资金3.1亿元，采取“以奖代补”办法，推动全省123处县级人力资源社会保障综合服务中心和1857处乡镇（街道、社区）基层服务平台建设，为居民基本养老保险制度提供坚实的基层经办服务基础。

2. 山西财政多措并举推动政府购买服务落地生效

2015年9月2日，山西省财政厅发布消息称，省财政厅三措并举推进政府购买服务工作。一是建章立制。截至目前，山西省以省政府办公厅名义、省财政厅配套、省民政厅和省财政厅联合、省文化厅和省财政厅联合等多种方式出台相应政策。二是建立部门工作协调机制。成立了以省政府为统一领导，财政部门牵头，监察、审计、民政、工商管理及相关部门配合行业主管部门协同、职能部门密切配合、社会力量广泛参与的工作机制。三是开展培训推动工作开展。一方面“以训代会”，对全省政府购买服务当前和今后一个阶段的工作进行部署；另一方面就《山西省政府购买服务暂行办法》、预算管理、购买服务的具体操作程序、绩效评价等方面内容进行了针对性培训。

四、财政时论

李克强：在应对挑战中保持经济平稳运行

国务院总理李克强发表讲话称，近期国际市场动荡，给世界经济复苏增加新不确定因素，对中国金融市场、进出口等影响加深，经济运行遇到新压力。面对扑朔迷离的国际环境和国内深层次矛盾显现情况，应坚持稳中求进，持续推进结构性改革。做好当前经济工作，既要看到一些方面不断向好的趋势，坚定信心，保持定力，又要直面困难挑战，未雨绸缪，及时妥为应对，做到趋利避害。关键要贯彻落实党中央、国务院各项部署，主动适应经济发展新常态，牢牢抓紧发展这个第一要务，充分发挥中央和地方两个积极性，继续实施积极的财政政策和稳健的货币政策。在传统增长动力减弱的情况下，要拿出更多改革开放新举措，增加公共产品、公共服务供给，促进大众创业、万众创新，增强经济发展动力。要创新投融资方式，通过设立专项基金、置换地方存量债务、发行企业债券、调整固定资产投资项目资本金比例等，提高地方和企业投资能力，推动公共设施建设等重大项目落地，支持中西部、贫困地区发展，扩大有效投资。围绕居民消费升级新需求，推出促消费、惠民生的新政策，推动快递等流通业发展，释放消费潜力。加快推进国际产能合作，取得更多共赢发展成果。支持实体经济提质增效升级，推动机械、纺织、轻工、汽车等领域加速折旧，加大对传统产业技改投资的支持力度。通过完善研发费用加计扣除、修订高新技术企业认定管理办法，支持企业研发创新活动。扩大绿色节能和低碳产品应用，推进“互联网 +”向更多行业拓展，形成新增长点。金融稳定事关经济全局。近期完善人民币汇率中间价报价机制，是顺应国际金融市场走势的合理举措，但人民币汇率没有持续贬值的基础，可以保持在合理均衡水平上基本稳定。要继续推进金融体制改革，保持流动性合理充裕，增强服务实体经济的能力。维护金融市场稳定运行。加快相关制度建设，培育公开透明、长期稳定健康发展的资本市场。加强和完善风险管理，守住不发生区域性系统性风险底线。

五、国外视角

美智库：中国经济未走向“硬着陆”

美智库彼得森国际经济研究所发表文章称，中国经济运行仍保持良好，其主要观点如下：一是中国经济仍处在实现 2015 年 7% 增速的轨道上。工资增速继续迅速上升，非农领域创造的就业机会多于以往任何时期。这些数据并不会在经济走向硬着陆时出现。二是许多经济学家认为中国工业部门效益下降是经济放缓的迹象之一，这个看法过于简单。因为过去三年里，中国经济已逐渐从由工业拉动转向由服务业拉动。三是经济学家认为近年来的过度负债使中国陷入了金融危机，然而，中国在 2015 年 8 月初对人民币进行适度贬值后，人民币对美元汇率没有出现较大变化；人民币对美元保持坚挺是中国并未陷入金融危机另一个表现。四是中国只是正在调整和纠正其过度膨胀的股票市场，而中国股市在历史上对中国实体经济影响一直很小。

第 35 期 （2015 年 9 月 5 日—2015 年 9 月 11 日）

一、政策发布

1. 国务院发布关于加快融资租赁业发展的指导意见

2015 年 9 月 7 日，国务院发布关于加快融资租赁业发展的指导意见：一是建设法治化营商环境。积极推进融资租赁立法工作，提高立法层级。二是完善财税政策。为鼓励企业采用融资租赁方式进行技术改造和设备购置提供公平的政策环境。三是拓宽融资渠道。鼓励银行、保险、信托、基金等各类金融机构在风险可控前提下加大对融资租赁公司的支持力度。四是完善公共服务。逐步建立统一、规范、全面的融资租赁业统计制度和评价指标体系，完善融资租赁统计方法，提高统计数据的准确性和及时性。五是加强人才队伍建设。加强融资租赁从业人员职业能力建设，支持有条件的高校自主设置融资租赁相关专业。

2. 财政部发布关于上市公司股息红利差别化个人所得税政策有关问题的通知

2015 年 9 月 7 日，财政部发布关于上市公司股息红利差别化个人所得税政策有关问题的通知：一是个人从公开发行和转让市场取得的上市公司股票，持股期限超过 1 年的，股息红利所得暂免征收个人所得税。二是上市公司派发股息红利时，对个人持股 1 年以内的，上市公司暂不扣缴个人所得税。三是上市公司股息红利差别化个人所得税政策其他有关操作事项，按照《财政部　国家税务总局　证监会关于实施上市公司股息红利差别化个人所得税政策有关问题的通知》的相关规定执行。四是全国中小企业股份转让系统挂牌公司股息红利差别化个人所得税政策，按照本通知规定执行。

3. 国务院发布关于促进金融租赁行业健康发展的指导意见

2015 年 9 月 8 日，国务院发布关于促进金融租赁行业健康发展的指导意见：一是深化体制机制改革，引导各类社会资本进入金融租赁行业，支持民间资本发起设立风险自担的金融租赁公司，扩大服务覆盖面。二是提升金融租赁服务水平，加大对薄弱环节支持力度。三是加强基础设施建设，夯实行业发展基础。四是逐步完善金融租赁行业法律法规，发挥租赁物的风险保障作用。五是加强金融租赁行业自律组织建设，建立健全行业自我约束机制，积极承担社会责任，维护行业整体形象。六是完善监管体系，增强风险管理能力。

4. 财政部关于规范政府采购行政处罚有关问题的通知

2015 年 9 月 8 日，财政部关于规范政府采购行政处罚有关问题的通知：一是各级人民政府财政部门在政府采购行政处罚工作中要做到证据确凿充分，适用法律法规正确。二是各级人民政府财政部门依法对参加政府采购活动的供应商、采购代理机构、评审专家作出的行政处罚决定，要严格按照相关法律法规条款的规定进行处罚。三是各级人民政府财政部门要依法公开对政府采购供应商、采购代理机构、评审专家的行政处罚决定。

二、数据盘点

1. 中国 2014 年 GDP 初步核实结果

2015 年 9 月 7 日，国家统计局发布数据显示，经初步核实，2014 年 GDP 现价总量为 636139 亿元，比初步核算数减少 324 亿元，按不变价格计算的增长速度为 7.3%，比初步核算数降低 0.1 个百分点。其中，第一产业增加值为 58336 亿元，比初步核算数增加 4 亿元，增长速度为 4.1%，与初步核算数持平。第二产业增加值为 271764 亿元，比初步核算数增加 372 亿元，增长速度为 7.3%，与初步核算数持平。第三产业增加值为 306038 亿元，比初步核算数减少 701 亿元，增长速度为 7.8%，比初步核算数降低 0.3 个百分点。按初步核实数计算的三次产业结构，第一产业占 9.2%，第二产业占 42.7%，第三产业占 48.1%。

2. 中国 2015 年 8 月份工业生产者出厂价格同比下降 5.9%

2015 年 9 月 10 日，国家统计局发布数据显示，2015 年 8 月份，全国工业生产者出厂价格环比下降 0.8%，同比下降 5.9%。工业生产者购进价格环比下降 0.7%，同比下降 6.6%。2015 年 1—8 月平均，工业生产者出厂价格同比下降 4.9%，购进价格同比下降 5.7%。工业生产者出厂价格中，生产资料价格同比下降 7.7%，影响全国工业生产者出厂价格总水平下降约 5.8 个百分点；生活资料价格同比下降 0.3%，影响全国工业生产者出厂价格总水平下降约 0.1 个百分点。

3. 中国2015年8月份居民消费价格同比上涨2.0%

2015年9月10日，国家统计局发布数据显示，2015年8月份，全国居民消费价格总水平同比上涨2.0%。其中，城市上涨2.0%，农村上涨1.8%；食品价格上涨3.7%，非食品价格上涨1.1%；消费品价格上涨1.8%，服务价格上涨2.2%。2015年1—8月平均，全国居民消费价格总水平比2014年同期上涨1.4%。2015年8月份，全国居民消费价格总水平环比上涨0.5%。其中，城市上涨0.4%，农村上涨0.6%；食品价格上涨1.6%，非食品价格下降0.1%；消费品价格上涨0.7%，服务价格上涨0.1%。

4. 中国2015年8月份实际使用外资金额542亿元

2015年9月10日，商务部发布数据显示，2015年8月份全国实际使用外资金额542亿元人民币，同比增长22%。2015年1—8月，全国设立外商投资企业16827家，同比增长10.7%；合同外资金额12511.1亿元人民币，同比增长34.8%；实际使用外资金额5252.8亿元人民币，同比增长9.2%。2015年1—8月，全国共计5187家外商投资企业终止，1684家外商投资企业减资，同比分别下降22.4%和18.2%，涉及合同外资金额分别为224.7亿美元和118.6亿美元，同比分别下降24%和12.9%。

三、地方财政

1. 北京财政以多元化投入机制助力“平安北京”

2015年9月9日，北京市财政局发布消息称，近年来，北京财政根据首都北京是全国政治中心的重要定位，把安全作为财政持续支持供给的基本公共服务和公共产品。一是绘制“一幅图”，以分级投入经费的方式建立危险化学品信息管理体系。二是捋顺“一团麻”，以明确主体经费的方式支持地下管线安全隐患整治。三是编织“一张网”，以财力下沉末端的方式建立基层平安志愿服务经费保障机制。四是走活“一盘棋”，以创新资金投入的方式力促安全隐患治理工作提速增效。五是拧成“一股绳”，以协调多方督查的方式推动安全工作资金落实到位。

2. 贵州省财政发挥财政职能服务企业发展

2015年9月6日，贵州省财政厅发布消息称，近年来，贵州省财政推出一整套组合拳，努力为企业排忧解困，促进企业做大做强。一是强化资金支持。安排工业和信息化发展专项资金用于支持产业园区建设、新兴产业发展等领域。二是突破融资瓶颈。建立代偿补偿机制，通过“以奖代补”建立贷款风险补偿机制。三是减轻企业负担。配合税务部门积极落实小微企业增值税、营业税、所得税等优惠政策。四是政府采购扶持。在编制年度政府采购预算时，预留一定比例专门面向中小企业采购。五是一线排忧解困。通过深入企业调研、参加省领导解决企业问题的专题会议等方式，切实解决企业提出的涉及财政方面的问题。

四、财政时论

楼继伟：中国经济最大潜力在于改革

财政部部长楼继伟发表讲话称，尽管中国经济增速放缓引发海外关注，但当前中国经济状况仍在预期之内。今后 5 年将是中国经济结构调整的阵痛期，但中国政府正按照既定部署着力推动结构性改革，使经济增长保持在 7% 左右。中国政府不会特别在意季度性的短期经济波动，将保持宏观经济政策的“定力”。2015 年以来，全球股票金融市场显著动荡，新兴市场货币持续贬值，原油等大宗商品价格屡创新低，不仅给世界经济复苏增加新的变数，也使得增速放缓的中国经济遇到新的压力。不仅如此，受经济增长放缓、物价水平回落以及结构性减税等因素影响，财政收入增速也持续较低，收支矛盾加剧。当前，中国经济正处于三期叠加的特定阶段，经济增长新动力不足与旧动力减弱的结构性矛盾突出，一些风险因素凸显，经济下行压力依然较大。但应理性看待中国经济增速放缓。中国过去依靠政策刺激取得了 9% 到 10% 的增速，但这是不可持续的，也超出了中国经济的潜在增长率，并导致产能过剩和库存大量增加，必须逐步消化产能和去库存。消化产能和去库存可能需要数年时间，今后 5 年中国将由主要依靠投资、出口拉动转向更多依靠消费拉动，但这将是一个艰难的调整过程。此外，中国经济周期与发达国家有所不同。国际金融危机爆发后，发达国家普遍启动了去杠杆进程，但中国则从 2009 年到 2010 年开始了快速的杠杆化，并实现了 10% 左右的经济增速，对全球经济增长贡献率高达 50% 以上。目前中国也进入了去杠杆阶段，经济增速降至 7% 左右。但即使这样，中国经济对全球经济增长的贡献率仍达 30% 左右。展望今后几个月，错综复杂的国内外经济形势仍不容乐观。党中央、国务院根据当前经济形势变化作出的精密决策部署，是更加精准有效的定向调控和相机调控的有力保障。在这一部署下，财政部将继续实施积极的财政政策。此外，还将通过提高特定国有企业利润上缴比例等方法弥补财政缺口，以保持经济适度增长，支持推进结构性改革。

五、国外视角

英智库：中国近期降息存在隐患

英智库经济与商业研究中心发表文章称，中国央行降低存贷款基准利率和存款准备金率并不能解决问题，而会带来问题。“恶性循环”或是描述过去几周中国和全球市场一系列事件的最佳词语，市场将刺激经济政策解读为中国决策者担忧中国经济健康的迹象，这反过来使股市进一步下跌。然而，短期博弈转移了人们对真正问题的注意力。问题根源在于中国债务高企，尤其是地方政府债务。中国社科院最新研究显示，地方政府债务占中国 GDP 比已达 50%。由于卖地收入是地方政府融资重要来源之一，2015 年年初中国房地产市场增速开始放缓时，地方债务也开始变得无法持续。为此，决策者企图强制银行接受“地方债置换计划”以减缓债务压力，把期限短、利率高的地方政府贷款转变为期限长、利率低的债券。这加重了银行压力，使他们放贷意愿减弱。而近期利率下调并不太可能改变银行的态度。比政策无效更为严重的是，下调利率实际上可能影响中国长远利益，因为它通过延长债务依赖和“信贷宽松”来防止企业破产，这样做未能强化市场力量。展望未来，全球股市下跌是对中国短期经济状况的过度反应。那些认为中国经济会随时崩溃的论调高估了中国股市在中国实体经济中的重要性，也低估了中国决策者能力。然而，中国长期风险已大大增加，中国像日本一样面临长达 20 年经济停滞和沉重债务负担的可能性也在上升。

第 36 期（2015 年 9 月 12 日—2015 年 9 月 18 日）

一、政策发布

1. 中共中央、国务院发布关于深化国有企业改革的指导意见

2015 年 9 月 14 日，中共中央、国务院发布关于深化国有企业改革的指导意见：一是分类推进国有企业改革，将国有企业分为商业类和公益类。二是完善现代企业制度。推进公司制股份制改革，健全公司法人治理结构，建立国有企业领导人员分类分层管理制度，实行与社会主义市场经济相适应的企业薪酬分配制度，深化企业内部用人制度改革。三是完善国有资产管理体制。以管资本为主推进国有资产监管机构职能转变，改革国有资本授权经营体制，推动国有资本合理流动优化配置，推进经营性国有资产集中统一监管。四是发展混合所有制经济。推进国有企业混合所有制改革，引入非国有资本参与国有企业改革，鼓励国有资本以多种方式入股非国有企业，探索实行混合所有制企业员工持股。

2. 财政部发布《残疾人就业保障金征收使用管理办法》

2015 年 9 月 14 日，财政部发布《残疾人就业保障金征收使用管理办法》：一是保障金纳入地方一般公共预算统筹安排，主要用于支持残疾人就业和保障残疾人生活。二是地方各级残疾人联合会所属残疾人就业服务机构的正常经费开支，由地方同级财政预算统筹安排。三是各地要积极推行政府购买服务，选择符合要求的公办、民办等各类就业服务机构，承接残疾人职业培训、职业教育等工作。四是地方各级残疾人联合会、财政部门应当每年向社会公布保障金用于支持残疾人就业和保障残疾人生活支出情况，接受社会监督。

3. 财政部发布关于做好城市棚户区改造相关工作的通知

2015 年 9 月 16 日，财政部发布关于做好城市棚户区改造相关工作的通知：一是积极稳妥做好城市棚户区改造政府购买服务工作。多渠道筹集城市棚户区改造资金，尽快制定政府购买城市棚户区改造服务办法，政府购买城市棚户区改造服务资金纳入年度财政预算管理。二是落实城市棚户区改造涉及的税费优惠政策。落实免收各项收费基金优惠政策、免收土地出让收入政策、税收减免政策。三是推广实施城市棚户区改造项目贷款贴息。四是管好用好城市棚户区改造专项资金。五是加强城市棚户区改造贷款管理。六是开展城市棚户区改造财政资金绩效评价。

4. 国务院常务会议确定扩大固定资产加速折旧优惠范围

2015 年 9 月 16 日，国务院总理李克强主持召开国务院常务会议，为拉动有效投资、促进产业升级、加快发展“中国智造”，会议决定，在原有生物药品、仪器仪表制造等 6 个行业基础上，扩大固定资产加速折旧优惠范围，对轻工、纺织、机械、汽车 4 个领域重点行业的企业在 2015 年 1 月 1 日后新购进的固定资产，允许缩短折旧年限或采取加速折旧方法。对其中小微企业新购进单位价值不超过 100 万元的研发和生产共用仪器设备，允许一次性计入当期成本费用在税前扣除；超过 100 万元的，允许缩短折旧年限或采取加速折旧方法。实行上述政策，预计 2015 年将减税约 50 亿元。

二、数据盘点

1. 中国 2015 年 8 月份规模以上工业增加值增长 6.1%

2015 年 9 月 13 日，国家统计局发布数据显示，2015 年 8 月份，规模以上工业增加值同比实际增长 6.1%，环比增长 0.53%。2015 年 1—8 月，规模以上工业增加值同比增长 6.3%。其中，采矿业增加值同比增长 4.0%，制造业增长 6.8%，电力、热力、燃气及水生产和供应业增长 1.9%。此外，2015 年 8 月份工业企业产品销售率为 97.9%，同比下降 0.2 个百分点。工业企业实现出口交货值 9665 亿元，同比名义下降 3.1%。

2. 中国 2015 年 1—8 月固定资产投资增长 10.9%

2015 年 9 月 13 日，国家统计局发布数据显示，2015 年 1—8 月，全国固定资产投资（不含农户）338977 亿元，同比名义增长 10.9%，增速比 2015 年 1—7 月回落 0.3 个百分点。2015 年 8 月份固定资产投资（不含农户）环比增长 0.73%。其中，第一产业投资 9389 亿元，同比增长 28.5%，增速比 2015 年 1—7 月提高 0.3 个百分点；第二产业投资 139726 亿元，增长 8.5%，增速回落 0.5 个百分点；第三产业投资 189862 亿元，增长 11.9%，增速回落 0.2 个百分点。

3. 中国2015年8月份社会消费品零售总额增长10.8%

2015年9月13日，国家统计局发布数据显示，2015年8月份，社会消费品零售总额24893亿元，同比名义增长10.8%，经价格因素调整，实际增长10.4%。其中，限额以上单位消费品零售额11257亿元，增长8.0%。2015年1—8月，社会消费品零售总额190809亿元，同比增长10.5%。其中，限额以上单位消费品零售额88576亿元，增长7.4%。

4. 中国2015年8月份财政收支情况

2015年9月15日，财政部发布数据显示，2015年8月份，中国一般公共预算收入9671亿元，同比增长6.2%，同口径增长3.5%。其中，税收收入7539亿元，同比增长3.5%。一般公共预算支出12844亿元，同比增长25.9%，同口径增长24.2%。2015年1—8月累计，一般公共预算收入103521亿元，同比增长7.4%，同口径增长5.2%。一般公共预算支出102864亿元，同比增长14.8%，同口径增长13.5%，完成预算的60%，进度同比加快1.4个百分点。

三、地方财政

1. 河南洛阳财政探索“市级集中部署”下业务系统运维管理新模式

2015年9月16日，河南省财政厅发布消息称，洛阳市作为试点省辖市，于2010年上半年完成金财工程应用支撑平台上线运行，并基于平台建成洛阳市一体化数字平台，实现了省市县三级平台数据贯通。一是制定管理办法，明确职责权限。洛阳市财政局印发了《洛阳市县（市、区）财政信息化工作管理办法》，明确市、县两级系统建设、维护的内容、职责和权限。二是优化资源配置，强化安全管理。通过优化资源配置，有效杜绝了财政业务终端用户的非法外联。三是健全运维机制，全面提升管理。优化完善运维流程，进一步明确县区管理员和技术维护公司的权限和技术边界。有计划、有步骤地对技术人员进行培训。

2. 云南财政落实教育投入重点，抓好民生工程

2015年9月17日，云南省财政厅发布消息称，2015年云南省财政厅加快各项教育专款的下达进度，抓好教育民生工程。一是坚持公办民办并举，扩大学前教育资源。二是继续做好义务教育经费保障体系建设，在促进均衡发展中补短板。巩固完善农村义务教育经费保障机制，研究教育经费可携带性机制。三是加快云南省现代职业教育体系建设，在深化改革中建立机制。提高高等职业教育院校的生均拨款标准，加强职业院校的基础能力建设，引导和推进校企合作。四是提升高等教育的办学水平，在内涵发展中提升质量。完善高等教育的生均拨款制度，强化专项引导，提升本地高校为社会经济服务的能力，加强高校债务管理，防范财务风险。

四、财政时论

习近平：坚持以扩大开放促进深化改革，坚定不移提高开放型经济水平

国家主席习近平发表讲话称，以开放促改革、促发展，是中国改革发展的成功实践。改革和开放相辅相成、相互促进，改革必然要求开放，开放也必然要求改革。要坚定不移实施对外开放的基本国策、实行更加积极主动的开放战略，坚定不移提高开放型经济水平，坚定不移引进外资和外来技术，坚定不移完善对外开放体制机制，以扩大开放促进深化改革，以深化改革促进扩大开放，为经济发展注入新动力、增添新活力、拓展新空间。实行市场准入负面清单制度，对发挥市场在资源配置中的决定性作用和更好发挥政府作用，建设法治化营商环境，构建开放型经济新体制，具有重要意义。要坚持社会主义市场经济改革方向，把转变政府职能同创新管理方式结合起来，把激发市场活力同加强市场监管统筹起来，放宽和规范市场准入，精简和优化行政审批，强化和创新市场监管，加快构建市场开放公平、规范有序，企业自主决策、平等竞争，政府权责清晰、监管有力的市场准入管理新体制。对应该放给企业的权力要松开手、放到位，做到负面清单以外的事项由市场主体依法决定。实行市场准入负面清单制度要通过试点积累经验、逐步完善。中国利用外资的政策不会变，对外商投资企业合法权益的保障不会变，为各国企业在华投资兴业提供更好服务的方向不会变。要把利用外资同转变经济发展方式、调整经济结构紧密结合起来，更加注重引进先进技术、管理经验和高素质人才。扩大对外开放要同实施"一带一路"等国家重大战略紧密衔接起来，同国内改革发展衔接起来。要积极参与国际经贸规则制定，推动国际经济秩序朝着更加公正合理的方向发展。

五、国外视角

美智库：中国外汇储备充盈

2015 年 9 月 14 日，美智库彼得森国际经济研究所发表文章称，近期，中国为应对人民币汇率下行压力，抛出了一定的外汇储备，引发外界担忧人民币因外汇耗尽而贬值。然而，中国保持人民币汇率而耗尽外储的概率极小。2015 年 8 月份中国外汇储备下降了 940 亿美元，但用于维持人民币汇率所消耗的外储高于 940 亿美元。中国每月经常账户盈余平均高达 250 亿美元。假设欧元和日元对美元汇率保持稳定，且经常账户盈余保持现有水平，热钱以 2015 年 8 月份的速度流出，需耗时两年以上才会耗尽中国外汇储备。根据 IMF 研究报告结果，如果消除所有投资障碍，中国居民对外国的投资可能会多于外国居民对中国的投资，二者净差值占中国 GDP 比为 11%—18%。2014 年中国 GDP 略高于 10 万亿美元，这表明潜在资金净流出为 1—2 万亿美元，明显低于中国外汇储备的 3.6 万亿美元。况且，中国对跨境投资一直设有障碍，使多数潜在资本外逃难以实现。此外，IMF 没有考虑外国央行将人民币纳入本国外汇储备这一点。中国正努力推动人民币国际化，以及将人民币纳入 SDR 货币篮子，如果其他国家央行将 10% 的外汇储备配置于人民币，意味着会有 8000 亿美元的净流入，这将进一步抵消因私人资本净流出导致中国外汇储备缩水。有人认为，如果房地产泡沫破灭、国内经济放缓，中国所持外储可作为政府开支来源。然而，除非放弃控制汇率，否则中国不会在国内开支上自由使用外汇储备。因为任何大规模外汇兑本币交易，都会大幅提升人民币汇率，减少中国出口，中国政府并不希望如此。

第 37 期（2015 年 9 月 19 日—2015 年 9 月 25 日）

一、政策发布

1. 财政部发布关于贯彻落实整合建立统一的公共资源交易平台工作方案有关问题的通知

2015 年 9 月 22 日，财政部发布关于贯彻落实整合建立统一的公共资源交易平台工作方案有关问题的通知：一是依法有序推进政府采购资源整合。推进政府采购信息系统、采购场所、评审专家资源整合。二是统一政府采购交易规则体系。完善政府采购管理交易规则，开展政府采购交易规则清理。三是健全政府采购运行机制。推进政府采购信息公开共享，健全集中和分散相结合的政府采购运行机制。四是完善政府采购监管体系。完善监管体制机制，强化监督管理。

2. 财政部发布关于进一步完善固定资产加速折旧企业所得税政策的通知

2015 年 9 月 22 日，财政部发布关于进一步完善固定资产加速折旧企业所得税政策的通知：一是轻工、纺织、机械、汽车等四个领域重点行业的企业 2015 年 1 月 1 日后新购进的固定资产，可由企业选择缩短折旧年限或采取加速折旧的方法。二是 2015 年 1 月 1 日后新购进的仪器、设备，单位价值不超过 100 万元的，允许一次性计入当期成本费用在计算应纳税所得额时扣除，不再分年度计算折旧；单位价值超过 100 万元的，可由企业选择缩短折旧年限或采取加速折旧的方法。三是企业按本通知第一条、第二条规定缩短折旧年限的，最低折旧年限不得低于企业所得税法实施条例第六十条规定折旧年限的 60%。

3. 中共中央、国务院印发《生态文明体制改革总体方案》

2015 年 9 月 23 日，中共中央、国务院印发《生态文明体制改革总体方案》：一是按照成本、收益相统一的原则，将资源所有者权益和生态环境损害等纳入自然资源及其产品价格形成机制。二是扩大国有土地有偿使用范围，减少非公益性用地划拨，国有土地出让收支纳入预算管理。三是完善矿业权出让制度，国有矿产资源出让收支纳入预算管理。四是完善海域海岛有偿使用制度。五是理顺自然资源及其产品税费关系，明确各自功能，合理确定税收调控范围。六是探索建立多元化补偿机制，逐步增加对重点生态功能区转移支付，完善生态保护成效与资金分配挂钩的激励约束机制。七是按照山水林田湖系统治理的要求，完善相关资金使用管理办法。

4. 财政部发布关于重新发布中央管理的住房城乡建设部门行政事业性收费项目的通知

2015 年 9 月 24 日，财政部发布关于重新发布中央管理的住房城乡建设部门行政事业性收费项目的通知：一是由县级以上地方住房城乡建设部门向因兴建各种建筑物、构筑物、基建施工等占用城市规划区内道路的单位和个人收取。二是由县级以上地方住房城乡建设部门向因施工、抢修地下管线等挖掘城市规划区内道路的单位和个人收取。三是由县级以上地方住房城乡建设部门所属白蚁防治机构，向依法应当实施白蚁预防的房屋建设单位和个人收取。四是由县级以上地方住房城乡建设部门所属房地产交易机构在办理房屋转让手续时收取。五是由县级以上地方住房城乡建设部门所属房地产登记机构依法在房屋权属进行登记时向登记申请人收取。

5. 国务院发布关于国有企业发展混合所有制经济的意见

2015 年 9 月 25 日，国务院发布关于国有企业发展混合所有制经济的意见：一是分类推进国有企业混合所有制改革。稳妥推进主业处于充分竞争行业和领域的商业类国有企业混合所有制改革。二是分层推进国有企业混合所有制改革。引导在子公司层面有序推进混合所有制改革。探索在集团公司层面推进混合所有制改革。三是鼓励各类资本参与国有企业混合所有制改革。鼓励非公有资本、集体资本、外资参与国有企业混合所有制改革。推广 PPP 模式。四是建立健全混合所有制企业治理机制。进一步确立和落实企业市场主体地位。健全混合所有制企业法人治理结构。推行混合所有制企业职业经理人制度。

二、数据盘点

中央财政安排资金 12.88 亿元扶持畜牧业发展

2015 年 9 月 23 日，财政部发布数据显示，2015 年，中央财政安排资金 12.88 亿元扶持畜牧业发展，比 2014 年同口径增加 1.88 亿元，其中 10.88 亿元用于扶持畜禽标准化养殖。

三、地方财政

1. 四川省财政积极支持国有企业改革发展

2015 年 9 月 22 日，四川省财政厅发布消息称，四川省财政积极研究制定支持政策，加强资金保障，有力支持国有企业改革发展。一是加强财政投入。2015 年预算安排省级国有企业改革发展专项资金 3 亿元。二是建立省属国有企业改革成本分担机制。综合考虑省属国有企业改革成本资金需求和省级财政国有企业改革发展资金规模合理确定财政总体补助比例。三是帮助国有企业解决历史遗留问题。2015 年共筹集资金 5 亿元，帮助解决国有困难企业离退休干部医疗经费等。四是加强国有资本经营预算管理。健全国有资本经营预算编制体系，强化收益征收管理，规范预算编报程序和预算支出管理。

2. 安徽合肥财政“四招”盘活财政存量资金

2015 年 9 月 24 日，安徽省财政厅发布消息称，合肥市财政在全省率先实施存量资金管理改革，多措并举，标本兼治，建立存量资金管理长效机制。一是建立存量资金预算安排约束机制。全面清理单位往来账户沉淀和历年结余资金，除特定用途外均纳入部门预算统筹安排。二是加快预算执行进度。分类限时加快项目进度，分类明确政府采购项目的申报和支付时限。三是分类盘活结转结余资金。对一般公共预算结转结余、上级专项转移支付结转结余等开展分类清理。四是建立存量资金管理长效机制。就推进政府预算体系统筹协调、逐步取消专项收入专款专用等继续创新实践。

四、财政时论

习近平：中国经济将保持平稳较快发展

国家主席习近平在华盛顿州当地政府和美国友好团体联合欢迎宴会上发表讲话称，中国经济将保持平稳较快发展。中国经济运行仍然保持在合理区间，2015 年上半年，中国经济增长 7%，增速仍然居世界前列。当前，各国经济都面临困难，中国经济也面临一定下行压力。为此，中国将统筹稳增长、促改革、调结构、惠民生、防风险，加强和创新宏观调控，促进经济增长保持中高速水平。现在，中国新型工业化、信息化、城镇化、农业现代化持续推进，居民储蓄率高，消费潜力巨大，人民工作勤奋，中等收入者比重在提高，服务业发展空间很大，市场空间和潜力都很大。今后，中国将更重视提高经济发展质量和效益，加快转变经济发展方式、调整经济结构，更加注重创新驱动，更加注重消费拉动，更加注重解决经济发展中存在的不平衡、不协调、不可持续问题，使中国经济凤凰涅槃、浴火重生，保持强劲发展动力。前段时间，中国股市出现了异常波动，引起了大家关注。股市涨跌有其自身的运行规律。中国政府采取了一些稳定市场的措施，遏制了股市恐慌情绪，避免了系统性风险。中国股市已经进入自我修复和自我调节阶段。2015 年 8 月 11 日，中国完善了人民币汇率中间价报价机制，加大了市场决定汇率的力度。目前，人民币汇率偏差矫正已初见成效。从国际国内经济金融形势看，人民币汇率不存在持续贬值的基础。中国将坚持市场供求决定汇率的改革方向，允许人民币双向浮动，并反对搞货币竞争性贬值，反对打货币战，也不会压低人民币汇率刺激出口。发展资本市场、完善人民币汇率市场定价机制是中国的改革方向，不会因为这次股市、汇市波动而改变。

五、国外视角

IMF：中国亟待加快改革以创造就业

IMF 发表文章称，中国正朝着“新常态”迈进，以实现更安全且更可持续的增长。为此，确保劳动力市场的弹性至关重要。尽管过去几年增速放缓，但中国劳动力市场依然保持弹性。截至 2015 年 8 月份，PMI 中的高频就业指标有缓和迹象，但在更广范围内，尽管经济增长放缓，劳动力市场状况似乎仍然保持良好。2014 年城镇新增就业岗位 1360 万个，2015 年上半年又新增就业岗位 710 万个，正在接近政府制定的 2015 年新增就业岗位 1000 万个的官方目标。诚然，实施改革可能导致近期增长进一步放缓，但分析显示，在坚持实施改革且中期增长率稳定在 6%—6.5% 的情况下，净城镇就业岗位可保持在每年约 1000 万个的水平上，达到政府当前政策目标。当然，加强国企改革和对产能过剩部门的调整近期内将释放多余劳动力，从而推高失业率。但这有利于结构转型，包括服务部门扩张和增加对生产型企业投资，进而朝着更可持续的增长道路迈进。在预算范围内对受影响的雇员提供定向支持能推动转型，并提供有效社会保障网，这是通过保持这些行业就业水平所不能实现的。相反，正如 2015 年 IMF 中国报告所强调，推迟实施改革将带来更多脆弱性，削弱长期经济前景，而且可能导致中期失业率上升。因此，权衡的结果显而易见。继续推动改革，走可持续增长的道路，是保持劳动力市场弹性的关键。

第 38 期 （2015 年 9 月 26 日—2015 年 10 月 9 日双周刊）*

一、政策发布

1. 国务院常务会议决定推出新一批简政放权，放管结合改革举措

2015 年 9 月 29 日，国务院总理李克强主持召开国务院常务会议，会议确定：一是取消中央指定地方实施的建设项目试生产审批等 62 项审批事项。二是对快递业务员职业技能确认等 89 项中介服务事项，不再作为部门行政审批受理的必要条件。三是强化“先照后证”改革后的事中事后监管，工商等市场监管部门、审批部门和行业主管部门依照法律法规和分工履行职责，协同配合，防止出现监管真空。同时，普遍推广随机选择被检查对象和检查人员的“双随机”监管方式。建立工商部门对申请人和审批部门的“双告知”机制，强化信用监管。

2. 财政部发布关于公布第二批政府和社会资本合作示范项目的通知

2015 年 9 月 29 日，财政部发布关于公布第二批 PPP 示范项目的通知：一是有关财政部门要切实履行财政职能，会同项目实施单位和有关部门，确保示范项目规范实施、按期落地。二是有关财政部门要统筹开展本地区内政府和社会资本合作项目的财政承受能力论证，做好地区和行业平衡。三是有关财政部门要进一步细化项目实施方案，提升项目实施方案的科学性、规范性和可行性。四是各级财政部门要会同项目实施机构和有关部门，加强对示范项目实施情况的跟踪管理。五是在项目实施全过程中，财政部将建立健全示范项目的跟踪指导、对口联系和动态调整机制，推动示范项目顺利实施。

3. 财政部发布关于减征 1.6 升及以下排量乘用车车辆购置税的通知

2015 年 9 月 30 日，财政部发布关于减征 1.6 升及以下排量乘用车车辆购置税

* 十一期间。

的通知：一是自2015年10月1日起至2016年12月31日止，对购置1.6升及以下排量乘用车减按5%的税率征收车辆购置税。二是乘用车购置日期按照《机动车销售统一发票》或《海关关税专用缴款书》等有效凭证的开具日期确定。三是购置符合本通知规定的车辆，已按全额缴纳车辆购置税的，多征税款可按有关规定予以退还。

4. 中央财政引导设立中国政府和社会资本合作融资支持基金

2015年9月30日，财政部发布消息称，财政部联合中国建设银行股份有限公司、中国银行股份有限公司等10家机构，共同发起设立PPP融资支持基金。基金总规模1800亿元，将作为社会资本方重点支持公共服务领域PPP项目发展，提高项目融资的可获得性。基金各出资人代表组成的基金筹备组同时成立，将会同有关方面落实后续相关工作。

5. 国务院、中央军委批准改革完善军人退役养老保险制度

2015年10月8日，国务院、中央军委批准改革完善军人退役养老保险制度。一是军人退役参加企业职工或者城乡居民基本养老保险的，军人退役基本养老保险补助，按本人服役期间各年度月缴费工资和相应的标准计算。二是军人退役参加企业职工或者城乡居民基本养老保险的，由军人所在单位财务部门开具转移凭证交给本人。三是各级人民政府应加强对军人退役基本养老保险工作的组织领导，加强协调配合，做好军人退役养老保险待遇的贯彻落实。

二、数据盘点

1. 中国2015年1—8月规模以上工业企业利润总额同比下降1.9%

2015年9月28日，国家统计局发布数据显示，中国2015年1—8月规模以上工业企业实现利润总额37662.7亿元，同比下降1.9%，降幅比2015年1—7月扩大0.9个百分点。其中，采矿业实现利润总额1901.5亿元，同比下降57.3%；制造业实现利润总额32161.3亿元，增长4.5%；电力、热力、燃气及水生产和供应业实现利润总额3599.9亿元，增长13.1%。2015年8月份，规模以上工业企业实现利润总额4481.1亿元，同比下降8.8%，降幅比2015年7月份扩大5.9个百分点。规模以上工业企业资产总计961553.6亿元，同比增长7.5%；负债合计547847.9亿元，增长5.8%；所有者权益合计413705.7亿元，增长10%。

2. 中央财政下达50亿元文化产业发展专项资金

2015年9月30日，财政部发布数据显示，财政部下达2015年度文化产业发展专项资金50亿元；支持项目850个，较2014年增长6.25%。截至目前，文化产业发展专项资金已累计安排242亿元，支持项目4100多个，有力地支持了文化体制改革和文化产业发展。

3. 中国2015年9月份制造业PMI为49.8%

2015年10月1日，国家统计局发布数据显示，2015年9月份，中国制造业PMI为49.8%，环比微升0.1个百分点。分企业规模看，大型企业PMI为51.1%，环比上升1.2个百分点；中、小型企业PMI分别为48.5%和46.8%，环比均下降1.3个百分点。从分类指数看，生产指数为52.3%，环比上升0.6个百分点。新订单指数为50.2%，环比上升0.5个百分点。从业人员指数为47.9%，环比持平。原材料库存指数为47.5%，环比下降0.8个百分点。供应商配送时间指数为50.8%，环比上升0.2个百分点。

4. 中国2015年9月份非制造业商务活动指数为53.4%

2015年10月1日，国家统计局发布数据显示，中国2015年9月份非制造业商务活动指数为53.4%，环比持平。其中，新订单指数为50.2%，环比上升0.6个百分点。投入品价格指数为50.8%，环比上升1.2个百分点。销售价格指数为47.9%，环比微升0.1个百分点。从业人员指数为49.5%，环比持平。业务活动预期指数为60.0%，环比上升0.3个百分点。

5. 中央财政下达公立医院改革补助资金111.24亿元

2015年10月8日，财政部发布数据显示，为支持推进公立医院改革，中央财政2015年下达公立医院改革补助资金111.24亿元。一是按每个县补助300万元的标准下达补助资金59.31亿元。二是按每个试点城市一次性补助2000万元的标准下达补助资金13.2亿元。三是对100个试点城市所辖区，按每个区100万元的标准下达补助资金2.73亿元。四是按人均每年3万元的标准下达住院医师规范化培训补助资金36亿元。此外，为支持地方提前做好2016年公立医院改革相关工作，中央财政于近日提前下达2016年公立医院改革补助资金98.04亿元。

三、地方财政

1. 广西财政多举措力促就业创业工作上新台阶

2015年9月28日，广西壮族自治区财政厅发布消息称，广西壮族自治区财政厅积极推进多层次、多渠道的政策扶持和就业服务，力促全区就业创业工作上新台阶。一是以加大投入为切入点，为就业创业工作提供资金保障。积极筹措就业专项资金，落实各项就业补贴政策；积极争取中央财政补助资金支持。二是以完善政策为着力点，健全就业创业政策制度体系。支持建立农民工创业扶持政策；支持完善广西农民工创业担保贷款财政贴息政策。三是以公共服务均等化为着重点，提升基层公共就业服务能力建设。筹措资金 4800 万元推进县、乡的基层就业和社会保障服务设施全覆盖工作。四是以提高资金使用绩效为落脚点，促进就业创业政策落地。进一步创新就业创业资金绩效管理模式，实行绩效评价结果与各项就业资金分配挂钩。

2. 云南省财政预算绩效管理出实招求实效

2015 年 9 月 29 日，云南省财政厅发布消息称，云南省财政厅印发了《云南省省级财政预算绩效管理暂行办法》，推动预算绩效管理改革。一是明确各省级预算主管部门是预算绩效管理的主体，建立健全预算绩效管理制度和工作机制。二是省级预算主管部门编制部门预算时，同时编制项目支出绩效目标、部门整体支出绩效目标以及中长期规划绩效目标。三是省级预算主管部门应对绩效目标的完成情况进行跟踪和绩效自评。四是省财政厅和部门要及时向省政府报告绩效管理结果，并依据结果严格预算管理。五是积极配合相关部门，对预算绩效管理中出现的违规、违纪责任人进行问责，对部门预算绩效管理工作进行年度考核。

四、财政时论

高培勇：经济发展步入“新常态”下的财税改革

中国社科院财经战略研究院院长高培勇发表文章称，以往的财税体制改革，多与经济的高速增长相伴随。依托经济高速增长和财政收入高速增长交互作用所提供的巨大空间，财税体制改革可以在一个相对宽松的条件下展开，主要通过“增量调整”逼近或实现改革目标。1994 年的财税体制改革以及其他几次影响较大的财税体制改革都发生于中国经济高增长期。新一轮财税体制改革则是在中国经济增长发生转折性变化、经济发展步入“新常态”背景下启动的。这里所谓转折性变化和所谓“新常态”，其要义所指在于以下几点：一是经过了 30 余年的高速增长之后，支撑中国经济增长的产业结构和要素投入结构已经发生变化，中国经济已经由高速转入中高速增长平台。二是在以化解产能过剩为核心内容的经济结构调整中，企业的兼并重组甚至退出市场也在成为不得不付出的代价。三是 2008 年以来刺激政策所形成的累积和溢出效应仍在持续，宏观政策的选择和调控空间由此缩小。毋庸赘言，在增长速度换挡期、结构调整阵痛期和之前期刺激政策消化期的所谓“三期叠加”的新形势下，财税体制改革面临着与前大不相同的一系列新课题和新挑战。一是不仅财政收入增速随着经济增速的换挡而放缓，而且财政支出压力也在随着经济结构调整的阵痛而增大，从而财税体制改革不得不在一个财政收支形势相对严峻的条件下进行，“增量调整”的传统改革路径由此变窄。二是不仅财政政策的抉择要面对因消化前期刺激政策而产生的诸多方面掣肘因素，而且还要面对因经济下行压力而探索新的与经济增长“新常态”相适应的宏观调控机制和方式，从而财税体制改革不得不在一个宏观经济形势相对偏紧的状态下进行，突破以既得利益格局为主要代表的各种改革障碍变得愈加困难。三是不仅财税体制在经济增长发生转折性变化背景下的运行规律尚未充分把握，而且转变经济发展方式、保持经济持续健康发展又亟待财税体制改革提供新的改革“红利”，从而财税体制改革不得不在一个改革压力相对偏大的情势下进行，渐进完成改革任务、从容实现改革目标的传统改革格局难以再现。

五、国外视角

IMF：应关注中国经济转型动向

IMF 发表文章称，中国要建立更具包容性的经济，让市场力量发挥更大作用，实现更安全、更可持续的增长，那么，转型是必不可少的。为此，中国政府要在两个方面求得微妙的平衡：一是实施改革，二是维持需求和金融稳定。随着改革推进，关键是要确保新放开的市场和企业具备有效的治理。到目前为止，中国实体经济发展状况在一定程度上表明可以管理好这一转型过程。当前，中国经济放缓的步伐仍符合基金组织的预测，也符合中国当局自身预测，但下行风险已经增加。尽管制造业和建筑业活动已经明显减弱，但基础设施投资和消费，特别是服务业，仍然势头强劲。如果经济增长出现过度下滑，需要进一步采取政策刺激，中国具备足够的政策空间。但最好避免重新利用债务融资的投资来刺激经济增长，以防止企业杠杆再度上升。过度杠杆的危险已经清楚地体现在股市上，所幸股市震荡对经济的直接影响或有限，因为中国家庭持股程度较低，企业融资中的股权比例也较低。人民币汇率制度的近期变化也造成了严重的连锁反应，特别是在亚洲，这是由于这一变化产生的不确定性。但汇率制度的变化符合当局转向在更大程度上由市场决定的汇率的意图。尽管中国经济的放缓符合预期，但鉴于中国经济规模庞大且已融入全球经济，中国的亚洲邻国所受溢出影响最近可能已经变得更大，影响渠道不仅是贸易，还有全球金融市场的联系。且溢出效应已经被中国境外的其他因素放大，包括大宗商品价格的下跌和美国可能采取的加息措施。这可能会对亚洲邻国产生下行压力。总之，中国和亚洲其他经济体必须保持警惕。对于中国，这意味着要关注下行风险。对于其他经济体，这意味着要防范潜在溢出效应。如果管理得当，包括通过更清晰的沟通以帮助引导市场预期，那么，对于已经引领世界经济增长若干年的亚洲来说，中国的转型将为该地区经济的重新振兴奠定基础。

第 39 期（2015 年 10 月 10 日—2015 年 10 月 16 日）

一、政策发布

国务院常务会议决定完善农村及偏远地区宽带电信普遍服务补偿机制等

2015 年 10 月 14 日，国务院总理李克强主持召开国务院常务会议，会议认为：一要扩大电商在农业农村的应用。二要改善农村电商发展环境。三要营造良好网络消费环境。会议确定：一是向各类资本进一步开放国内快递市场。二是简化快递业务经营许可和进出境快件通关手续，探索快递企业工商登记“一照多址”。三是推进“互联网 + 快递”，引导快递企业与电商深度合作。四是实施快递“上车上船上机”链接工程，给予快递专用车辆城市通行和作业便利。五是中央预算内投资重点支持农村和西部地区公益性、基础性快递设施建设。鼓励金融机构开展抵押贷款、融资租赁等业务。

二、数据盘点

1. 中国 2015 年 9 月份 CPI 同比上涨 1.6%

2015 年 10 月 14 日，国家统计局发布数据显示，中国 2015 年 9 月份 CPI 同比上涨 1.6%。其中，城市上涨 1.6%，农村上涨 1.5%；食品价格上涨 2.7%，非食品价格上涨 1.0%；消费品价格上涨 1.4%，服务价格上涨 2.1%。2015 年 1—9 月平均，CPI 同比上涨 1.4%。2015 年 9 月份，CPI 环比上涨 0.1%。其中，城市上涨 0.1%，农村上涨 0.1%；食品价格下降 0.1%，非食品价格上涨 0.2%；消费品价格持平，服务价格上涨 0.3%。

2. 中国 2015 年 9 月份 PPI 同比下降 5.9%

2015 年 10 月 14 日，国家统计局发布数据显示，中国 2015 年 9 月份 PPI 环比下降 0.4%，同比下降 5.9%。工业生产者购进价格环比下降 0.6%，同比下降

6.8%。2015 年 1—9 月平均，PPI 同比下降 5.0%，工业生产者购进价格同比下降 5.9%。其中，采掘工业价格下降 21.2%，原材料工业价格下降 11.4%，加工工业价格下降 4.8%，食品价格持平，衣着价格上涨 0.8%，一般日用品价格下降 1.0%，耐用消费品价格下降 0.6%。

3. 中国 2015 年前三季度金融统计数据报告

2015 年 10 月 15 日，中国央行发布数据显示，2015 年 9 月末，M2 余额 135.98 万亿元，同比增长 13.1%；M1 余额 36.44 万亿元，同比增长 11.4%；M0 余额 6.10 万亿元，同比增长 3.7%。2015 年前三季度人民币贷款增加 9.90 万亿元，外币贷款增加 38 亿美元。2015 年 9 月末，本外币贷款余额 97.76 万亿元，同比增长 14.5%。人民币贷款余额 92.13 万亿元，同比增长 15.4%；外币贷款余额 8843 亿美元，同比下降 1.6%。2015 年前三季度人民币存款增加 13.00 万亿元，外币存款增加 417 亿美元。2015 年 9 月末，本外币存款余额 137.88 万亿元，同比增长 12.4%。人民币存款余额 133.73 万亿元，同比增长 12.6%；外币存款余额 6522 亿美元，同比增长 2.4%。国家外汇储备余额为 3.51 万亿美元。

4. 中央财政下达优抚对象等人员抚恤和生活补助资金 342 亿元

2015 年 10 月 15 日，财政部发布数据显示，中央财政下拨 2015 年优抚对象等人员抚恤和生活补助调标资金 19 亿元。2015 年截至目前，中央财政共下达优抚对象等人员抚恤和生活补助资金 342 亿元。此外，中央财政又于近日提前下达 2016 年优抚对象等人员抚恤和生活补助资金 192 亿元，切实保障优抚对象等人员各项待遇落实。中央财政已连续 11 年调整优抚对象等人员抚恤和生活补助标准，惠及全国 894 万名优抚对象和 12.5 万名老党员。

三、地方财政

1. 浙江省财政大力支持政保合作项目显成效

2015 年 10 月 12 日，浙江省财政厅发布消息称，近年来，浙江省财政研究制定并落实保险业税收优惠等政策，加快保险事业发展。一是加大政策引导和支持。省政府已出台农业保险政府性规章，巨灾保险项目已完成相关政策意见的起草工作。二是加快涉农保险发展。浙江省坚持加大财政保费补贴力度，进一步完善运行制度、改进产品条款、扩大保险覆盖面，走出了一条具有浙江特色的高风险地区政策性农业保险之路。三是加快涉企保险发展。截至 2015 年 6 月底，全省共有保险资金债权投资计划 24 项，投资规模达 572.3 亿元。同时，将小额贷款保证保险项目向全省推广。四是创新保险社会管理功能。新增加特种设备安全责任保险、老年人意外伤害保险等项目，进一步丰富政保合作项目。

2. 福建省财政厅围绕稳增长和调结构提出八项政策措施

2015 年 10 月 13 日，福建省财政厅发布消息称，福建省财政厅围绕稳增长和调结构提出八项政策措施：一是落实好各项稳增长调结构财税政策。加大对稳增长、调结构的财税政策解读力度，指导企业用好政策。二是加快推广运用政府和社会资本合作模式。三是发挥省产业股权投资基金及七个相关领域的子基金的作用。督促受托机构尽快遴选子基金管理公司，募集社会资金。四是进一步盘活各领域“沉睡”的财政资金，把零钱化为整钱，增加资金有效供给。五是加大对预算执行的动态监控力度。六是改革和完善省以下转移支付制度。七是做好营改增扩围的准备工作。八是加强政府性债务规范管理。

四、财政时论

楼继伟：国际社会应共同应对当前挑战

财政部部长楼继伟在第 92 届发展委员会部长级会议发表讲话称，当前许多发展中国家面临周期性和结构性的双重挑战，增加了实现 2030 年可持续发展目标的难度，国际社会应共同努力应对。世界银行要为发展中国家动员更多资金，促进发展中国家经济、社会和环境的平衡发展，既要继续加大对基础设施、农业等与经济增长直接相关领域的支持力度，扩大全球总需求，也要帮助发展中国家推行结构改革，提高潜在增长率。世界银行修订业务保障政策时要尊重借款国的法律法规，充分倾听借款国的意见，致力于为发展中国家提供高效的服务，帮助其实现减贫与发展的目标。气候资金问题的关键是发达国家要切实履行每年提供 1000 亿美元的承诺。中国正在大力推进生态文明建设，推动绿色低碳、气候适应型和可持续发展，加快制度创新，强化政策行动，并制定了到 2030 年时要实现的具体环境目标。习近平主席宣布中国出资 200 亿元人民币建立“中国气候变化南南合作基金”，支持其他发展中国家应对气候变化，包括增强其使用绿色气候基金资金的能力，这再次证明了中国积极参与气候变化国际合作的负责任态度。

五、国外视角

美智库：中国推动转型升级不会导致经济急剧下滑

美智库彼得森国际经济研究所（PIIE）发表文章称，中国经济在高速发展 20 年后，面临劳动力不足和劳动力成本上升等不利因素。虽然中国推进转型升级面临诸多难题，但无任何迹象表明，中国经济将急剧下滑。近 20 年来，中国通过发展红利组合、市场经济转型和开放对外贸易等措施使 GDP 平均增速接近 10%。当前，GDP 总量为 1978 年的 25 倍，占世界 GDP 比约 15%。然而，农村劳动力供给不足和劳动力成本上升导致中国城镇化红利、大规模工业红利以及基于廉价劳动力的发展战略减弱。此外，中国正面临人口减少、生产力下降等问题。因此，中国需通过全面改革提高生产力，并保持经济快速增长。目前，中国正实施由工业向服务业转型、投资向消费转型、外部需求转向内部需求、大型国有企业私有化等多方面改革，同时着力减少高债务水平。然而，在稳增长同时确保转型升级顺利推进存在较大难度。部分经济学家质疑中国政府 GDP 数据真实性，但市场对中国实施转型升级充满信心。自金融危机以来，全球 1/3 的经济增长来自中国，并有力支持发达国家经济增长。然而，中国政府应对股市危机和调整汇率等行为对市场信心造成一定负面影响。虽然有必要通过调整汇率客观反映供给关系，但中国政府应在第一时间详细解释汇率调整原因，避免由于人民币快速贬值引发不必要恐慌，最终导致外界认为人民币贬值是随机行为并缺乏专业性。新兴经济体如巴西和俄罗斯经济正在衰退、欧洲经济复苏乏力、美联储加息预期等因素导致市场下调资产估值。在该背景下，国际金融机构因意识到人民币汇率进一步市场化或导致人民币急剧贬值而恐慌，表明过去几年外界对中国政府干预外汇的批评过于夸张。当前，并无迹象表明中国经济急剧减速，中国消费和服务业仍表现强劲，股市波动对中国内需影响甚微。财政政策仍有空间支持经济增长，大型国企私有化也将起积极作用。但是，很显然，世界经济需适应中国经济增速以不稳定方式放缓。

第40期（2015年10月17日—2015年10月23日）

一、政策发布

1. 国务院发布关于实行市场准入负面清单制度的意见

2015年10月19日，国务院发布关于实行市场准入负面清单制度的意见：一是市场准入负面清单包括禁止准入类和限制准入类，适用于各类市场主体基于自愿的初始投资、扩大投资、并购投资等行为。二是对涉及政治安全、国土安全、军事安全等领域的投资经营行为及其他市场进入行为，依照法律、行政法规和国务院决定的有关规定，可以采取禁止进入或限制市场主体资质、股权比例、经营范围等管理措施。三是企业投资项目，除关系国家安全和生态安全和重大公共利益等项目外，一律由企业依法依规自主决策，政府不再审批。四是要深化商事制度改革，推行法人和其他组织统一社会信用代码制度。

2. 国务院常务会议确定完善研发费用加计扣除政策

2015年10月21日，国务院总理李克强主持召开国务院常务会议。会议确定，从2016年1月1日起，一是放宽享受加计扣除政策的研发活动和费用范围。除规定不宜适用加计扣除的活动和行业外，企业发生的研发支出均可享受加计扣除优惠。二是允许企业追溯过去3年应扣未扣的研发费用予以加计扣除。三是简化审核，对加计扣除实行事后备案管理。对可加计扣除的研发费用实行归并核算。

3. 财政部发布《财政总预算会计制度》

2015年10月23日，财政部发布《财政总预算会计制度》：一是总会计是各级政府财政核算、反映、监督政府一般公共预算资金、政府性基金预算资金等资金活动的专业会计。社会保险基金预算资金会计核算不适用本制度。二是总会计的工作任务主要包括进行会计核算、严格财政资金收付调度管理、规范账户管理、实行会计监督、参与预算管理等。三是各级政府财政部门应当根据工作需要，配备一定数量的专职会计人员，负责总会计工作，并保持相对稳定。四是总会计应当划分会计期间，分期结算账目和编制会计报表。五是总会计应当按照业务或事项的经济特征确定会计要素。会计要素包括资产、负债、净资产、收入和支出。

二、数据盘点

1. 中国 2015 年 9 月财政收支情况

2015 年 10 月 19 日，财政部发布数据显示，2015 年 9 月份，全国一般公共预算收入 10892 亿元，同比增长 9.4%。其中，中央一般公共预算收入 4844 亿元，增长 8.1%；地方本级一般公共预算收入 6048 亿元，增长 10.6%。全国一般公共预算收入中的税收收入 8299 亿元，同比增长 3.6%。2015 年 9 月份，全国一般公共预算支出 17799 亿元，同比增长 26.9%。其中，中央本级一般公共预算支出 1901 亿元，下降 2.5%；地方一般公共预算支出 15898 亿元，增长 31.7%。2015 年 1—9 月累计，全国一般公共预算收入 114412 亿元，同比增长 7.6%；全国一般公共预算支出 120663 亿元，同比增长 16.4%。

2. 中国 2015 年 1—9 月固定资产投资同比增长 10.3%

2015 年 10 月 19 日，国家统计局发布数据显示，中国 2015 年 1—9 月固定资产投资 394531 亿元，同比名义增长 10.3%，增速比 2015 年 1—8 月回落 0.6 个百分点。分产业看，2015 年 1—9 月，第一产业投资 11007 亿元，同比增长 27.4%；第二产业投资 162189 亿元，增长 8%；第三产业投资 221335 亿元，增长 11.2%。从到位资金情况看，2015 年 1—9 月，固定资产投资到位资金 417717 亿元，同比增长 6.8%，增速与 2015 年 1—8 月持平。其中，国家预算资金增长 20.5%，增速回落 0.6 个百分点；国内贷款下降 4.4%，降幅缩小 0.9 个百分点；自筹资金增长 8.2%，增速回落 0.2 个百分点；利用外资下降 26.2%，降幅扩大 0.5 个百分点；其他资金增长 6.9%，增速提高 0.4 个百分点。

3. 中国 2015 年前三季度 GDP 同比增长 6.9%

2015 年 10 月 20 日，国家统计局发布数据显示，中国 2015 年前三季度 GDP 为 173595 亿元，同比增长 6.9%。其中，第一产业为 18085 亿元，同比增长 4.1%；第二产业为 69801 亿元，同比增长 5.8%；第三产业为 85709 亿元，同比增长 8.6%。中国 2015 年前三季度 GDP 为 487774 亿元，同比增长 6.9%。

4. 中国 2015 年 1—9 月国有企业经济运行情况

2015 年 10 月 22 日，财政部发布数据显示，2015 年 1—9 月，中国国有企业营业总收入 330571. 7 亿元，同比下降 6. 1%；营业总成本 321406. 3 亿元，同比下降 5. 3%；利润总额 17428. 5 亿元，同比下降 8. 2%。应交税金 28044 亿元，同比增长 0. 2%。2015 年 9 月末，国有企业资产总额 1171103. 2 亿元，同比增长 17. 1%；负债总额 776827. 6 亿元，同比增长 19. 2%；所有者权益合计 394275. 6 亿元，同比增长 13. 1%。

三、地方财政

1. 安徽财政出实招盘活存量资金

2015 年 10 月 19 日，安徽省财政厅发布消息称，2015 年以来，安徽省财政厅推出一系列“实招”，盘活用好财政存量资金。一是在完善存量资金管理制度方面，安徽省政府提出坚持分类盘活、规范管理的原则，加大调整收回力度，盘活财政存量资金。二是在加大存量资金盘活力度方面，对结存在国库、专户和部门账户的全部财政性资金提出明确管控要求，严肃督促各级各部门切实盘活财政存量资金，着力加快拨付使用进度。三是在提高支出预算执行效率方面，安徽省财政厅相继建立健全预算执行分析、综合考核评价机制，促进支出预算执行提速增效，及时发挥财政资金效益。四是在推进财政资金统筹使用方面，提出财政资金统筹 20 条措施，着力优化财政资金配置，提高财政资金使用效益。

2. 山东省财政制定六条措施力促加快财政支出进度

2015 年 10 月 21 日，山东省财政厅发布消息称，为进一步督促加快支出进度，山东省财政厅从建立调度款“点供”制度及奖励和通报约谈制度等六个方面，制定有针对性的政策措施：一是对 2015 年年初预算已经确定、尚未下达的项目，抓紧组织实施，加快资金支付，确保资金尽早发挥效益。二是切实加快政府性基金预算支出进度。力争 2015 年政府性基金年终结余结转规模比 2014 年压减 20% 以上。三是对部门预算结余结转资金全面排查分析，加快当年部门预算资金执行进度。四是加大财政存量资金回收力度。对结转两年以上的资金和结余资金坚决予以收回。五是建立调度款“点供”制度。六是建立奖励及通报约谈制度。

四、财政时论

楼继伟：积极发挥财政职能，大力推动创业创新

楼继伟部长在 2015 年全国大众创业万众创新活动周高峰论坛上发表讲话称，发言推动大众创业、万众创新是经济发展新常态下稳增长、调结构、惠民生的重要举措，对增强经济内生动力、推动创新驱动发展、促进经济提质增效具有重要

意义。财政部根据创业创新需要加大财税政策扶持，加快构建有利于小微企业发展的政策环境和制度环境，促进形成大众创业、万众创新的生动局面。一是在财政收支矛盾较为突出的情况下，依然较大幅度地加大了对小微企业的减税降费力度。二是启动双创城市示范，营造有利于创业创新的良好环境。为鼓励具备条件的地方先行先试，探索更加有效的支持模式，财政部会同工信部、科技部、商务部、工商总局联合启动了“小微企业创业创新城市示范”。三是推动设立国家中小企业发展基金和新兴产业创投引导基金，努力拓宽创业创新融资渠道。为缓解中小企业融资难、融资贵，切实增加中小企业股权投资资本量，经国务院批准，中央财政将整合资金出资 150 亿元，吸引企业、金融机构和地方政府共同出资，成立 600 亿元规模的国家中小企业发展基金。四是完善促进就业创业的财政政策，不断强化政策支持力度。推动实施更加积极的就业政策，把创业和就业结合起来，以创业创新带动就业，进一步强化财政政策扶持。支持创业担保贷款发展实施，将小额担保贷款调整为创业担保贷款。

五、国外视角

美智库：中国正稳步推进转型升级

2015 年 10 月 19 日，美国智库彼得森国际经济研究所发表文章称，虽然中国 2015 年前三季度 GDP 增速降至 6.9%，为全球金融危机以来最低，但并不代表中国经济面临崩溃。相反，中国正稳步推进转型升级。一是中国经济增速下滑主要原因是住房投资大幅降低，进而导致钢铁和其他建筑材料需求明显下降。二是中国服务业增速仍不足以支撑 GDP 增长。当前，中国服务业占 GDP 比已达约 50%，超过工业和建筑业总和，已成为经济增长最重要驱动力，主要有以下几点原因：一是近年来，中国工资增长水平均高于 GDP 增速；同时，适龄劳动力人口增长首次出现下降，且最近出现略微下降。二是社保网络日渐发达。当前，中国社保已覆盖全国 90% 以上人口，一定程度上降低了中国家庭预防性储蓄需求。家庭储蓄率降低将刺激更强劲消费。三是世行将中国划分为中等收入国家。这表明，中国绝大多数人口人均收入已满足食物、服装等日常开支需求，且服务业消费占比将增加。近年来，中国娱乐、旅游、教育等方面消费增速明显。四是服务业产出为劳动密集型产业产出两倍。服务业需求量增长将促进城市就业快速增长，从而进一步加强工资上升趋势。由此可见，中国将能稳步推进产业结构转型升级，服务业增速将超过 GDP 增速，其 GDP 占比也将进一步扩大。

第 41 期 （2015 年 10 月 24 日—2015 年 10 月 30 日）

一、政策发布

1. 财政部印发《改善普通高中学校办学条件补助资金管理办法》

2015 年 10 月 26 日，财政部印发《改善普通高中学校办学条件补助资金管理办法》：一是补助资金是由中央财政设立、通过一般公共预算安排、用于改善贫困地区普通高中学校基本办学条件的资金。二是补助资金由财政部和教育部共同管理。三是补助资金支持范围为中西部省份贫困地区普通高中学校。四是补助资金主要用于支持普通高中学校校舍改扩建，严禁用于偿还债务。五是补助资金由各省级财政和教育部门统筹安排。六是补助资金支付应当按照国库集中支付有关规定执行。七是财政部和教育部对补助资金实施目标管理。八是财政部和教育部根据各地补助资金管理使用情况，适时开展监督检查和绩效评价。

2. 财政部发布关于行业协会商会脱钩有关经费支持方式改革的通知（试行）

2015 年 10 月 27 日，财政部发布关于行业协会商会脱钩有关经费支持方式改革的通知（试行）：一是以《行业协会商会与行政机关脱钩总体方案》为指导，按照试点先行、稳步推进、转变方式、合理保障的原则，对行业协会商会原有财政直接拨款进行改革。二是按照《行业协会商会与行政机关脱钩总体方案》要求，为支持行业协会商会脱钩试点稳步推进，鼓励行业协会商会加快脱钩，中央财政对原来有财政预算支持的行业协会商会按原经费管理渠道继续给予一定支持。三是加强对行业协会商会财政拨款的监督管理和绩效考评，切实提高财政资金使用效益。

3. 财政部发布关于将国家自主创新示范区有关税收试点政策推广到全国范围实施的通知

2015 年 10 月 29 日，财政部发布关于将国家自主创新示范区有关税收试点政策推广到全国范围实施的通知：一是有限合伙制创业投资企业的法人合伙人可按照其对未上市中小高新技术企业投资额的70%抵扣该法人合伙人从该有限合伙制创业投资企业分得的应纳税所得额。二是居民企业转让5年以上非独占许可使用权取得的技术转让所得，纳入享受企业所得税优惠的技术转让所得范围。三是中小高新技术企业向个人股东转增股本时，个人股东在不超过5个公历年度内（含）分期缴纳，并将有关资料报主管税务机关备案。

二、数据盘点

1. 中国2015年1—9月规模以上工业企业利润总额同比下降1.7%

2015年10月27日，国家统计局发布数据显示，中国2015年1—9月规模以上工业企业实现利润总额43032.4亿元，同比下降1.7%，降幅比2015年1—8月份收窄0.2个百分点。在规模以上工业企业中，国有控股企业实现利润总额8339.6亿元，同比下降24.4%；集体企业实现利润总额344.2亿元，下降1.5%；股份制企业实现利润总额28850.8亿元，下降1.1%；外商及港澳台商投资企业实现利润总额10684亿元，增长0.2%；私营企业实现利润总额15297.7亿元，增长7.1%。2015年9月末，规模以上工业企业资产总计971290.7亿元，同比增长7.3%；负债合计551914.4亿元，增长5.4%；所有者权益合计419376.3亿元，增长9.9%。

2. 福建千亿PPP推介项目现场签约214亿元

2015年10月28日，财政部发布数据显示，福建省PPP项目推介会在北京召开，推介项目总投资1300多亿元，涵盖了交通基础设施、市政公用设施、社会事业、片区开发和旅游休闲领域。其中交通项目14个，总投资634亿元，包括轨道交通、高速公路、铁路支线、市政道路、桥梁等；市政公用设施项目13个，总投资162亿元，包括综合管廊、公共停车场、污水处理等；社会事业项目13个，总投资70亿元，包括医院、教育、应急通信、公共租赁房建设等；片区开发项目14个，总投资421亿元，包括历史文化街区保护修复、物流园区建设、健康医疗、电子信息等专业园区建设等；旅游休闲项目3个，总投资49亿元。

3. 中国2015年9月末社会融资规模存量134.70万亿元

2015年10月28日，中国央行发布数据显示，截至2015年9月底，中国社会融资规模存量为134.70万亿元，同比增长12.5%。其中，对实体经济发放的人民币贷款余额为90.48万亿元，同比增长14.0%。从结构看，2015年9月末对实体经济发放的人民币贷款余额占同期社会融资规模存量的67.2%，同比高1.0个百分点；对实体经济发放的外币贷款余额占比2.5%，同比低0.5个百分点；委托贷款余额占比7.7%，同比高0.4个百分点；信托贷款余额占比4.0%；未贴现的银行承兑汇票余额占比4.7%，同比低1.2个百分点；企业债券余额占比10.0%，同比高0.7个百分点；非金融企业境内股票余额占比3.2%，同比高0.1个百分点。

三、地方财政

1. 山西农业综合开发大力开展高标准农田建设

2015年10月26日，山西省财政厅发布消息称，为稳步实施“十二五”期间农业综合开发各项目标任务，确保项目建设效果，全省农业综合开发部门在建设过程中做到了“三个坚持”：一是坚持高标准。坚持“田地平整肥沃、水利设施配套、田间道路畅通、林网建设适宜、科技先进适用、优质高产高效”的总体目标。二是坚持节约土地、合理利用。坚持节约土地、合理使用的原则开展农田基础设施建设，建成后农田基础设施占地率符合有关规范标准。三是积极拓展新的筹资渠道。在稳定现有投资渠道和投资规模的同时，努力拓展新的资金渠道，鼓励社会力量和民间资金投资参与高标准农田建设与管护。

2. 甘肃省“八个统筹”推进财政资金统筹使用

2015年10月28日，甘肃省财政厅发布消息称，甘肃省政府提出了“八个统筹”，切实发挥财政资金在稳增长、调结构中的积极作用：一是形成统筹协调、互为补充的完整预算体系。二是推动跨年度预算的统筹协调，建立跨年度预算平衡机制。三是强化预算编制的统筹管理，将部门各类收入全部纳入部门预算，统筹安排支出。四是加强预算执行的统筹协调。五是加大专项资金的统筹使用，严格控制新增专项和资金规模。六是强化部门项目资金的统筹使用。七是做好财政存量资金的统筹使用。持续清理财政存量资金，加大统筹使用力度。八是统筹安排存量债务资金和新增债务资金。

四、财政时论

史耀斌：中国采取多项措施应对经济下行

财政部副部长史耀斌在中韩税收政策交流会上发表讲话称，2014年以来，中国经济运行也遇到许多新压力，对促进经济平稳增长带来新挑战，中国政府采取了积极的办法，作出了许多积极的决策，且收到了良好的效果。主要包括：持续推进简政放权、行政审批改革、增加公共产品和公共服务供给，促进大众创业万众创新等改革举措，增强经济发展动力；陆续出台降准降息、减税降费和稳定市场等一系列定向调控举措，对冲经济下行压力；支持“互联网+”、智能制造、绿色低碳产品应用，努力打造中国经济升级版。在税收政策方面，中国政府通过进一步深化税收制度改革，积极推进税收立法，不断落实和完善税收政策，充分发挥税收宏观调控功能，为经济平稳健康发展“保驾护航”。主要措施包括：一是深化改革，推进建设有利于科学发展、社会公平、市场统一的税收制度体系。二是税收法定，努力完善税收法律法规体系。明确落实税收法定的原则、时间表和步骤安排，力争2020年前完成各项税收立法，包括推进增值税、房地产税和环境保护税的立法工作，着手修订《税收征管法》。三是进一步发挥税收稳增长、促改革、调结构、惠民生的导向作用，实行精准调控。在国际税收方面，中国政府深度参与G20的全球税收治理工作，并积极发挥建设性作用。作为2016年的G20轮值主席国，中国政府将继续推动各方巩固现有税收工作成果，支持推动建立更为包容、公平、透明的框架，鼓励感兴趣的非G20国家尤其是发展中国家充分、平等地参与。

五、国外视角

欧智库：中国无须急于加入SDR

欧洲智库布鲁盖尔发表文章称，长期看，人民币加入SDR有助于人民币成为国际储备货币，将使中国获益。但加入SDR未必能帮助中国推动金融改革，当前，中国无须急于加入SDR。全球经济在经历如亚洲金融危机等一系列冲击后，国际储备资金开始涌入新兴市场国家，SDR占国际储备比已降至约2%。此外，尽管越来越多的国家已实施完全可兑换资本账户和灵活汇率，使其货币成为SDR货币篮子候选币种，但SDR货币篮子币种仍由20种降至4种。其原因可能是许多国家对加入SDR货币篮子缺乏兴趣。然而，中国却对加入SDR表现出浓厚兴趣。经济学家认为，中国央行允许人民币贬值，旨在进一步提高人民币灵活性，使其符合加入SDR的要求。中国央行推动人民币贬值的关键原因是中国劳动力成本快速增长和美元走强导致中国竞争力逐步减弱。但是，即使加入SDR对中国推动金融改革议程十分重要，中国政府仍需明确加入SDR是否具有实际意义。长期看，人民币成为国际储备货币将使中国受益。但目前，中国不必立即加入SDR，加入SDR不一定能帮助中国实现改革目标。若人民币成为国际储备货币，则中国外债可以本币计价。中国政策制定者明白，中国超额储备或无法满足应对人口老龄化的资金需求。未来，中国或与美国相似，需吸引大量外国储备应对外债。但是，目前中国仍处于外汇储备积累阶段，直到国内储蓄因快速的老龄化问题开始减少。因此，未来几年，中国仍将是债权国。此外，成为SDR货币将导致更多国家向中国借款，其他国家央行或无法获得更多人民币计价储备资产，人民币将受损。投资者对人民币的需求取决两个关键因素：一是人民币需保持中长期购买力平价。二是人民币在岸金融市场需对外资开放，并取消资本管制。中国可通过保持竞争力维持人民币购买力，但政策制定者需作出更多努力对外资开放金融市场。从经济角度看，中国无须急于加入SDR；但是，就目前来看，中国加入SDR进程显然受到IMF和美国干扰。

第 42 期 （2015 年 10 月 31 日—2015 年 11 月 6 日）

一、政策发布

1. 中共中央办公厅和国务院办公厅印发《深化农村改革综合性实施方案》

2015 年 11 月 3 日，中共中央办公厅和国务院办公厅印发《深化农村改革综合性实施方案》：一是开展农村土地征收、集体经营性建设用地入市、宅基地制度改革试点。二是深化农村土地承包经营制度改革。三是健全耕地保护和补偿制度。严格实施土地利用总体规划，加强耕地保护，全面开展永久基本农田划定工作，实行特殊保护。四是分类推进农村集体资产确权到户和股份合作制改革。五是深化林业和水利改革。实行最严格的林地用途管制制度。六是推动土地经营权规范有序流转。七是创新农业社会化服务机制。要通过周到便利的社会化服务，把农户经营引入现代农业发展轨道。八是健全工商资本租赁农地的监管和风险防范机制。

2. 财政部发布关于完善研究开发费用税前加计扣除政策的通知

2015 年 11 月 3 日，财政部发布关于完善研究开发费用税前加计扣除政策的通知：一是企业开展研发活动中实际发生的研发费用，未形成无形资产计入当期损益的，在按规定据实扣除的基础上，按照本年度实际发生额的 50%，从本年度应纳税所得额中扣除；形成无形资产的，按照无形资产成本的 150% 在税前摊销。二是企业委托外部机构或个人进行研发活动所发生的费用，按照费用实际发生额的 80% 计入委托方研发费用并计算加计扣除，受托方不得再进行加计扣除。三是企业共同合作开发的项目，由合作各方就自身实际承担的研发费用分别计算加计扣除。

3. 中共中央发布关于制定国民经济和社会发展第十三个五年规划的建议

2015 年 11 月 4 日，中共中央发布关于制定国民经济和社会发展第十三个五年规划的建议：一是培育发展新动力。发挥消费、投资、出口对增长的促进作用。二是拓展发展新空间。拓展区域发展空间、产业发展空间、基础设施建设空间、网络经济空间、蓝色经济空间。三是深入实施创新驱动发展战略。推动政府职能从研发管理向创新服务转变，强化企业创新主体地位和主导作用，深化科技体制改革。四是大力推进农业现代化。稳定农村土地承包关系，深化农村金融改革，完善农业保险制度。五是构建产业新体系。实施工业强基工程，支持战略性新兴产业发展，实施智能制造工程，开展加快发展现代服务业行动。六是构建发展新体制。深化国有企业改革、财税体制改革，金融体制改革，鼓励民营企业依法进入更多领域，优化企业发展环境。

4. 国务院常务会议部署贯彻五中全会精神抓好“十三五”规划编制

2015年11月4日，国务院总理李克强主持召开国务院常务会议，会议指出：一是整合财政专项资金，重点支持《中国制造2025》关键领域、企业技术改造等。二是加快推进“僵尸企业”重组整合或退出市场，加大支持国企解决历史包袱，大力挖潜增效。三是鼓励金融机构对有市场、有效益企业加大信贷投放，推广大型制造设备、生产线等融资租赁服务。四是督促金融机构健全内控制度，增强自主合理定价能力和风险管理水平。五是加强对非理性定价行为的监督管理，强化行业自律和风险防范。六是对必要的中介服务实行清单管理，实行联合评估评审。七是推行网上并联审批，加快在线审批监管平台纵向贯通。

5. 财政部发布关于煤炭采掘企业增值税进项税额抵扣有关事项的通知

2015年11月4日，财政部发布关于煤炭采掘企业增值税进项税额抵扣有关事项的通知：煤炭采掘企业购进巷道附属设备及其相关的应税货物、劳务和服务项目，用于除开拓巷道以外的其他巷道建设和掘进，或者用于巷道回填、露天煤矿生态恢复的应税货物、劳务和服务项目，其进项税额允许从销项税额中抵扣。

二、数据盘点

1. 中国2015年10月份制造业PMI为49.8%

2015年11月1日，国家统计局发布数据显示，中国2015年10月份制造业PMI为49.8%，环比持平。分企业规模看，大型企业PMI为51.0%，环比下降0.1个百分点；中型企业为48.7%，环比上升0.2个百分点；小型企业为46.6%，环比下降0.2个百分点。从分类指数看，生产指数为52.2%，环比下降0.1个百分点。新订单指数为50.3%，环比上升0.1个百分点。从业人员指数为47.8%，环比下降 0.1 个百分点。原材料库存指数为 47.2%，环比下降 0.3 个百分点。供应商配送时间指数为 50.6%，环比下降 0.2 个百分点。

2. 中国 2015 年 10 月份非制造业商务活动指数为 53.1%

2015 年 11 月 1 日，国家统计局发布数据显示，2015 年 10 月份，中国非制造业商务活动指数为 53.1%，比 2015 年 9 月小幅回落 0.3 个百分点，仍持续位于扩张区间。分行业看，服务业商务活动指数为 52.3%，比 2015 年 9 月回落 0.7 个百分点。建筑业商务活动指数为 57.1%，比 2015 年 9 月上升 1.9 个百分点。

三、地方财政

1. 广东省稳步推进零基预算改革

2015 年 11 月 2 日，广东省财政厅发布消息称，广东省财政厅印发《2016 年省级财政零基预算改革试点工作实施细则》，进一步扩大试点范围，完善零基预算编制流程，稳步推进零基预算改革。一是在 2015 年零基预算改革试点 6 个部门基础上，增加 12 个部门，将试点范围扩大至 18 个部门。二是进一步修订完善包括事业单位在内财政供养人员定员定额标准。三是根据单位 2016 年工作安排以及部门的三年中期规划，核定 2016 年零基预算试点部门控制数。四是全面实行绩效目标申报审核制度。五是对申报的项目进行可行性论证和严格审核，依托项目库系统分轻重缓急合理排序后，视财力情况择优进行安排。六是零基预算改革与中期财政规划、项目库改革相衔接，所有项目支出纳入项目库管理。

2. 云南省财政厅建立内部预算绩效管理沟通协调工作机制，从整体上全力推进预算绩效管理工作

2015 年 11 月 3 日，云南省财政厅发布消息称，云南省财政厅建立了内部预算绩效管理工作的沟通协调机制，出台了《云南省财政厅预算绩效管理内部工作规程》，从整体上全力推进财政预算绩效管理工作。一是明确预算局为预算绩效管理工作的牵头处室，负责制定预算绩效管理的相关制度办法，协调绩效目标、绩效跟踪、绩效评价等工作管理。二是明确各资金管理处全程参与、协调预算绩效管理工作，指导、督促等管理工作。三是明确监督检查局负责对省本级预算编制实施程序控制，对编制程序及控制节点进行全程监督。四是明确国库处负责提供开展预算绩效管理所需的相关执行数据和情况，配合做好预算绩效管理结果运用等工作。五是明确预算评审中心负责对省级预算部门绩效目标、绩效跟踪和自评报告进行复审。

四、财政时论

楼继伟：从“管资产”迈向“管资本”

财政部部长楼继伟就《关于改革和完善国有资产管理体制的若干意见》进行了详细解读。楼继伟表示，国有资产管理的难点，是如何处理好政府与市场的关系，做到不越位、不缺位、不错位。而这也正是改革的重点，需要加强顶层设计、稳妥有序地推进。党的十六大以来，我国建立起了中央政府和地方政府分别代表国家履行出资人职责的国有资产管理体制，我国国有资产出资人制度基本建立。然而，现行国有资产管理体制也存在一些弊端。如“管人管事管资产”的管理模式，对国有企业的行政干预过多，容易造成政企不分、政资不分，使企业的市场主体作用难以充分发挥；国有资产监督机制不健全，国有资产流失、违纪违法问题在一些领域和企业比较突出；国有经济布局结构有待进一步优化，国有资本配置效率不高等问题亟待解决。针对这些问题，十八届三中全会决定明确提出，完善国有资产管理体制，以管资本为主加强国有资产监管，改革国有资本授权经营体制。国有企业存在的一些问题，实际上就是管理体制的问题。改革和完善国有资产管理体制，是深化国有企业改革的重要组成部分。从管人管事管资产转向以管资本为主，就是要尊重市场经济规律，真正确立国有企业的市场主体地位，适应市场化、现代化、国际化新形势和经济发展新常态，不断增强国有经济的内生动力和市场活力，更好地实现国有资产保值增值。

五、国外视角

美智库：中国不断增加对美投资，投资领域愈发多元

美智库布鲁金斯学会发表文章称，近年来，中国企业不断增加对美直接投资，利用领先的技术集群，并保障生产环节的关键性投入，以将产品销往这一全球最大市场。研究报告显示，除中国香港和中国台湾外，中国企业2011年在美国所创造的工作岗位仅为11600个，仅为主要外商控股企业在美所创造全部工作岗位的0.2%，但增速很快。据美国经济分析局估计，2007—2011年中国企业美国分公司就业人数增加了800%以上。中国企业最初进入美国市场时主要从事银行、物流等贸易促进相关行业，且主要集中在纽约和洛杉矶等大城市。如今，中国企业在自然资源和农业领域大量投资，2013年中国企业收购了多家食品和能源公司，如美国史密斯菲德食品公司、加拿大尼克森石油公司、德州沃夫坎普页岩油田，并进行了一些绿地投资。并且，中国企业越来越多地出现在圣何塞、底特律和达拉斯等技术密集地区。中国在圣何塞的投资集中在IT领域，如亚信联创股份有限公司

和东软集团。上汽集团和长安汽车集团等中国汽车制造商主要集中在底特律这座全球汽车制造的研发之都，长安汽车集团于 2011 年在此设立研发中心。同时，华为和中兴两大巨头将美国总部设立在电信通讯企业密集的达拉斯。总体来看，中国对美国领先行业的直接投资越来越普遍。中国企业在美国运营的研发投入从 2007 年的几乎为零大幅增至 2011 年的 3.66 亿美元，显示出许多中国企业对学习新技术有着浓厚兴趣。2014 年一季度，中国对美国高科技领域投资总额骤增至 60 亿美元，超过 2009—2013 年五年投资额的总和，其中尤以中国企业收购总部位于芝加哥的摩托罗拉公司和总部位于洛杉矶的电动汽车制造商菲斯克公司最为瞩目。A123 系统公司是波士顿和底特律地区领先的电池制造商，但境况不佳，后被中国万向集团收购，这个案例说明了在两个强劲的竞争对手间开展高科技直接投资的优缺点：投资保留了美国的就业机会，并把核心技术和技术发展留在了本地，但知识产权却横跨了太平洋。随着中国对美直接投资逐渐增长并多样化，其必将为已颇为复杂的中美关系增添另一个复杂问题。

第 43 期　（2015 年 11 月 7 日—2015 年 11 月 13 日）

一、政策发布

1. 国务院办公厅发布关于促进农村电子商务加快发展的指导意见

2015 年 11 月 9 日，国务院办公厅发布关于促进农村电子商务加快发展的指导意见：一是鼓励地方、企业等因地制宜，积极探索农村电子商务新模式。二是实施农村电子商务百万英才计划，对农民、合作社和政府人员等进行技能培训。三是加快完善县乡村农村物流体系，鼓励多站合一、服务同网。四是完善电信普遍服务补偿机制，加快农村信息基础设施建设和宽带普及。五是鼓励村级电子商务服务点、助农取款服务点相互依托建设，实现优势互补、资源整合，提高利用效率。

2. 国务院办公厅发布关于加强和改进企业国有资产监督防止国有资产流失的意见

2015 年 11 月 11 日，国务院办公厅发布关于加强和改进企业国有资产监督防止国有资产流失的意见：一是着力强化企业内部监督。完善企业内部监督机制，强化董事会规范运作和对经理层的监督，加强企业内设监事会建设，重视企业职工民主监督，发挥企业党组织保证监督作用。二是切实加强企业外部监督。完善国有资产监管机构监督，加强和改进外派监事会监督，健全国有企业审计监督体系，进一步增强纪检监察和巡视的监督作用，建立高效顺畅的外部监督协同机制。三是实施信息公开，加强社会监督。推动国有资产和国有企业重大信息公开，切实加强社会监督。四是强化国有资产损失和监督工作责任追究。加大对国有企业违规经营责任追究力度，严格监督工作责任追究。

3. 国务院常务会议部署以消费升级促进产业升级

2015 年 11 月 11 日，国务院总理李克强主持召开国务院常务会议，会议确定：

一是加快教育、卫生、文化等事业单位分类改革，全面放宽民间资本的市场准入，分领域逐步减少、放宽、放开对外资的限制。二是全面提高标准化水平，以更严的标准和监管强化企业主体责任，促进消费品质量的提升，建立全国统一的信用信息共享平台。三是加大财税、金融等政策支持，发展消费信贷，将消费金融公司试点推广至全国。四是畅通商品进口渠道，扩大群众欢迎的日用消费品等进口，增设口岸进境免税店，落实和完善境外旅客购物离境退税政策。

二、数据盘点

1. 中国 2015 年 9 月份彩票销售情况

2015 年 11 月 11 日，财政部发布数据显示，中国 2015 年 9 月份共销售彩票 290.78 亿元，同比减少 31.74 亿元，下降 9.8%。其中，福利彩票机构销售 155.00 亿元，同比减少 19.70 亿元，下降 11.3%；体育彩票机构销售 135.78 亿元，同比减少 12.04 亿元，下降 8.1%。2015 年 1—9 月累计，全国共销售彩票 2718.99 亿元，同比减少 75.08 亿元，下降 2.7%。其中，福利彩票机构销售 1489.44 亿元，同比减少 14.88 亿元，下降 1.0%；体育彩票机构销售 1229.55 亿元，同比减少 60.20 亿元，下降 4.7%。

2. 中国 2015 年 10 月财政收支情况

2015 年 11 月 12 日，财政部发布数据显示，2015 年 10 月份，中国一般公共预算收入 14435 亿元，同比增长 8.7%。其中，中央一般公共预算收入 7238 亿元，增长 8.6%；地方本级一般公共预算收入 7197 亿元，增长 8.8%。全国一般公共预算收入中的税收收入 12023 亿元，同比增长 1.8%。全国一般公共预算支出 13491 亿元，同比增长 36.1%。其中，中央本级一般公共预算支出 1885 亿元，增长 16.8%；地方一般公共预算支出 11606 亿元，增长 39.9%。2015 年 1—10 月累计，全国政府性基金预算收入 30472 亿元，同比下降 28.6%；全国政府性基金预算支出 28990 亿元，同比下降 19%。

三、地方财政

1. 浙江省财政大力支持政保合作项目成效显著

2015 年 11 月 10 日，浙江省财政厅发布消息称，近年来，浙江省财政加大政策支持力度，由直接分配向保费补贴、风险补偿等方式转变，研究制定并落实保险业税收优惠等政策，加快保险事业发展。一是加大政策引导和支持。浙江省 17 个政保合作项目中，省政府已出台农业保险政府性规章，成为全国首个地方版农业保险规章。二是加快涉农保险发展。2015年1—8月，全省为33个农产品提供保障298.2亿元，向6.3万农户支付赔款2.9亿元，并加快产品创新，支持商业保险涉足省共保体系未覆盖的领域。三是加快涉企保险发展。截至2015年6月底，全省（含宁波）共有保险资金债权投资计划24项，投资规模达572.3亿元。四是创新保险社会管理功能。新增加特种设备安全责任保险、老年人意外伤害保险、农村小额保险等项目，进一步丰富政保合作项目，拓宽服务面。

2. 云南省昆明市出台四项制度加快推进PPP工作

2015年11月12日，云南省财政厅发布消息称，昆明市出台了有关项目管理、预算管理、政府采购、项目绩效评价四个PPP模式配套文件：一是明确了PPP领导小组负责统筹安排全市PPP工作总体规划和进度，统一指导、协调和推动全市PPP工作开展，领导小组办公室设在市财政局，并明确了财政、发改、各行业主管部门、项目单位的工作职责。二是明确了PPP项目收支预算的范围，限定了财政支出的总规模，规定了预算安排及调整方式。三是明确了PPP项目采购程序，包括项目采购方式、资格预审、评审人员构成、评审要求、中标结果公告、项目合同签订等。四是强化绩效评价，提高资金效益。入库的PPP项目必须编制项目预期绩效目标，绩效目标应作为政府采购和政府采购合同签订的主要内容。

四、财政时论

楼继伟：全面深入贯彻落实人才强国战略，大力推进全国会计领军人才建设

财政部部长楼继伟发表讲话称，经济越发展，会计越重要。当前和今后一个时期，要认真落实党中央、国务院对财政经济工作重要指示，进一步做好全国会计领军人才培养工作。一是明确方向，服务发展。要树立强烈的人才意识，主动把握并积极适应经济发展新常态，把服务经济社会发展作为会计领军人才队伍建设的根本出发点和落脚点。二是立足改革，创新机制。要进一步创新会计领军人才培养工程组织管理机制，加大统筹整合管理力度，进一步创新会计领军人才选拔机制、培养机制和考核机制，要进一步创新会计领军人才培养课程体系，改进调整培训内容，加大管理会计培训力度。三是面向世界，拓宽视野。在我国经济深度融入全球经济、引进来和走出去同步推进的新形势下，会计领军人才培养应当立足国内，放眼世界，借鉴吸收国内外先进的培养理念和方法。四是高端引领，统筹推进。要以全国会计领军人才培养工程为重要平台，培养造就一大批具有国际视野、知识结构优化、实践经验丰富、创新能力突出、职业道德高尚的会计领军人才。

五、国外视角

中英经济合作关系正不断加深

2015 年 11 月 4 日，《金融时报》发表文章称，中国与英国经济合作关系正不断加深。英国是加入亚投行的首个欧洲国家，并成为该组织的创始成员国。与此同时，不到五年时间，英国成了中国在欧洲对外直接投资最佳目的地。中国工商银行和中国建设银行被允许在伦敦设立支行。在英格兰西南部，预计中国将会建设英国 25 年来的第一个全新核电站，造价高达 250 亿英镑。中国电信设施公司华为技术有限公司现在是英国电信公司的主要供应商之一。此外，中国公司通过中国主权财富基金中投公司持有希思罗机场 9% 的股份以及泰晤士水务 9. 5% 的股份，并深度参与英国铁路与港口设施建设中。英国伦敦被授予成为欧洲首个人民币结算中心的特权。以人民币计价的中国国债很快将在伦敦发行，这将为人民币国际化扫平道路。

第 44 期 （2015 年 11 月 14 日—2015 年 11 月 20 日）

一、政策发布

1. 财政部发布关于进一步规范和加强彩票资金构成比例政策管理的通知

2015 年 11 月 16 日，财政部发布关于进一步规范和加强彩票资金构成比例政策管理的通知：一是严格限定彩票奖金比例。彩票奖金比例应在坚持比例返奖的原则和国务院批准的最高限度以内。二是切实保障彩票公益金比例。在彩票游戏规则中合理拟定彩票公益金比例，彩票公益金比例最低不得低于 20%。三是合理控制彩票发行费比例。彩票发行费比例应按照彩票品种特性、发行规模和发行方式等合理拟定。四是自 2016 年 1 月 1 日起，对经财政部批准已上市销售的彩票品种，传统型、即开型彩票发行费比例暂维持 15% 不变。

2. 财政部印发《农业综合开发扶持农业优势特色产业促进农业产业化发展的指导意见》

2015 年 11 月 17 日，财政部印发《农业综合开发扶持农业优势特色产业促进农业产业化发展的指导意见》：一是充分发挥财政资金对金融资本和社会资本的引领和杠杆作用，逐渐形成以贷款贴息为主、以财政补助为辅、财政股权投资基金等多元化扶持体系。二是贷款贴息项目优先扶持实力较强、规模较大、示范带动作用显著的农业产业化龙头企业和农民合作社。三是财政补助项目优先扶持农民合作社、家庭农场、专业大户及农业社会化服务组织等。四是鼓励和引导有条件的地区采取财政股权投资基金、贷款项目担保基金等扶持方式。五是鼓励地方积极探索有利于扩大社会资本投入、壮大优势特色产业集群的其他扶持方式。

3. 财政部印发《新旧财政总预算会计制度有关衔接问题的处理规定》

2015 年 11 月 17 日，财政部印发《新旧财政总预算会计制度有关衔接问题的处理规定》：一是将原账科目余额转入新账。将原“国库存款”科目中的存款余额属于实行国库现金管理的，转入“国库现金管理存款”科目，其他的转入“国库存款”科目；将属于借出款项的部分，转入“借出款项”科目，其他部分转入“其他应收款”科目；将原“有价证券”科目余额转入“有价证券”科目；将原“在途款”科目余额转入“在途款”科目；将原“待发国债”科目余额转入“待发国债”科目。二是将原未入账事项登记新账。将 2015 年 12 月 31 日前未入账的应收地方政府债券转贷款、应收主权外债转贷款，确认记入新账有关科目的期初余额；将 2015 年 12 月 31 日前未入账的应付短期政府债券、应付长期政府债券、借入款项等记入新账有关科目的期初余额。

4. 国务院常务会议部署加快企业技术升级改造，推动产业迈向中高端

2015 年 11 月 18 日，国务院总理李克强主持召开国务院常务会议部署加快企业技术升级改造，推动产业迈向中高端。会议决定：一要发布工业企业技改升级指导目录，编制年度重点技改升级项目导向计划，引导社会资金等要素投向，激发企业对接市场需求自主升级改造的动力。二要简化前期手续，推动并联审批，加快项目落地，研究推广对符合条件且不需要新增建设用地的技改升级项目实行承诺备案管理。三要推进落实财税支持措施，创新中央财政技改资金使用方式，提高资金使用效益，鼓励地方财政加大对技改升级的支持。完善金融服务，健全融资担保、风险补偿等激励机制。

二、数据盘点

1. 中国 2014 年社会保险基金决算说明

2015 年 11 月 16 日，财政部发布数据显示，中国 2014 年社会保险基金总收入 40439 亿元，比 2013 年增长 12.4%；总支出 33681 亿元，比 2013 年增长 17.2%；2014 年收支结余 6758 亿元，年末滚存结余 51635 亿元。其中，企业职工基本养老保险基金收入 23273 亿元，增长 11.9%；城乡居民基本养老保险基金收入 2343 亿元，增长 7.8%；城镇职工基本医疗保险基金收入 7854 亿元，增长 14.3%；居民基本医疗保险基金收入 4477 亿元，增长 14%；工伤保险基金收入 671 亿元，增长 13.7%；失业保险基金收入 1380 亿元，增长 8%；生育保险基金收入 439 亿元，增长 21.3%。

2. 财政部将在香港发行 140 亿元人民币国债

2015 年 11 月 16 日，财政部发布数据显示，2015 年财政部在香港发行 280 亿元人民币国债。其中，2015 年 5 月 20 日已发行 140 亿元，2015 年 11 月 23 日当周将再发行 140 亿元。此次发行的 140 亿元人民币国债中，通过配售银行和香港交易所平台向香港居民发行 20 亿元，通过香港债务工具中央结算系统（CMU）面向机构投资者、国外中央银行、地区货币管理当局发行 120 亿元。

三、地方财政

1. 广东省有序推进财税体制改革

2015 年 11 月 18 日，广东省财政厅发布消息称，广东省财政坚持以问题为导向，全面深化财税体制改革，各项改革工作有序推进：一是对牵头承担的改革任务，逐项明确责任厅领导、责任处室和具体责任人，建立工作台账，建立改革工作进展情况定期报送、通报制度，重点督查进度不理想的改革事项。二是印发《关于深化预算管理制度改革的实施意见》，进一步明确了深化预算管理制度改革的总体要求、基本原则、主要任务、保障措施等。三是全方位统筹推进各项改革。印发《关于进一步完善省级国有资本经营预算管理的实施意见》，进一步规范省级国有资本经营预算编制、执行和监督管理。制定《权责发生制政府综合财务报告制度改革实施方案》，指导各市县进一步扩大综合财务报告试编工作范围。

2. 四川省创新举措引导金融资金支持实体

2015 年 11 月 19 日，四川省财政厅发布消息称，四川省转变财政支持发展政策方式，创新财政金融互动新视角新维度，推出一系列财政举措：一是对金融机构向无贷款记录企业发放的首笔贷款，财政部门按实际发放贷款额度的 1‰对经办金融机构予以补贴。二是支持全省地方法人银行业金融机构发行小微和“三农”专项金融债券。三是鼓励金融机构积极给予产业发展投资引导基金参股投资项目融资贷款支持。四是鼓励市、县政府通过基金分担或直接分担方式，对金融机构为市、县行政区域内创新创业、新兴产业等贷款发生的损失给予风险补贴。五是对实施资产证券化的原始权益人，按其融资规模的 0.5% 给予一次性激励补助，最高不超过 500 万元。

四、财政时论

史耀斌：建立多边智库合作机制

2015 年 11 月 12 日，财政部副部长史耀斌在第七届中非共享发展经验“智库引领可持续发展”高级研讨会发表讲话称，目前，智库已成为一支促进全球发展与合作的重要力量。在当前全球经济复苏乏力、减贫与发展任务更为繁重的背景下，借助世行、国家开发银行等开发性金融机构平台，动员中非丰富的智库资源，加强智库之间的交流与合作，各方携手打造促进对非投资的智库联盟，对于实现共同和可持续发展具有重要的推动作用。要动员多双边开发机构、政府、企业及智库本身等各方力量，凝聚共识、同舟共济，才能建立起有效的多边智库合作机制，为促进对非投资、提升非洲发展能力、打造新型对非伙伴关系提供解决方案。要发挥好智库平台决策咨询作用，着力提高发展的自主性和有效性；要发挥好智库平台的集成作用，产出更快捷、更可靠的知识产品，为开展对非务实合作提供有力智力支撑；要发挥好智库平台链接作用，促进各国发展战略有效对接。

五、国外视角

中企海外投资正在朝正确方向前进

2015 年 11 月 20 日，《金融时报》发表文章称，自 2000 年中国提出“走出去”战略以来，中企对外投资合作发展迅速。同时，中企与海外经营环境也发生一些摩擦，出现了不少的争议性事件。联合国助理秘书长马丁内斯·索利曼在接受《金融时报》专访时表示，目前一些国际舆论对中国企业并不公正。有人认为中国企业在海外行为不端，但缺乏证据支持。在重视环保、提供社会投资等方面，中企做了很多努力；而且，中企在海外的透明度，以及对东道国法律法规的尊重都在提升。中国投资一直在帮助所在国发展。中企既投资各类产业，也投资公路、桥梁、港口、水电站等基础设施，还投资学校、医院等各种社会基础设施。所以，中企一方面在投资领域方面作出了正确决策，另一方面为所在国带来了“发展红利”。不过，中企在向海外合作伙伴及东道国政府转移技术方面，还做得不够。要改变这一现状，中企可以更多地进行合资，而不是单独投资，还可以把专利使用权延展，并同当地企业达成技术转移协议。未来，中企应该更多地向东道国展示，他们将努力地从当地企业采购，雇佣当地工人。此外，中企海外投资应当重视东道国的政治稳定性，慎入那些政治形势较差的国家。中国“一带一路”倡议很好，因为地区融合总是一个好主意。无论从政治、贸易还是发展角度来看，大国都有促进地区融合的责任。这不仅能促进贸易，也能促进地区稳定和繁荣，是双向互惠互利的。这是在提供一种全球公共品，是重要的南南合作。

第45期 （2015年11月21日—2015年11月27日）

一、政策发布

1. 国务院发布关于给科摩罗联盟等8个最不发达国家97%税目产品实施零关税的通知

2015年11月24日，国务院关税税则委员会发布关于给予科摩罗联盟等8个最不发达国家97%税目产品实施零关税的通知。中国给予有关最不发达国家97%税目产品零关税待遇的实施方案，已经国务院关税税则委员会第三次全体会议审议通过，并报国务院批准。现根据最新签署换文情况，从2015年12月10日起，对原产于科摩罗联盟、毛里塔尼亚伊斯兰共和国、多哥共和国、利比里亚共和国、卢旺达共和国、安哥拉共和国、赞比亚共和国、尼泊尔联邦民主共和国等8个最不发达国家的97%税目产品实施零关税。97%税目产品零关税待遇货品清单按照《国务院关税税则委员会关于2015年关税实施方案的通知》执行。

2. 国务院发布关于积极发挥新消费引领作用加快培育形成新供给新动力的指导意见

2015年11月24日，国务院发布关于积极发挥新消费引领作用加快培育形成新供给新动力的指导意见：一是消费升级重点领域和方向。如服务消费、信息消费、绿色消费、时尚消费、品质消费、农村消费等。二是加快推进重点领域制度创新。要加快建设全国统一大市场，加大服务业对内对外开放力度，加强助推新兴领域发展的制度保障，加快推进人口城镇化相关领域改革。三是全面改善优化消费环境。要全面提高标准化水平，完善质量监管体系，改善市场信用环境，健全消费者权益保护机制，强化基础设施网络支撑，拓展农村消费市场，积极培育国际消费市场。四是优化政策支撑体系。要强化财税支持政策，推动金融产品和服务创新，优化政府投资结构，完善土地政策，创新人才政策，健全环境政策体系。

3. 财政部发布关于改革完善中央高校预算拨款制度的通知

2015 年 11 月 25 日，财政部发布关于改革完善中央高校预算拨款制度的通知：一是完善基本支出体系，在现行生均定额体系的基础上，逐步建立中央高校本科生均定额拨款总额相对稳定机制。二是重构项目支出体系。新的项目支出体系包括中央高校改善基本办学条件专项资金、中央高校教育教学改革专项资金等。三是加快建立高校分类体系，推进分类管理、分类评价，引导高校合理定位，克服同质化倾向。四是按照规定程序动态调整高校学费标准，进一步健全成本分担机制。积极争取社会捐赠以及相关部门、行业企业、地方政府支持中央高校改革发展，健全多元投入机制。

二、数据盘点

1. 中国 2015 年 1—10 月国有企业经济运行情况

2015 年 11 月 20 日，财政部发布数据显示，中国国有企业 2015 年 1—10 月营业总收入 367904. 8 亿元，同比下降 6. 3%；营业总成本 358800. 7 亿元，同比下降 5. 4%，其中销售费用、管理费用和财务费用同比分别增长 0. 1%、下降 0. 4% 和增长 9. 5%；利润总额 18806. 6 亿元，同比下降 9. 8%；应交税金 31174. 9 亿元，同比增长 0. 8%。截至 2015 年 10 月末，国有企业资产总额 1173475. 6 亿元，同比增长 16. 8%；负债总额 779163 亿元，同比增长 19%；所有者权益合计 394312. 6 亿元，同比增长 12. 9%。

2. 中央财政下拨 166. 49 亿元支持草原生态保护补助奖

2015 年 11 月 25 日，财政部发布数据显示，为加强草原生态保护建设，自 2011 年起，中央财政安排资金在 8 个牧区省份及新疆生产建设兵团全面建立草原生态保护补助奖励机制，2012 年，政策的覆盖范围进一步扩大到全部牧区半牧区。2015 年，中央财政进一步加大投入力度，安排资金 166. 49 亿元，比 2014 年增加 8. 8 亿元，用于对牧民实行草原禁牧补助、草畜平衡奖励、牧草良种补贴和牧民生产资料补贴，以及通过绩效评价奖励，支持草原牧区畜牧业发展方式转变。

3. 财政部在香港顺利发行 120 亿元人民币国债

2015 年 11 月 26 日，财政部发布数据显示，中华人民共和国财政部当日在香港特别行政区面向机构投资者招标发行 100 亿元人民币国债，包括 3 年期 50 亿元、5 年期 30 亿元、10 年期和 20 年期各 10 亿元，中标利率分别为 3. 29%、3. 40%、3. 31% 和 4. 00%；面向 5 家国外中央银行和地区货币管理当局发行 20 亿元人民币国债，均为3年期，利率与同期限国债中标利率持平。此次人民币国债发行金额为140亿元，除已经发行的120亿元外，财政部还将向香港居民发行20亿元2年期国债，票面利率为3.45%。

4. 2014年我国文化及相关产业增加值比2013年增长12.1%

2015年11月26日，国家统计局发布数据显示，中国2014年文化及相关产业增加值23940亿元，比2013年增长12.1%，比同期GDP现价增速高3.9个百分点；占GDP比为3.76%，比2013年提高0.13个百分点。按行业分，2014年文化制造业增加值9913亿元，比2013年增长8.2%；文化批发零售业增加值2386亿元，增长11.2%；文化服务业增加值11641亿元，增长15.9%。按活动性质分，文化产品的生产业创造的增加值为14671亿元；文化相关产品的生产业创造的增加值为9269亿元。

5. 中国2015年1—10月规模以上工业企业利润总额同比下降2%

2015年11月27日，国家统计局发布数据显示，中国2015年1—10月规模以上工业企业实现利润总额48666亿元，同比下降2%，降幅比2015年1—9月份扩大0.3个百分点。其中，国有控股企业实现利润总额9080.6亿元，同比下降25%；集体企业实现利润总额395.3亿元，下降1.8%；股份制企业实现利润总额32698.7亿元，下降1.5%；外商及港澳台商投资企业实现利润总额12082.9亿元，增长0.3%；私营企业实现利润总额17511亿元，增长6.2%。2015年10月末，规模以上工业企业资产总计982408.7亿元，同比增长7.3%；负债合计557675.6亿元，增长5.6%；所有者权益合计424733.1亿元，增长9.6%。

三、地方财政

1. 甘肃省加快推广运用PPP模式

2015年11月23日，甘肃省财政厅发布消息称，2015年以来，甘肃省把推广运用PPP模式作为稳增长、调结构、补短板、惠民生的重要抓手，积极探索、大力推进，取得了突破性进展。一是提出了7个重点领域的38项支持政策，明确政府投资优先，引入社会资本的项目。二是将简政放权、放管结合、优化服务作为推动PPP模式发展的重要举措，同步推进、协同发力，着力打造吸引企业到甘肃投资的良好环境。三是建立了统一的省级PPP动态项目库，三次组织申报，严格进行筛选，覆盖全省和公共服务、基础设施建设各领域。四是建立专人联系示范项目、定期报送项目进度和追踪问效制度，加快推进项目落地和规范实施。

2. 天津市进一步完善学生资助政策体系

2015 年 11 月 26 日，天津市财政局发布消息称，天津市财政局进一步加大财政支持力度，完善各级各类学生资助政策。一是提高国家助学金标准。从 2015 年春季学期起，将中等职业学校、普通高中国家助学金标准由年生均 1500 元提高至 2000 元，帮助家庭经济困难学生更好完成学业。二是完善高校国家助学贷款政策。进一步简化学生贷款手续，在读期间利息全部由财政补贴，贷款最长期限延长至 20 年，还本宽限期由 2 年延长至 3 年。三是加强学生资助政策宣传工作。进一步完善学生资助信息发布制度，健全学生资助宣传工作机制，突出重点，改进方式，加强队伍建设，提高政策透明度。

四、财政时论

刘尚希：化解中国经济下行风险要解决四个脱节

财政部财政科学研究所所长刘尚希撰文指出，缓解中国经济下行的风险，主要靠推动结构性改革，而结构性改革重在解决四个“脱节”：一是生产与消费的脱节。供给与需求结构性的脱节主要表现为生产与消费的脱节。二是金融与实体经济脱节。一方面，货币供应不断增加；另一方面，利率高企，地方各种投融资平台，中小企业融资难融资贵。金融没有服务实体经济。三是科技与经济脱节。中国在科技方面投入不断增大，但大量科技投入并没有带动经济增长。四是教育与发展脱节。中国就业结构性矛盾越来越突出，人才培养与国家发展阶段不匹配。如果这四个脱节的问题不解决，那就意味着结构改革未能取得实质性进展。结构性问题不是产业、行业比重的问题，不是哪个行业占比高占比低的问题，而是在结构方面脱节的问题。

五、国外视角

美智库：中国积极进行金融改革，推动人民币加入 SDR

美智库彼得森国际经济研究所（PIIE）发表文章，就中国为推动人民币加入 SDR 货币篮子所做的金融改革作出分析。IMF 2014 年对人民币是否能加入 SDR 的评估主要集中在以下两点：一是准入标准，中国全球出口份额占比于 2010 年就达到这一标准。二是人民币是否可自由使用。IMF 对多项指标进行评估，大多数衡量国际金融交易的指标表明人民币使用快速增加。最重要的是，报告指出在一些领域内可以进行进一步金融改革以扩大人民币使用范围。需注意货币可兑换并不是衡量自由使用的标准。针对 IMF 报告中强调的人民币操作问题。中国央行宣布外国央行、主权财富基金、国际金融机构及其代表机构可以直接进入中国银行间债券市场自由买卖人民币债券，并可以直接进入中国在岸外汇市场，为其提供外汇管理、对冲外汇风险的人民币计价工具。2015年8月11日，央行宣布对人民币兑美元汇率中间价报价进行改革，以使人民币汇率进一步市场化。同时，中国政府开始遵守《基金组织特殊数据发布准则》（SDDR），提高多项经济指标透明度。2015年夏，中国央行开始参照IMF标准发布外汇储备数据，并加快3月期国库券发行速度，提供可被纳入3月期SDR利率篮子的利率工具。官方还开放了跨境银行同业支付系统（CIPS）进一步发展人民币跨境和离岸市场，放开存款利率上限。总之，中国央行积极推进人民币加入SDR，进一步改革外汇制度和利率制度，迅速处理IMF报告中指出的问题。这些举措使IMF在近期评估时建议将人民币纳入SDR货币篮子。短期内，人民币加入SDR并不一定增加对人民币计价资产的需求。储备资产的货币结构由各国央行决定，只有少数央行将SDR货币构成比重作为基准。所以，加入SDR不会引起各国央行增持人民币资产。但长期看，官方持有的人民币计价资产有望提高，报告显示，2020年人民币资产占全球储备比或达5%。

第 46 期　(2015 年 11 月 28 日—2015 年 12 月 4 日)

一、政策发布

1. 国务院发布关于进一步完善城乡义务教育经费保障机制的通知

2015 年 11 月 30 日，国务院发布关于进一步完善城乡义务教育经费保障机制的通知：一是统一城乡义务教育“两免一补”政策。对城乡义务教育学生免除学杂费、免费提供教科书，对家庭经济困难寄宿生补助生活费。二是统一城乡义务教育学校生均公用经费基准定额。中央统一确定全国义务教育学校生均公用经费基准定额。三是巩固完善农村地区义务教育学校校舍安全保障长效机制。支持农村地区公办义务教育学校维修改造、抗震加固、改扩建校舍及其附属设施。四是巩固落实城乡义务教育教师工资政策。中央继续对中西部地区及东部部分地区义务教育教师工资经费给予支持，省级人民政府加大对本行政区域内财力薄弱地区的转移支付力度。

2. 中央财政大力支持现代农业发展

2015 年 12 月 1 日，财政部发布消息称，2015 年中央财政继续大力推动农业产业结构调整和可持续发展，加快现代农业建设步伐。一是大力支持地方粮食及优势特色主导产业发展。支持各地突出抓住关键环节，加快粮食及其他优势特色主导产业发展，支持畜牧业发展，重点推动畜禽养殖场标准化改造，推动南方草山草坡畜牧业发展，促进畜牧业生产方式转变。二是大力支持农业适度规模经营发展。将支持发展多种形式的适度规模经营作为资金使用的重点内容和支持方向，加大对农民合作组织、家庭农场、专业大户等各类新型经营主体的支持力度。

3. 国务院发布关于简化优化公共服务流程方便基层群众办事创业的通知

2015 年 12 月 1 日，国务院发布关于简化优化公共服务流程方便基层群众办事创业的通知：一是根据法律法规规定，结合编制权力清单、责任清单等相关工作，对公共服务事项进行全面梳理，列出目录并实行动态调整。二是坚决砍掉各类无谓的证明和烦琐的手续。三是最大限度精简办事程序，减少办事环节，缩短办理时限，改进服务质量。四是加快推进部门间信息共享和业务协同。五是扎实推进网上办理和网上咨询。六是各地区、各部门要践行“三严三实”要求，从群众利益出发，设身处地为群众着想，建立健全服务规则，提升运用新技术新方法为民服务的能力。

4. 财政部发布关于对直接招收为士官的高等学校学生施行国家资助的通知

2015 年 12 月 2 日，财政部发布关于对直接招收为士官的高等学校学生施行国家资助的通知：一是从 2015 年起，国家对直接招收为士官的高等学校学生施行国家资助，入伍时对其在校期间缴纳的学费实行一次性补偿或获得的国家助学贷款实行代偿。本专科学生每人每年最高不超过 8000 元、研究生每人每年最高不超过 12000 元。直接招收为士官的高校学生国家资助资金，全部由中央财政安排。二是直接招收为士官的高校学生国家资助的年限，按照国家对本科、专科（高职）、研究生和第二学士学位规定的相应修业年限据实计算。

5. 财政部发布关于 2015 年度部门决算工作的通知

2015 年 12 月 2 日，财政部发布关于 2015 年度部门决算工作的通知：一是中央部门应于 2016 年 3 月 20 日前，将部门决算汇总表、部门决算分析评价工作开展情况等一并报送财政部部门预算管理司进行审核。二是各部门应当在所开展的绩效评价项目中，以绩效评价报告为基础，概括、精炼形成简要的绩效评价结果，随部门决算一并报送财政部。三是各部门应当督促所属预算单位配合所在地专员办审核属地中央预算单位决算工作。四是地方财政部门应于 2016 年 4 月 20 日前完成部门决算的审核和汇总工作，并携带部门决算汇总表、填报说明和分析报告等参加财政部国库司组织的地方部门决算会审。

二、数据盘点

1. 中国 2015 年 11 月份制造业 PMI 为 49.6%

2015 年 12 月 1 日，国家统计局发布数据显示，中国 2015 年 11 月份制造业 PMI 为 49.6%，环比回落 0.2 个百分点。分企业规模看，大型企业 PMI 为 51.2%，环比上升 0.2 个百分点；中、小型企业 PMI 为 48.3% 和 44.8%，环比分别下降 0.4 和 1.8 个百分点。从分类指数看，生产指数为 51.9%，环比回落 0.3 个百分点；新订单指数为 49.8%，环比下降 0.5 个百分点；从业人员指数为 47.6%，环比下降 0.2 个百分点；原材料库存指数为 47.1%，环比微降 0.1 个百分点。

2. 中国 2015 年 10 月份彩票销售情况

2015 年 12 月 2 日，财政部发布数据显示，中国 2015 年 10 月份共销售彩票 312.34 亿元，同比减少 14.67 亿元，下降 4.5%。其中，福利彩票机构销售 163.32 亿元，同比减少 14.17 亿元，下降 8.0%；体育彩票机构销售 149.02 亿元，同比减少 0.50 亿元，下降 0.3%。2015 年 1—10 月累计，全国共销售彩票 3031.33 亿元，同比减少 89.74 亿元，下降 2.9%。其中，福利彩票机构销售 1652.75 亿元，同比减少 29.06 亿元，下降 1.7%；体育彩票机构销售 1378.58 亿元，同比减少 60.70 亿元，下降 4.2%。

三、地方财政

1. 云南省财政厅狠抓盘活财政存量资金显成效

2015 年 12 月 1 日，云南省财政厅发布消息称，云南省财政厅多措并举、多管齐下，确保盘活财政存量资金政策不折不扣落实到位。一是印发相关文件，为盘活财政存量资金工作提供了政策指导和制度保障。二是加快存量资金支出进度，狠抓当年预算执行管理，有效控制新增结余结转。三是将各地盘活财政存量资金工作纳入省对下财政管理综合绩效考评范围，把考评结果作为分配相关转移支付资金的重要依据。四是对全省财政局，以及选取的 97 个部门进行了专项检查，实现对各地盘活财政存量资金工作检查的全覆盖，进一步加大清理盘活力度。五是从完善预算编制、改进专项资金分配等方面入手，着力构建长效机制，全面压缩存量资金存在的规模。

2. 重庆市财政局简政放权出实招求实效

2015 年 12 月 2 日，重庆市财政局发布消息称，重庆市财政通过简政放权，提高社会主义市场经济的财政效率，发挥财政职能着力稳增长、推转型、促就业。一是对市场能调节的事项一律取消审批并交由市场决定；对既能方便申请人又能充分发挥区县就近管理优势的事项下放到区县财政。二是立足缩短行政运行时间，下放基础性、使用方向明确的资金审批权，按因素法和绩效评价结果切块区县，区县依据全市产业布局和本地规划自主统筹，市级实行备案制并实施以结果为导向的绩效管理。三是建立“1+1+N”政府购买服务政策体系，将政府部分公共服务事项转交社会组织，让政府少养人少养机构“省力”的同时激发社会的活力和创造力。四是建设区县、乡镇（街道）、村（社区）一体化的高水准公共服务平台，即为群众提供“一站式”审批服务，推动政府职能转变。

四、财政时论

刘昆：创新改革理念，强化结果导向，努力做好政府采购工作

财政部副部长刘昆在全国政府采购工作会议上发表讲话称，2013年全国政府采购工作会议以来，政府采购制度改革取得显著成效。采购规模不断增加，2014年全国采购规模达到1.7万亿元，占全国财政支出和GDP比分别为11.4%和2.7%；采购结构不断优化，政府购买服务有序推进，2014年服务采购实现1934亿元，连续四年保持25%以上增长；法规体系不断健全，政府采购法实施条例颁布实施，政府采购法制建设迈出重要一步，竞争性磋商采购方式、PPP项目采购等适应改革需要的有关管理制度相继出台。随着我国经济发展进入新常态，政府采购工作面临的形势继续发生深刻变化，提出了许多新的要求。为确保政府采购管理改革与发展的总体思路顺利落实，要重点把握好以下几个方面的工作要求：一是更加注重完善采购管理链条，加快完善政府采购法律制度体系。二是更加注重政策实施效果，大力完善政府采购政策体系。三是更加注重采购绩效，持续完善政府采购执行机制。四是更加注重放管结合，积极创新政府采购监管模式。五是更加注重谈判应对工作，努力为市场开放创造条件。

五、国外视角

IMF：同意人民币加入SDR货币篮子

IMF发布执董会2015SDR定值审查结果，同意人民币加入SDR货币篮子。在上一次SDR审查中，IMF决定美元、欧元、日元和英镑将继续构成特别提款权篮子。当时中国符合出口标准，但人民币没有被认定为“可自由使用”，所以未被纳入。在2015年定值审查中，执董会再次确认SDR现有货币选择标准，即出口标准和可自由使用标准，并在本次审查中运用了这两个标准。执董会指出，最大出口方排名自上次审查以来基本保持不变。中国作为第三大出口方，继续符合加入特别提款权篮子的出口标准。自上次审查以来，人民币国际使用和交易都显著增加。人民币目前可以被视为“事实上广泛用于国际交易支付”并“在主要外汇市场上广泛交易”。同时，IMF对中国当局实施的重大改革表示赞赏，这些改革为人民币国际化提供了支持，将促进人民币在IMF业务中的使用。虽然目前仍然存在一些操作性挑战，但预计一些因素将缓解这些挑战带来的影响。鉴于上述考虑，执董会同意，从2016年10月1日起，IMF将认定人民币为可自由使用货币。该决定一旦生效，人民币将符合加入SDR的两个标准，并将作为除美元、欧元、日元和英镑之外的第五种货币加入SDR货币篮子。鉴于日本和英国出口份额的相对排名随

时间推移已发生变化，将篮子扩大到五种货币是适当的，增加一种篮子货币的管理负担是可控的。此外，决定 SDR 利率所采用的代表当前四种货币的金融工具仍是适当的。对于人民币，中国国债三个月基准收益率基本反映在岸货币市场条件，同时在信用风险方面具有最高质量。因此，执董们同意，这是以人民币计值最恰当工具，符合 SDR 利率篮子所含工具的既定特征，所以决定将其纳入篮子。

第47期　（2015年12月5日—2015年12月11日）

一、政策发布

1. 国务院决定从2016年起进一步完善城乡义务教育经费保障机制

2015年12月7日，国务院发布消息称，国务院决定从2016年起进一步完善城乡义务教育经费保障机制：一是统一城乡义务教育“两免一补”政策。对城乡义务教育学生免除学杂费、免费提供教科书，对家庭经济困难寄宿生补助生活费。二是统一城乡义务教育学校生均公用经费基准定额。中央统一确定全国义务教育学校生均公用经费基准定额，对城乡义务教育学校按照不低于基准定额的标准补助公用经费。三是巩固完善农村地区义务教育学校校舍安全保障长效机制。支持农村地区公办义务教育学校维修改造、抗震加固、改扩建校舍及其附属设施。四是巩固落实城乡义务教育教师工资政策。中央继续对中西部及东部部分地区义务教育教师工资经费给予支持。

2. 中国将于2016年1月1日起调整进出口关税

2015年12月9日，财政部发布消息称，自2016年1月1日起，将对进出口关税进行部分调整。一是继续鼓励国内亟须的先进设备、关键零部件和能源原材料进口，以暂定税率方式降低高速电力机车的牵引变流器、电视摄像机取像模块商品进口关税。二是适度扩大日用消费品降税范围，以暂定税率方式降低箱包、服装、围巾、毯子等商品进口关税。三是对自动络筒机等部分商品关税进行相应调整。同时，取消磷酸、氨和氨水等商品的出口关税，适当降低生铁、钢坯等商品的出口关税。四是对中国与冰岛、瑞士、哥斯达黎加、秘鲁、新西兰自贸协定以及内地与港澳更紧密经贸关系安排等7个协定实施进一步降税。同时，将实施税率高于5%的27项环境产品税率降至5%，主要有污泥干燥机、垃圾焚烧炉、太阳能热水器、风力发电机组等。

3. 中共中央、国务院发布关于打赢脱贫攻坚战的决定

2015 年 12 月 9 日，中共中央、国务院发布关于打赢脱贫攻坚战的决定：一是加大劳务输出培训投入，统筹使用各类培训资源。二是实施健康扶贫工程，保障贫困人口享有基本医疗卫生服务。三是完善农村最低生活保障制度，对无法依靠产业扶持和就业帮助脱贫的家庭实行政策性保障兜底。四是完善电信普遍服务补偿机制，加快推进宽带网络覆盖贫困村。五是发挥政府投入在扶贫开发中的主体和主导作用，积极开辟扶贫开发新的资金渠道，确保政府扶贫投入力度与脱贫攻坚任务相适应。六是鼓励和引导商业性、政策性、开发性、合作性等各类金融机构加大对扶贫开发的金融支持。

4. 国务院常务会议部署促进中央企业增效升级

2015 年 12 月 9 日，国务院总理李克强主持召开国务院常务会议，部署促进中央企业增效升级：一是紧盯市场需求强化创新，改善供给增效益，建设央企专业化“双创”平台，推动优势产业集团与中央科研院所深度合作。二是加强分类指导，对不符合国家能耗、环保、质量、安全等标准和长期亏损的产能过剩行业企业实行关停并转或剥离重组。三是推进管理增效，开展“成本管控、效益否决”专项行动，加大存货和应收账款清理，大力压缩非生产性支出。四是加快混合所有制等改革，剥离企业办社会职能。五是创新政策支持，推动商业银行落实不良资产处置政策，加大产能过剩行业呆坏账核销力度。

5. 财政部印发《特殊教育补助资金管理办法》

2015 年 12 月 10 日，财政部印发《特殊教育补助资金管理办法》：一是补助资金是由中央财政设立。二是补助资金由财政部和教育部共同管理。三是补助资金支持范围为全国独立设置的特殊教育学校和招收较多残疾学生随班就读的义务教育阶段学校。四是补助资金按因素法分配到相关省份，由省级财政和教育部门统筹安排。五是补助资金支付应当按照国库集中支付有关规定执行。六是财政部和教育部对补助资金实施目标管理。七是项目实施完成后，若有结余资金，由县级财政部门按有关规定使用。八是财政部和教育部对补助资金管理使用情况适时开展监督检查和绩效评价。九是地方各级财政部门要按照财政预决算公开的要求做好信息公开工作。

6. 财政部印发《政府投资基金暂行管理办法》

2015 年 12 月 10 日，财政部印发《政府投资基金暂行管理办法》：一是不得在同一行业或领域重复设立基金。二是各级财政部门一般应在支持创新创业、支持中小企业发展等领域设立投资基金。三是设立政府投资基金，可采用公司制、有限合伙制和契约制等不同组织形式。四是政府投资基金在运作过程中不得从事融资担保以外的担保、抵押、委托贷款、吸收或变相吸收存款、投资二级市场股票、期货等业务。五是政府投资基金应建立健全内部控制和外部监管制度，建立投资决策和风险约束机制。六是政府投资基金应选择在中国境内设立的商业银行进行托管。

二、数据盘点

1. 中国2015年11月份CPI同比上涨1.5%

2015年12月9日，国家统计局发布数据显示，中国2015年11月份CPI同比上涨1.5%。其中，城市上涨1.5%，农村上涨1.3%；食品价格上涨2.3%，非食品价格上涨1.1%；消费品价格上涨1.2%，服务价格上涨2.1%。2015年1—11月平均，全国居民消费价格总水平比2014年同期上涨1.4%。2015年11月份，全国居民消费价格总水平环比持平。其中，城市、农村均持平；食品、非食品价格均持平；消费品价格持平，服务价格下降0.1%。

2. 中国2015年11月份工业生产者出厂价格同比下降5.9%

2015年12月9日，国家统计局发布数据显示，中国2015年11月份工业生产者出厂价格环比下降0.5%，同比下降5.9%。工业生产者购进价格环比下降0.7%，同比下降6.9%。2015年1—11月平均，工业生产者出厂价格同比下降5.2%，工业生产者购进价格同比下降6.0%。其中，生产资料价格环比下降0.7%，同比下降7.6%；生活资料价格环比下降0.1%，同比下降0.4%。

三、地方财政

1. 青海出台《全面推进预算绩效管理工作方案（2016—2020年）》

2015年12月9日，青海省财政厅发布消息称，为进一步提升财政资金使用效益，青海财政出台了《青海省全面推进预算绩效管理工作方案（2016—2020年）》：一是全面实施预算绩效目标管理。把预算绩效目标管理作为预算管理的必要前置和约束条件。二是全面加强部门预算管理综合绩效考评。实现财政部门对一级预算部门预算管理综合绩效再评价的全覆盖。三是进一步健全完善省对市（州）、县、乡三级财政管理绩效考评机制。四是全面拓宽专项支出绩效评价的领域范围。五是构建科学、适用的分级分类绩效评价体系和动态考评指标库，建立预算绩效管理数据信息库和信息数据交换平台。六是全面发挥预算绩效管理实效。建立绩效信息同预算结合机制，完善绩效信息报告机制，规范绩效信息反馈机制，健全绩效信息公开机制。

2. 广东出台改革和完善省对下财政转移支付制度的实施意见

2015 年 12 月 10 日，广东省财政厅发布消息称，为深化财税体制改革，加快建立现代财政制度，广东省印发《改革和完善省对下财政转移支付制度的实施意见》：一是结合事权划分调整转移支付结构。二是按照“保基本”和“强激励”相结合的原则，建立健全以保障性转移支付、激励性转移支付为主体的一般性转移支付体系。三是清理整合现行专项转移支付项目，严控新设专项转移支付项目，逐步退出竞争性领域，规范专项资金管理办法，逐步取消市县资金配套要求。四是规范转移支付资金分配。探索建立转移支付与农业转移人口市民化挂钩机制，完善一般性转移支付资金分配，规范专项转移支付资金分配。五是加强预算编制，及时下达预算，推进信息公开，加强政府性基金预算和一般公共预算的统筹力度。六是建立健全监督检查制度，建立健全绩效评价制度。

四、财政时论

楼继伟：着力破解制约“全面小康”的重点难点问题

财政部部长楼继伟发表讲话称，党的十八届五中全会审议通过的“十三五”规划建议，是实现“两个一百年”奋斗目标第一个百年目标、全面建成小康社会的纲领性文件。楼继伟强调，完成五中全会确定的目标任务，对更好发挥财政职能作用提出了新的更高要求，特别是要下大气力推动破解制约如期全面建成小康社会的重点难点问题，强化责任担当，积极主动作为，着力推动结构性改革，促进发展动力顺利转换和发展质量不断提高；支持做好补齐短板工作，促进提高发展的协调性和平衡性；增强风险防控意识和能力，努力保持财政经济稳定运行。要更加注重对国内外经济形势的分析和预判，完善决策机制，提高科学决策能力，确保制定的重要政策措施符合客观规律。要更加自觉地运用法治思维和法治方式来深化改革、推动发展，提高依法行政、依法理财的能力。要深化学习，加强调研思考，增强把握和运用市场经济规律、社会发展规律、自然规律的能力，更好地发挥财政在国家治理中的基础和重要支柱作用。

五、国外视角

美智库：中国对非投资强调新合作领域

美智库布鲁金斯学会发表文章称，在 2015 年 12 月 4—5 日举行的中非合作论坛（FOCAC）上，中国承诺向非洲提供 600 亿美元投资。中非合作将更紧密，但面临挑战。与以往投资相比，此次中国对非洲600亿美元投资存在两方面不同：一是过去对非投资均为3年期，而此次投资计划没有设定时间框架。二是此次投资为多元化投资组合，包括50亿美元无息贷款，350亿美元优惠贷款和买方信贷。此举表明，中国对非洲经济前景充满信心，投资意愿更积极。本次论坛，中国提出10项中非合作总规划，涵盖工业、农业等领域。其中，中非产能合作和战略对接是合作重点。当前，中国正处于经济结构转型期，而非洲迫切希望推行工业化、现代化和城市化。因此，将中国过剩产能转移至非洲，通过技术援助、人员培训等措施支持非洲基础设施和能力建设，将形成互利共赢局面。此外，中国在政策声明中并未提及自然资源合作，中国商务部副部长的发言也聚焦中非非能源部门合作。中非双方均未提供能源部门合作资料。长期以来，能源在中国对非洲进口中扮演重要角色。截至2015年11月份，能源仍为非洲对中国主要出口品。2015年前三季度，原油、铁矿石等占出口比达56.5%，主要原因或是中国经济结构转型导致对原材料需求大幅降低。此外，此举有助于降低能源在中非合作中占重要地位所造成的负面影响。

然而，中国经济增速放缓使中非合作面临以下问题：一是中非经济合作减弱。中国商务部数据显示，受全球经济复苏缓慢、大宗商品价格暴跌和埃博拉疫情等影响，2015年前三季度，中非贸易额同比下降18%；2014年上半年，中国对非洲直接投资11.9亿美元，同比下降40%。中国对非洲投资600亿美元，从长期看，将有利于提振中非贸易与投资；在短期内，中非经济合作很大程度上取决于中国经济发展形势。二是中国贷款支付条款仍存在问题。中国大多数对非洲融资是贷款和投资，并非无息贷款。过去，根据贷款协议，非洲可通过自然资源偿还贷款。但当前，中国期望淡化自然资源，发展新经济合作模式，非洲将面临如何偿还贷款问题。经济学家认为，非洲或通过基础设施建设、工业化和贸易提振GDP和税收，并以此偿还贷款。但由中国此次投资规模巨大，非洲无法完全放弃过去用自然资源抵偿债务的模式。尽管中国经济增速放缓、大宗商品价格下降，非洲经济增速仍是全球排名第二。中国对非洲投资600亿美元，从非洲角度看，是及时的；但从中国角度看，此举可能是一种风险。然而，中国与非洲合作关系一定将更为紧密。

第48期　(2015年12月12日—2015年12月18日)

一、政策发布

1. 中韩、中澳自贸协定关税减让将于2015年12月20日正式实施

2015年12月11日，财政部发布消息称，中国—韩国、中国—澳大利亚自贸协定将于2015年12月20日实施第一步降税，2016年1月1日实施第二步降税。根据中韩自贸协定关税减让方案，2016年1月1日，中方实施零关税的税目数比例将达20%，主要包括部分电子产品、化工产品、矿产品等；韩方实施零关税的税目数比例将达50%，主要包括部分机电产品、钢铁制品、化工产品等。根据中澳自贸协定关税减让方案，2016年1月1日，中方实施零关税的税目数即达29.2%，主要有药品、医疗器械、板材、化工品、农业机械、船舶等；澳方将有45%的税目在协定生效时立即实现零关税，加上原已实施零税率的商品，零税率税目数超过90%。

2. 国家科技成果转化引导基金贷款风险补偿工作启动

2015年12月14日，财政部发布消息称，财政部、科技部将启动实施国家科技成果转化引导基金贷款风险补偿支持方式，引导带动银行信贷资金支持科技成果资本化、产业化。贷款风险补偿是通过对合作银行发放的科技成果转化贷款给予一定的风险补偿，引导银行业金融机构加大对科技型中小企业转化科技成果的信贷支持。

3. 财政部发布关于实施商业健康保险个人所得税政策试点的通知

2015年12月14日，财政部发布关于实施商业健康保险个人所得税政策试点的通知：一是被保险人为16周岁以上、未满法定退休年龄的纳税人群。二是医疗保险保障责任范围包括被保险人医保所在地基本医疗保险基金支付范围内的自付费用及部分基本医疗保险基金支付范围外的费用。三是同一款健康保险产品，可依据被保险人的不同情况，设置不同的保险金额。四是健康保险产品坚持“保本微利”原则，对医疗保险部分的简单赔付率低于规定比例的，保险公司要将实际赔付率与规定比例之间的差额部分返还到被保险人的个人账户。

4. 财政部发布关于做好上市公司2015年年报审计工作的通知

2015年12月15日，财政部发布关于做好上市公司2015年年报审计工作的通知：一是切实强化质量控制。各事务所要切实加强自身的质量控制体系建设，加大审计风险事前防范和事中控制力度，认真培育以质量为导向的内部文化。二是认真做好财务报表审计。各事务所要准确把握企业会计准则的最新变化以及审计准则问题解答中的提示和指引；充分关注收入的确认与计量、关联方关系及其交易、资产减值等重大风险领域；要警惕上市公司借助企业会计准则变化，将前期会计差错作为会计政策变更处理。三是扎实做好内部控制审计。各事务所要正确处理内部控制咨询、评价业务与内部控制审计业务的关系，确保内部控制审计业务的独立性。

5. 财政部印发《2015年度企业财务会计决算报表》

2015年12月17日，财政部印发《2015年度企业财务会计决算报表》：一是编报单位应严格按照有关准则制度编制企业年度财务会计报告，企业集团母公司除编制本级报表外，还应编制集团公司的合并财务报表。二是境外企业应根据《企业会计准则第19号——外币折算》等相关规定将外币折算为人民币填报，分户填报和录入金额单位为人民币元。三是厂办大集体决算由主办国有企业负责上报。四是中央各部门、各中央管理企业和各省（自治区、直辖市）财政厅（局），要明确组织分工，加强审核，并于2016年4月底全面完成决算各项任务。五是中央各部门、各中央管理企业和各省（自治区、直辖市）财政厅（局），应严格按照本通知规定的决算报表统一格式和要求布置决算工作，不得自行修改变更。

二、数据盘点

1. 2015年11月份社会消费品零售总额增长11.2%

2015年12月12日，国家统计局发布数据显示，中国2015年11月份社会消费品零售总额27937亿元，同比名义增长11.2%。其中，限额以上单位消费品零售额13503亿元，增长8.8%。2015年1—11月社会消费品零售总额272296亿元，同比增长10.6%。其中，限额以上单位消费品零售额126906亿元，增长7.7%。按消费类型分，2015年11月份，餐饮收入3034亿元，同比增长11.5%；商品零售24903亿元，增长11.1%。2015年1—11月份，餐饮收入29280亿元，同比增长 11.8%；商品零售 243016 亿元，增长 10.5%。2015 年 1—11 月全国网上零售额 34526 亿元，同比增长 34.5%。其中，实物商品网上零售额 28869 亿元，增长 33.0%；非实物商品网上零售额 5657 亿元，增长 42.9%。

2. 中国 2015 年 11 月份财政收支情况

2015 年 12 月 14 日，财政部发布数据显示，中国 2015 年 11 月份一般公共预算收入 11087 亿元，同比增长 11.4%。其中，中央一般公共预算收入 5244 亿元，增长 9.2%；地方本级一般公共预算收入 5843 亿元，增长 13.4%。全国一般公共预算收入中的税收收入 8775 亿元，同比增长 8.4%。全国一般公共预算支出 16069 亿元，同比增长 25.9%。其中，中央本级一般公共预算支出 1949 亿元，增长 30.6%；地方一般公共预算支出 14120 亿元，增长 25.3%。2015 年 1—11 月累计，全国政府性基金预算收入 34205 亿元，同比减少 12158 亿元，下降 26.2%。全国政府性基金预算支出 32934 亿元，同比减少 6795 亿元，下降 17.1%。

三、地方财政

1. 广西财政支持构建可持续的社会保险制度体系

2015 年 12 月 15 日，广西壮族自治区财政厅发布消息称，广西财政充分发挥职能作用，大力支持建立更加公平可持续的社会保险制度体系：一是稳步推进机关事业单位养老保险制度改革，实现养老制度“并轨”。二是将全区失业保险费率由现行的 3% 下调至 2%，将现行生育保险费率下调至 0.5% 以内。三是提高基本养老金水平，共享改革发展成果。四是推进城乡一体化建设，配合有关部门支持对南宁等北部湾经济区内 4 市实行基本医疗保险政策同城化，统一筹资标准及待遇政策。五是完善社会保险制度建设，防范基金风险。加强企业职工基本养老保险基金征缴管理，加强工伤保险制度体系建设，进一步完善失业保险制度。

2. 甘肃省财政厅六措并举强化预算绩效管理

2015 年 12 月 16 日，甘肃省财政厅发布消息称，甘肃省财政厅着力从以下六个方面，强化预算绩效管理：一是建章立制夯基础。为强化预算绩效管理，先后制定出台制度办法近 20 余项，制定了《甘肃省省级预算绩效目标管理办法》。二是理顺机制显效能。正式组建成立绩效评价处，赋予绩效管理职能。同时，明确预算部门是预算绩效管理的责任主体。三是突出重点促改革。紧扣预算绩效管理，突出结合事业单位改革、结合财政改革发展实际、结合部门预算编制三个重点。四是提质扩面齐跟进。坚持一手抓省级扩面，一手抓市县推进。五是注重监督强管理。把绩效监控、考评结果作为对省级和市县相关转移支付和项目补助分配的重要因素，为下年度预算编制提供决策依据。六是强化结果重运用。严格预算约束，建立结果反馈机制，启动问责机制。

四、财政时论

楼继伟：建立更加公平更可持续的社会保障制度

财政部部长楼继伟发表文章称，经过长期努力，中国社会保障体系有了长足发展。但也应看到，目前社会保障制度设计和运行还存在一些深层次矛盾和问题，突出表现在：一是社会保险制度没有体现精算平衡原则，基金财务可持续性较差。二是政府、企业、个人以及中央和地方之间责任分担机制不合理。三是制度条块分割。按照《中共中央关于制定国民经济和社会发展第十三个五年规划的建议》作出的改革部署，全力抓好养老和医疗两大重点，统筹社会救助体系建设，进一步深化社会保障制度改革，确保按期完成各项改革任务。加快推进养老保险制度改革。一是完善职工养老保险个人账户制度。二是实现职工基础养老金全国统筹。三是丰富社会保险基金收入来源渠道。四是渐进式延迟退休年龄。改革医疗保险制度。一是健全医疗保险筹资机制和报销比例调整机制。二是全面实施城乡居民大病保险制度。三是发挥医保控费作用。四是整合基本医疗保险制度。统筹社会救助体系建设。加强社会救助政策衔接，专项救助不再锁定低保对象，减少福利捆绑，针对救助对象医疗、住房、就业、教育等方面的特殊情况提供差别化救助。实行扶贫政策和低保政策有效衔接，对贫困人口应保尽保。整合基本生活救助制度，针对现行社会救助政策“单向叠加”、不同制度对同一困难类型或同一类救助对象重复保障的问题，统一按困难类型划分社会救助制度。制定和完善救助申请对象财产信息核查办法，建立跨部门、多层次的救助申请家庭经济状况核对机制。合理划分中央和地方政府的基本生活救助支出责任，并由中央和地方分别负担不同的救助项目或救助对象支出，以发挥中央促进基本公共服务均等化和地方掌握信息优势的两个积极性。支持发展慈善事业，积极引导社会力量参与社会救助。

五、国外视角

美智库谈中国对清洁能源的承诺

2015 年 12 月 15 日，美智库彼得森国际经济研究所发表文章称，中国国家主席习近平在巴黎气候变化大会的发言中强调了一系列可喜数据，如中国可再生能源装机容量占全球总量比达 24%，新增装机容量占全球增量比达 42%。与其他新兴经济体相比，中国对清洁能源投资更具意义。2014 年中国可再生能源发电占总发电比为 15%。过去十年中，并网型风力发电容量增加了 90 倍，水力发电容量也翻了一番。而非化石燃料占一次性能源消费比在11%左右，略有降低。总体而言，若将其可再生能源发电容量与世界其他地区相比，中国或实现了更加绿色的经济。但低碳发展并不意味中国已采取了更多行动。在巴黎大会前向联合国提交的国家自主贡献方案中，中国作出了遏制气候变化承诺。然而，其中几个目标过于模糊。中国煤炭使用量仍然较高，且最近修订的官方数据显示之前的煤炭消耗量被低估。此外，煤炭发电容量仍约占总容量的一半。巴黎大会前，中国科技部发布了长达900页的《气候变化评估报告》和中国政府政策选择。如今一半的能源消耗符合强制性能效标准，可再生能源产出所占份额也在增加。此外，电力体系改革，包括取消价格控制，也将减少能源浪费。为减少污染、提高效率，中国还有其他政策选择，包括扩大进口。国家自主贡献方案提到“加速城乡低碳社区建设，同时促进绿色建筑建设及可再生能源在建筑中的应用”的目标。若环保商品及服务的进口关税取消，该目标可以加速实现。另外，中国正参加环保商品协议谈判，包括美国在内的世贸组织主要成员需对此类谈判作出更多努力。巴黎协议正式通过或将是未来几年环境政策重要里程碑。贸易、金融等或许不是最重要领域，但国家若想真正控制气候变化，这些领域不可忽视。

第 49 期 （2015 年 12 月 19 日—2015 年 12 月 25 日）

一、政策发布

1. 财政部发布关于内地与香港基金互认有关税收政策的通知

2015 年 12 月 21 日，财政部发布关于内地与香港基金互认有关税收政策的通知：一是对内地企业投资者通过基金互认从香港基金分配取得的收益，计入其收入总额，依法征收企业所得税。二是对香港市场投资者通过基金互认买卖内地基金份额取得的转让差价所得，暂免征收所得税。三是对香港市场投资者通过基金互认买卖内地基金份额取得的差价收入，暂免征收营业税。四是对内地个人投资者通过基金互认买卖香港基金份额取得的差价收入，按现行政策规定暂免征收营业税。五是对香港市场投资者通过基金互认买卖、继承、赠予内地基金份额，按照内地现行税制规定，暂不征收印花税。六是对内地投资者通过基金互认买卖、继承、赠予香港基金份额，按照香港特别行政区现行印花税税法规定执行。

2. 财政部出台指导意见加强地方财政部门内控建设

2015 年 12 月 21 日，财政部印发《财政部关于加强财政内部控制工作的若干意见》：一是突出关键，重点聚焦于财政政策拟定、预算管理等财政重点领域和重要环节，针对重要流程和控制节点实施有效的内部控制；二是突出制衡，在财政预算管理、资金分配等核心业务流程建立决策、执行、监督的相互制约和相互协调的财政权力约束机制；三是突出权责对等，建立与财政业务及管理相适应的授权管理体系，科学分配权力，审慎确定权限，确保各岗位人员行使的权力要与承担的责任相一致。同时，《意见》要求各级财政部门结合编制“十三五”规划科学筹划内部控制建设工作，根据各级各地实际积极进行差别化探索，鼓励创新发展、先行先试。

3. 财政部发布关于编报 2016 年中央文化企业国有资本经营预算支出项目计划的通知

2015 年 12 月 22 日，财政部发布关于编报 2016 年中央文化企业国有资本经营预算支出项目计划的通知：一是支持兼并重组与深化企业改革。打破部门区域限制、推动产业关联度高、业务相近的中央文化企业联合重组。二是推动文化与科技融合创新。推动出版发行、影视制作、文艺演出等传统产业转型升级，积极运用先进科学技术和成果，催生新兴文化业态。三是推动文化走出去。主要支持具有竞争优势、品牌优势和经营管理能力的中央文化企业在境外设立文化企业或取得文化企业所有权、控制权或经营管理权；与国外有实力的文化机构进行项目合作，建设文化产品国际营销网络，推动文化产品和服务出口，开拓国际市场。

4. 财政部印发《农田水利设施建设和水土保持补助资金使用管理办法》

2015 年 12 月 22 日，财政部印发《农田水利设施建设和水土保持补助资金使用管理办法》：一是补助资金预算由财政部商水利部按规定程序下达。二是财政部、水利部对补助资金使用情况开展绩效评价。三是补助资金使用范围包括农田水利工程设施建设、水土保持工程建设、水利工程维修养护。四是补助资金主要采取因素法分配，对党中央、国务院批准的重点建设任务以及农田水利工程建设任务较少的直辖市、计划单列市实行定额补助。五是补助资金可以采取先建后补、以奖代补以及村民自建等方式，也可采用 PPP 模式开展项目建设。六是各省应当按照“集中投入、整合资金、竞争立项、连片推进”等建设管理模式，逐步建立健全项目县竞争立项机制。七是补助资金支付按照国库集中支付制度有关规定执行。

5. 财政部发布关于建立完善中等职业学校生均拨款制度的指导意见

2015 年 12 月 23 日，财政部发布关于建立完善中等职业学校牛均拨款制度的指导意见：一是各省级财政、教育、人力资源和社会保障部门要落实工作职责，健全工作机制，共同推进建立完善中职学校生均拨款制度。二是各省级教育、人力资源和社会保障、财政部门要进一步统筹规划本地区中职教育资源配置，优化中职学校布局。三是各地要积极推动中职学校转变办学理念，合理确定办学定位，改革人才培养模式，积极推进校企合作机制化、制度化。四是各地要积极探索建立中职教育经费使用绩效评价机制，制定绩效评价管理办法。五是加强管理监督。各地要充分发挥现代信息技术的作用，进一步加强基础管理工作，确保学生人数等信息真实准确。

6. 国务院常务会议部署推进农村一二三产业融合发展

2015年12月23日，国务院总理李克强主持召开国务院常务会议部署推进农村一二三产业融合发展，会议指出：一要鼓励各地因地、因业制宜探索多种融合方式。二要引导大中专毕业生、返乡人员等领办合作社和家庭农场，带动农民发展多种形式的适度规模经营。三要强化龙头企业联农带农与国家扶持政策挂钩的激励机制。四要安排资金支持农村产业融合发展试点，中央预算内投资向产业融合发展项目倾斜。

二、数据盘点

2015年11月份金融市场运行情况

2015年12月21日，中国央行发布数据显示，中国2015年11月份债券市场共发行各类债券2.7万亿元，同比增长170.1%，环比增长28%。其中，国债发行2472.8亿元，地方政府债券发行7637.2亿元，金融债券发行2675.3亿元，公司信用类债券发行7935.1亿元，信贷资产支持证券发行633.6亿元，同业存单发行5209.8亿元。2015年11月份，银行间债券市场共发行各类债券2.5万亿元，同比增长167.8%，环比增长24.3%。货币市场成交量共计63.6万亿元，同比增长151.8%，环比增长35%。其中，质押式回购成交51.7万亿元，环比增长30.7%；买断式回购成交3.2万亿元，环比增长51%；同业拆借成交8.7万亿元，环比增长60.4%。

三、地方财政

1. 云南省以绩效理念为统领，改革省对下专项转移支付资金管理方式

2015年12月23日，云南省财政厅发布消息称，云南省财政厅印发了《云南省省对下专项转移支付资金绩效管理暂行办法》：一是将预算绩效管理贯穿于所有省级部门对下专项转移支付资金设立、分配、使用全过程。二是建立省、州（市）、县（市、区）层层审核、各负其责、齐抓共管的预算绩效管理体系。三是年度预算执行完毕或预算项目完成后，主管部门和项目实施单位要对照事先确定的绩效目标开展绩效自评。四是将绩效管理结果与专项转移支付资金设立、评估、退出挂钩。五是按照政府信息公开有关规定和“谁主管、谁负责、谁公开”的原则，建立专项转移支付资金信息公开机制。

2. 广东省多措并举规范市县财政专项资金管理

2015年12月24日，广东省财政厅发布消息称，广东省财政厅制定印发《关于加强市县财政专项资金管理使用的意见》：一是严把申报关口；优化审批流程；推广项目库改革、三年滚动预算及财政中期规划。二是及时转拨上级专项资金；均衡拨付本级专项资金；建立专项资金清算收回机制。三是合规使用上级专项资金；足额安排本级配套资金。四是建立专项资金监督检查制度；建立专项资金绩效评价制度；加强重点专项资金监督管理。五是明确专项资金管理部门和人员责任；建立用款单位诚信约束和责任追究机制。

四、财政时论

刘昆：充分发挥政府会计准则委员会作用，合力推进政府会计改革

财政部副部长刘昆发表讲话称，组建政府会计准则委员会，目的是在组织上形成强有力的协调机制，保证政府会计改革顺利推进。各位委员、顾问应以高度负责的态度、尽心尽职，认真工作，积极为推进政府会计改革建言献策。在此，有几点希望：一是高度重视。政府会计改革是党的十八届三中全会《决定》确立的重要改革任务，也是深化财税体制改革的一项重要内容。推进这项改革使命光荣，责任重大。二是协同推进。政府会计改革是一项系统工程，政策性强，涉及面广。除《改革方案》明确的“建立健全政府会计核算体系”、“建立健全政府财务报告体系”等主要任务外，还涉及一些需要与现有政策制度衔接或配套性改革问题。三是健全机制。委员会委员来自不同部门、单位，在这种情况下，为了保证委员会有序、高效运行，建立健全工作机制非常关键。委员会各成员单位之间要加强沟通协调，对委员会统一部署的工作，要及时向办公室通报工作进展。要明确委员会会议、办公室工作会议等会议流程、发言要求、会议纪律，确保会议质量和工作实效。要健全技术支持机制。抓紧研究制定咨询专家聘用及管理办法，选聘和组建政府会计咨询专家队伍，积极发挥专家的技术支持作用。

五、国外视角

美智库：中国气候行动将面临三项挑战

2015 年 12 月 15 日，美国外交关系协会（CFR）发布最新评论文章称，中国制定一系列气候政策目标，如到 2030 年非化石燃料占整体能源结构比达 20%、降低碳强度和能源强度、对多省份设置煤炭消费上限等。此外，中国预计于 2017 年开创全国性二氧化碳总量管制与排放交易系统，并征收环境税。同时，经济放缓也将有助于控制碳排放增长。尽管如此，中国气候行动将遇到以下三项挑战：一是总量管制与排放交易系统。中国已承诺在 2017 年推出一个全国二氧化碳总量管制与排放交易系统。然而，专家提出几点担忧，如总量管制与排放交易系统需在

透明、合规的市场体系中运作，而中国的非市场经济和法治薄弱将对系统构成真正的挑战。二是数据困境。要真正应对气候变化，需准确报告煤炭消费、可再生能源使用等数据。美国能源专家研究指出，中国使用与其他国家、组织不同的能源会计方法，将非化石电力转换成煤炭等其他能源的可比单位，该方法计算的中国2010年可再生能源贡献为国际公认系统计算的两倍。因此，在推进气候变化承诺时，采用相同计量方法十分重要。三是巴黎协议精神。各国不仅需遵守国际环境协议条款，更要坚守其精神。因此，中国除承诺在2030年左右实现二氧化碳减排目标外，还应遵守协议精神。而中国在国内外新建燃煤电厂等行为，可能使巴黎协议精神面临挑战。

第50期 （2015年12月26日—2016年1月1日）

一、政策发布

1. 财政部发布关于规范PPP综合信息平台运行的通知

2015年12月28日，财政部发布关于规范PPP综合信息平台运行的通知：一是统一授权分级录入项目库信息。地方各级财政部门要按照PPP项目操作流程，做好本地区PPP项目各阶段信息填报、资料上传与管理工作。二是统筹集中录入机构库和资料库信息。PPP项目库中各项目所包含的咨询服务机构、社会资本、金融机构等信息，直接进入机构库，财政部PPP中心与地方各级财政部门可根据需要补充录入各类机构信息。三是规范发布和使用综合信息。四是建立综合信息平台建设奖惩挂钩机制。

2. 财政部发布关于开展电信普遍服务试点工作的通知

2015年12月28日，财政部发布关于开展电信普遍服务试点工作的通知：一是地市人民政府根据申报指南编制并上报实施方案。省（自治区、直辖市）通信管理局、财政厅（局）商工业和信息化主管部门审核后，择优向工业和信息化部、财政部推荐。二是工业和信息化部、财政部确定试点范围，向社会公示试点地区名单及实施方案，并下达中央财政补助资金。三是工业和信息化部、财政部指导监督试点地区省（自治区、直辖市）通信管理局、财政厅（局）公开招标电信普遍服务实施企业。四是各省（自治区、直辖市）通信管理局、财政厅（局）会同工业和信息化主管部门对当地试点工作组织验收，向社会公示验收情况及试点成效。

3. 自2016年1月1日起，天津市、辽宁省、安徽省、福建省、厦门市和四川省实施境外旅客购物离境退税政策

2015年12月29日，财政部发布消息称，天津市、辽宁省、安徽省、福建省、厦门市和四川省人民政府按照《财政部关于实施境外旅客购物离境退税政策的公告》、《海关总署关于境外旅客购物离境退税业务海关监管规定的公告》和《国家税务总局关于发布〈境外旅客购物离境退税管理办法（试行）〉的公告》有关规定，分别就其境外旅客购物离境退税政策实施方案向财政部、海关总署和国家税务总局申请备案，经审核，予以备案。自 2016 年 1 月 1 日起，按上述公告规定实施境外旅客购物离境退税政策。

4. 财政部、发改委和国资委联合发布关于国有企业功能界定与分类的指导意见

2015 年 12 月 30 日，财政部、发改委和国资委联合发布关于国有企业功能界定与分类的指导意见：一是划分类别。商业类国有企业以增强国有经济活力、放大国有资本功能、实现国有资产保值增值为主要目标，公益类国有企业以保障民生、服务社会、提供公共产品和服务为主要目标。二是分类推进改革。商业类国有企业要按照市场决定资源配置的要求，加大公司制股份制改革力度，加快完善现代企业制度。公益类国有企业可以采取国有独资形式，还可以通过购买服务、特许经营、委托代理等方式，鼓励非国有企业参与经营。三是分类促进发展。商业类国有企业要优化资源配置，持续推动转型升级。公益类国有企业要加大国有资本投入，提高公共服务的质量和效率。

二、数据盘点

1. 中国 2015 年 1—11 月国有企业经济运行情况

2015 年 12 月 25 日，财政部发布数据显示，中国 2015 年 1—11 月国有企业营业总收入 406631.6 亿元，同比下降 6.1%。其中，中央企业 244227.2 亿元，同比下降 8%；地方国有企业 162404.4 亿元，同比下降 2.9%。营业总成本 396123.3 亿元，同比下降 5.3%。其中，中央企业 234124.5 亿元，同比下降 7.5%；地方国有企业 161998.8 亿元，同比下降 2%。利润总额 20424.7 亿元，同比下降 9.5%。其中，中央企业 14650.6 亿元，同比下降 10.4%。地方国有企业 5774.1 亿元，同比下降 7.3%。资产总额 1178576.7 亿元，同比增长 16.3%；负债总额 783089.2 亿元，同比增长 18.2%；所有者权益合计 395487.5 亿元，同比增长 12.7%。

2. 中国 2015 年 1—11 月份规模以上工业企业利润总额同比下降 1.9%

2015 年 12 月 27 日，国家统计局发布数据显示，中国 2015 年 1—11 月规模以上工业企业实现利润总额 55386.8 亿元，同比下降 1.9%。规模以上工业企业中，国有控股企业实现利润总额 10086.1 亿元，同比下降 23%；集体企业实现利润总额 447.4 亿元，下降 2%；股份制企业实现利润总额 37139.7 亿元，下降 1.9%；

外商及港澳台商投资企业实现利润总额 13816.8 亿元，增长 0.6%；私营企业实现利润总额 20086.3 亿元，增长 5.3%。2015 年 11 月末，规模以上工业企业资产总计 994900.5 亿元，同比增长 7.1%；负债合计 563596.2 亿元，增长 5.3%；所有者权益合计 431304.3 亿元，增长 9.6%。

三、地方财政

1. 重庆财政：筑牢“十二五”社保“共享”体系

2015 年 12 月 29 日，重庆市财政局发布消息称，“十二五”期间，重庆财政相继出台了一系列惠及民生的政策，成为百姓“共享”幸福生活的新起点；一是“透明”社保基金预算管理。重庆财政率先在全国启动社保基金预算编制工作，并正式纳入政府预算体系。二是“纵深”医疗卫生体制改革。重庆财政通过补贴使药价回归理性，基本公共卫生服务财政补助标准持续提标，建立科学合理的补偿机制。三是“筑牢”社会保障基础。重庆财政实施社会救助、就业等体制机制改革，不让任何一个人在全面建成小康社会的路上“掉队”。伴随着社会保障待遇水平一次次提标，重庆财政已经从“应急保障”转向“机制保障”，与社会改革发展的红利分配更加紧密。

2. 安徽省积极强化措施落实结构性减税政策

2015 年 12 月 30 日，安徽省财政厅发布消息称，2015 年以来，安徽省财税系统积极发挥财税部门职能作用，严格执行中央出台的各项税收优惠政策，确保政策落地生效。一是重点税收优惠政策落实情况。截至 2015 年 11 月底，全省实现减税 49.3 亿元。一般纳税人税负下降面达 83%，小规模纳税人税负下降面达 100%。煤炭企业负担实际下降 0.96 亿元，负担降幅为 15.4%。全省小微企业累计免征增值税 12.3 亿元；累计免征营业税 9.48 亿元；累计减免企业所得税 5 亿元。二是实施结构性减税主要举措。首先，转发财政部、国家税务总局有关税收优惠政策文件 51 件，确保第一时间在财税部门门户网站公开发布。其次，切实转变税务机关职能，全部取消与税收优惠政策落实相关的非许可类行政审批强化督促检查。

四、财政时论

楼继伟：四大领域引领明年供给侧结构性改革

财政部部长楼继伟在全国财政工作会议上发表讲话称，新常态下，经济运行存在的问题有深刻的供给侧、结构性、体制性原因，必须在适度扩大总需求的同时，着力加强供给侧结构性改革，推进结构调整，以提高全要素生产率为核心，促进发展动力顺利转换。2016年将重点在四大领域推出一批具有重大牵引作用的改革举措：一是加快财税体制改革。推进中央与地方事权和支出责任划分改革，适度加强中央事权和支出责任，完善中央和地方收入划分。全面推开营改增改革，推进消费税改革。完善全面规范、公开透明的现代预算制度，全面推进预算绩效管理，继续积极盘活存量资金。二是推动加快金融体制改革。研究完善国有金融资本管理制度，支持推进国有金融机构改革，构建多层次、专业化的金融机构体系，大力发展普惠金融和绿色金融，促进解决“三农”、小微企业融资难和融资贵问题。三是大力推进国企改革。完善现代企业制度，全面推行国有企业去行政化改革，以管资本为主加强国有资产监管，推进国有经济布局战略性调整，推动企业兼并重组和混合所有制发展，提高国有资本配置和运行效率。四是加快社会保障制度改革。完善养老保险顶层设计总体方案，制订职工基础养老金全国统筹方案，坚持精算平衡，建立更加透明易懂的制度，进一步健全多缴多得、长缴多得的激励约束机制。建立合理分担、可持续的医保筹资机制。

五、国外视角

OECD：当下是加强拉美与中国伙伴关系、促进共同发展的时机

OECD发表文章称，应加强拉美与中国合作关系。中国引领的财富转移现象步入新阶段，并影响到全球经济。拉美需应对挑战，实现包容性增长。2000年以来，拉美国家与中国贸易扩张22倍，而世界贸易整体仅增加3倍。中国参与拉美全球价值链进展引人注目，甚至超过地区内进展：2000—2011年，拉美域内后向联系份额从5%增加至9%，而中国所占份额从1%激增至11%。如今，中国是巴西、智利和秘鲁最大的贸易伙伴。中国对大宗商品需求下降及大宗商品价格走低，将在未来几十年影响拉美大宗商品出口，因此，拉美一体化至关重要。预计到2030年，拉美金属和能源出口增长率将由16%放缓至4%，食品出口增长率将由12%降到3%。为抓住中国“新常态”带来的新机遇及保持竞争力，拉美和加勒比经济体首先需贯彻创新发展政策，以更好地迎合不断增长的中国国内需求，尤其是农业食品业和服务业。此外，制定技能和创新战略对紧跟中国强化人力资本步伐也至关重要。到2030年，中国将有近2亿人获得高等教育，为拉丁美洲2倍。此外，拉美和中国也需进一步深化和优化金融合作关系。自2010年以来，中国对拉美贷款已达940亿美元，成为该地区最大债权人。这一趋势很可能持续下去，并延伸到新的国家和行业。同时，拉美地区向技能和技术密集型产业转型，优化资金流动以填补基础设施缺口，可以最大限度地从中国“新常态”中获益。若能做到这一点，中国将继续把拉美作为可靠大宗商品来源、稳定的出口市场和多样化对外投资目的地。